부자클럽의
100억짜리 주식 레슨

부자클럽의

100억짜리 주식 레슨

| 김원기 지음 |

한국경제신문

주식투자, 내가 살고 난 뒤에 적을 쳐라

나의 23년 주식시장 분투기

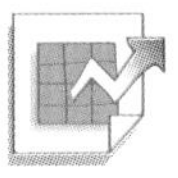

아무 준비 없이 시작한 주식으로 40억 벌다

장면 1

나는 1986년 초에 주식시장에 입문했다. 그때는 종이영수증으로 계좌개설을 확인해주었다. 내가 입문해서 얼마 지나지 않았을 때다. 대우증권이 68,000원, 쌍용화재가 54,000원을 했는데 막 트로이카 붐이 일어나기 시작했다.

나는 다른 투자자와 마찬가지로 이 붐을 타고 약간의 돈을 수중에 넣게 되었다. 그렇다고 내가 주식에 대해 뭔가 알고 있었다고 생각하면 오해다. 정말이지 난 주식에 대해 전혀 아는 게 없었다. 그런데도 주식으로 돈을 벌 수 있겠다는 유혹이 계속 일어났다.

결국, 나는 주식으로 돈을 벌었다 잃었다를 반복하게 되었다. 막상 돈을 잃게 되니 곧 회수할 수 있을 것 같았지만 그게 말처럼 쉬운 게 아니었다. 그렇게 해서 나는 알코올 중독보다 더 무서운 시세 중독에 빠지게 되었고, 일간신문이며 ARS를 듣고 매매를 했지만 힘들게 번 돈을 번번이 잃고 말았다.

다행히 나는 요식업을 운영하고 있었기에 주식으로 돈을 잃어도 생활을 하는 데는 큰 지장이 없었다. 그러다가 나를 뒤돌아보게 되었다. '얼떨결에 시작한 주식을 이젠 제대로 공부를 해야겠다' 고 마음을 먹게 된 것이다.

그러니까 1997년이다. 그때 나는 지금과 같은 차트가 흔하지 않은 시절에 400여만원을 들여 차트를 구입해 공부했다. 이것만이 아니다. 그동안 물색해두었던 투자 대가들의 책도 몽땅 사놓고 읽으면서 차근차근 매매기술과 기법을 터득해나갔다.

시간이 흘러 1999년에 IT버블이 일어났다. 그해 9월에 나는 증권사 직원 김석산님을 만나게 되었다. 현재 부자클럽을 함께 운영하고 있는 그는 당시 증권사 직원이었다. 그때 아무리 주가가 하락한다 해도 대부분의 투자자는 여전히 코스피에 투자를 하고 있었다.

그런데 김석산님이 내게 코스닥을 추천해주었다. 앞으로의 발전 가능성이 무궁무진하다는 것이었다. 나는 약간의 우려가 없지 않았지만 그의 자신에 찬 말을 따르기로 했다. 실제 김석산님은 특이하게도 코스닥 종목에 대해 많은 연구를 하고 있었다. 나는 그의 조언에 따라 코스닥에 투자를 했는데 결과는 대박이었다.

당시 9월부터 시작된 코스닥의 상승랠리가 다음해 3월까지 이어져 갔다. 그동안 새롬기술, 인디시스템, 사이버텍, 장미디어, 인성정보, 벤트리, 옌트 등의 종목이 입이 딱 벌어질 정도로 치솟았다. 나중에 알게 된 거지만 당시 코스닥은 쌍봉을 만들어가며 급등하는 장세였다.

그렇게 해서 1999년 9월의 자금 2억 8천만원이 2000년 3월에는 40억원으로 불어날 수 있었다. 나는 주식으로 한순간에 큰돈을 만지게 되자 매달 2,000만원의 고수익을 내던 가게를 처분해버렸다. 주식에만 매달리기 위해서였다.

40억에서 깡통을 차다

장면 2

주식은 그리 만만한 게 아니었고 마찬가지로 나에게 행운의 여신이 마냥 함께 하는 것도 아니었다. 그때가 2000년 3월 초였다. 나는 처분한 모든 주식을 재매수해야 한다는 낭설에 휘말려 TG벤처, 범아경비 등을 매수했다. 그런데 그러자마자 하한가와 하락이 시작되며 불행이 닥쳐왔다. 시간이 갈수록 몇 개월에 걸쳐 일궈놓은 수익이 점점 줄기만 했다. 게다가 엎친 데 덮친 격으로 2000년 8월 교통사고를 당했다.

하지만 나는 주식에 대한 미련을 버리지 못했다. 나는 장기 환자라 병원에 PC를 설치할 수 있어서 HTS를 보면서 도박하듯이 슬럿머신을 땡겼다. 결국 남은 자금을 거의 다 날리고 말았다.

'차라리 주식시장에서 돈을 벌지 않았으면 이렇게 큰 고통을 겪지 않았을 텐데….'

한없는 후회감이 밀려왔다.

주식으로 돈 버는 재미를 알게 되자 더 큰 돈을 벌겠다는 환상에 빠져 분별력을 상실하고 만 것이 삶의 밑바닥까지 추락하게 되었고, 그런 끝에 자살을 하려고 여러 차례 한강을 오가기도 했다.

시간이 약이라던가? 점차 나는 다시 삶의 의욕을 되찾았다. 2003년에 교통사고 보험금으로 받은 1억8천만원의 마지막 자금으로 조그마한 가게를 개업했다. 그리고 낮에는 일하고 밤에는 주식공부를 했다.

가게의 다락방에서 그동안의 내 매매방법의 문제점을 분석해나갔다. 절치부심, 인고의 시간을 보내면서 그동안 내 매매방법의 문제점을 찾아 반성해나갔다. 나는 단기성향으로 수급에 의한 상한가, 하한가 위주로 하루에도 몇 번씩 추격매수를 비롯해 잦은 손절매, 미수를 했다. 한마디로 기준과 원칙을 정립하지 않은 상태에서 잦은 매매를 한 것이다.

내 종목선정법에는 기업 본연의 가치분석이 빠져 있었다. 오로지 수급에 의한 매매였고 이로 인해 '투자' 가 아닌 '투기' 로 시장등락에 연연하여 잦은 매매를 일삼게 되었다. 그렇게 해서 나는 40억원의 큰 돈을 잃어버리고 만 것이다

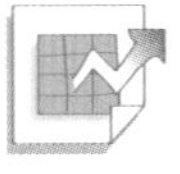

'신가치투자' 로 재기에 성공하다

장면 3

'보다 안전하고 많은 수익을 낼 수 있는 투자 방법은 없을까?'

나는 그 방법을 찾기 시작했다. 그때 '가치투자' 라는 말이 내 귀에 쏙 들어왔다. 가치투자라는 말은 예전부터 잘 알고 있었다. 실제 내가 실천에 옮기지 못했을 뿐이었다. 막상 단기매매로 전재산을 날리고 보니 그때서야 가치투자의 의미가 새롭게 찾아왔다.

나는 가치투자의 대가인 벤저민 그레이엄, 워렌 버핏, 피터 린치 등의 책을 새롭게 한권한권 읽어나갔다. 그렇게 해서 기본적 가치의 중요성을 깨달았으며 또한 조셉 그린빌과 엘리어트의 기술적 분석을 배웠다.

그러고 나서 기본적 가치와 기술적 분석을 접목해 '신가치투자 기법'을 정립하게 되었다. 그로부터 가치투자와 차트분석을 통한 종목 발굴로 실패하지 않는 투자의 길로 접어들게 되었다.

그러면 그냥 가치투자라고 해도 되는데 왜 '신가치투자'라고 했는지, 잠깐 살펴보고 넘어가기로 하자.

KEY POINT

보통 가치투자는 가치 평가를 해서 저 PER주를 고르고 다시 차트분석을 하게 된다. 그런데 '신가치투자'는 이와는 정반대이다. 먼저 차트를 분석하여 급등 에너지인 매집을 확인한 후 끼 있는 종목을 발굴한 다음에 가치 평가를 하여 저평가주를 고른다.

보통 가치투자는 가치 평가를 해서 저 PER주를 고르고 다시 차트분석을 하게 된다. 그런데 '신가치투자'는 이와는 정반대이다. 먼저 차트를 분석하여 급등 에너지인 매집을 확인한 후 끼 있는 종목을 발굴한 다음에 가치 평가를 하여 저평가주를 고른다.

일반 가치투자 : 가치평가 → 차트 분석
신가치투자 : 차트분석 → 가치평가

이렇게 순서가 바뀌게 되면 어떤 이점이 있을까? 보통 가치투자는 저평가주를 사서 장기 보유를 한다. 이에 반해 신가치투자는 급등하는 종목을 골라 빠른 시세를 볼 수 있다. 한마디로 빨리 시세를 볼 수 있는 종목을 선별하는 데 탁월한 강점이 있는 게 신가치투자이다.

보통의 개인투자자들은 한정된 자금으로 언제까지나 주식을 보유할 수만은 없다. 그러므로 신가치투자 기법을 이용해 그때그때마다 빠른 시세를 볼 수 있기를 바란다.

모름지기 주식은 시간의 예술이자, 타이밍의 예술이라 하지 않는가! 따라서 신가치투자는 간단히 이렇게 요약할 수도 있다.

신가치투자 = 가치평가+매수 매도 타이밍 포착

이렇게 신가치투자가 정립이 되고 나자 또 다른 부수효과도 누릴 수 있었다. 그전과 달리 매우 편안한 마음으로 투자를 할 수 있게 되었다는 점이다. 이것은 기본적 분석에 의해 저평가 국면의 종목과 성장가치가 충분한 종목을 발굴해 가치에 도달할 때까지 바이앤홀딩(buy & holding)을 함으로써 가능했다.

사실 매매습관을 바꾸기란 정말로 어려웠다. HTS를 보면서 단 하루도 매매를 하지 않고 참는 것은 보통사람으로서는 하기 힘든 일이었다. 하지만 나는 내가 정립한 '신가치투자 기법'에 믿음을 갖고 마음을 안정시켜 나갔다. 이제는 절대로 손해 보면 안 된다는 결심으로 장중에는 HTS를 끄고, 종가만 확인해 나가자 어느새 시세중독에서 벗어날 수 있었다.

그러다가 어느 날 나의 신가치투자 기법의 진가를 발휘할 기회를 잡을 수 있었다. 그때 매스컴에서 차세대 한국을 이끌어갈 희망으로 황우석 박사의 바이오 연구를 집중 조명하고 있었다. 나 역시 황 박사의 비전에 확신을 하여 기술적인 차트를 보았다.

세력의 매집에 의한 강한 힘의 원리인 쩜상한가 급등을 확인하고 산성피앤씨, 중앙백신을 매수했고, 이와 더불어 자산가치가 우량한 대성산업을 매수하여 중기 보유함으로써 큰 수익을 낼 수 있었다. 이렇게 해서 재기의 발판을 마련할 수 있었다.

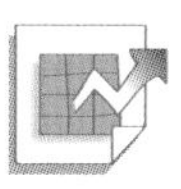

원금을 사수하고 높은 수익률을 노려라

장면 4

그 후 나는 당시 나에게 큰 도움을 주신 현 CNGF홀딩스의 윤재성 상무님의 권유로 애널리스트로 데뷔를 했다. 이를 토대로 현재 9명의 애널리스트들이 참여하는 부자클럽(www.buzaclub.kr)의 대표이다.

또한 부자클럽과 이데일리ON(http://on.edaily.co.kr)에서 최다수의 회원을 이끄는 베스트 애널리스트로 활동하고 있으며 다음카페 http://cafe.daum.net/UPSTOCK를 운영하고 있다. 나는 2009년 3월 대세상승을 확신하고 적극적으로 매수해야 한다고 이데일리TV에서 누누이 강조했다. 그러면서 하락의 공포에 젖어 있는 투자자들에게 기본적 분석에 의해 저평가 국면에 돌입한 지금이야말로 절호의 매수 기회라고 강조했다

"백년 만에 찾아온 기회입니다. 눈과 귀를 막고 주식을 사서 2세에게 물려줍시다."

이렇게 해서 실전매매에 동참한 부자클럽의 유료 회원과 더불어 수많은 시청자들에게 큰 수익을 안겨주었다. 이것은 신가치투자의 기법을 적용해 주식을 매수, 보유함으로써 가능한 일이었다.

시중에는 몇 백 %의 수익률을 올리게 한다는 주식책들이 적지 않다. 하지만 정작 원금을 보전하기도 힘든 현실에서 몇 백 %의 수익률은 신기루에 불과하다. 하지만 신가치투자 매매는 원금을 보장해줄 뿐만 아니라 투자자들이 준비한 만큼 높은 수익률을 기대할 수 있다. 한마디로 내 '신가치투자법'은 '내가 살고 난 뒤에 적을 치는' 투자 방법인 것이다.

이 책의 내용은 주 4회 12시간에 300만원의 강의료를 받고 오프라인을 통해 극소수에게만 공개했던 것이다. 나는 독자 여러분이 나의 시행착오를 되풀이하지 않고 성공투자를 할 수 있기를 바라는 마음에서 이 책을 만천하에 공개하게 되었다.

참고로 이 책에 소개된 모든 종목은 독자의 이해를 돕기 위한 참고 사례일 뿐이다.

끝으로 이 책이 출판되기까지 도움을 주신 CNGF홀딩스 윤성노 회장, 윤장래 상무와 직원들, 한국경제신문 한경BP, 이데일리ON 김대훈 팀장 외 관계자분들, 항상 함께하는 부자클럽 애널리스트와 회원들에게 감사의 말씀을 올린다. 그리고 늘 아낌없이 지원해주는 지인들과 사랑하는 부모님, 아내, 두 아들에게 진심으로 감사드린다.

2009년 겨울

김원기

CONTENTS

제3부 살 때와 팔 때

제4부 주식 부자, 마음 부자

Chapter 8 부자가 되는 길 183

실전수기 배워서 나만의 투자원칙을 사수하라! 195

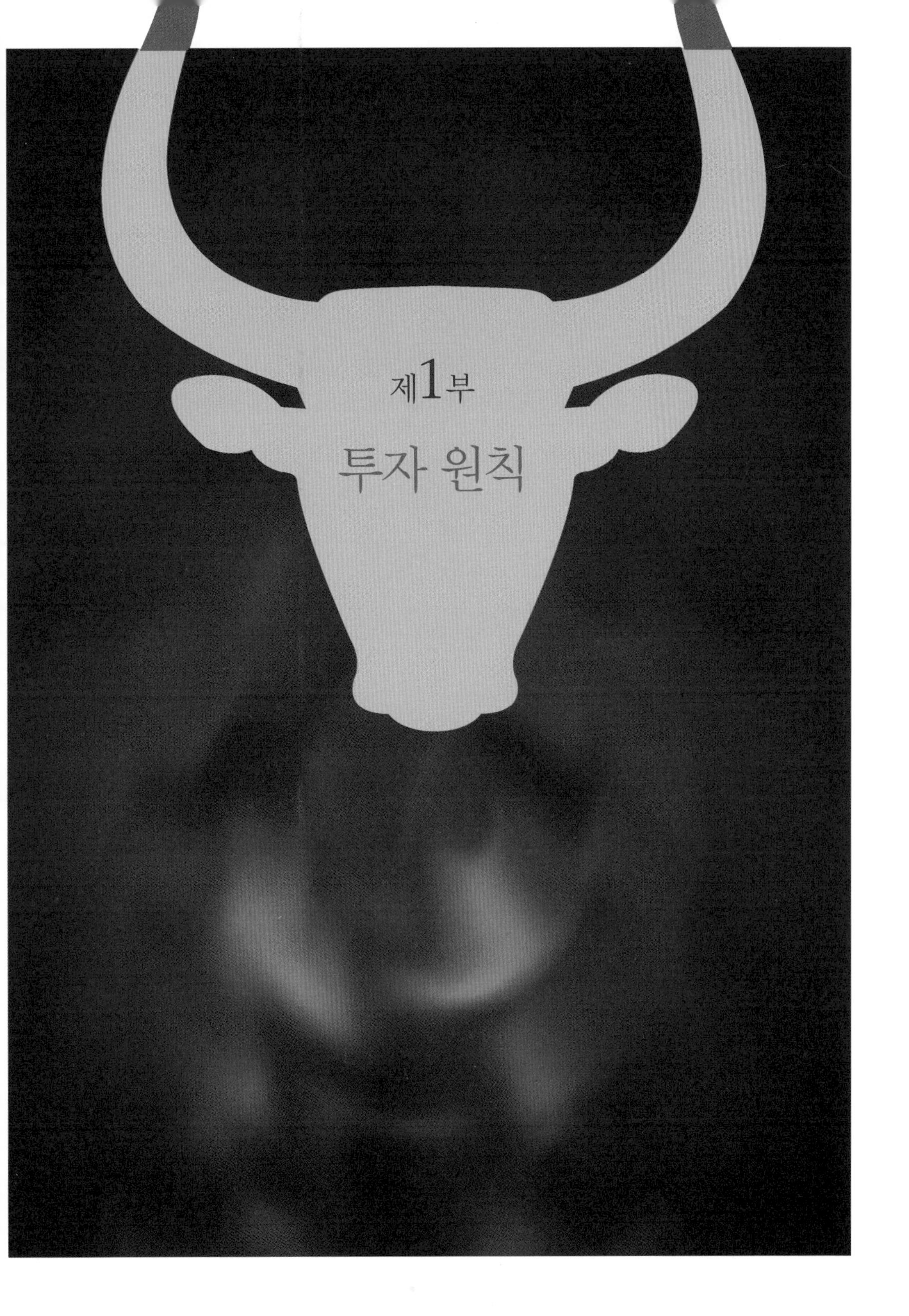
제1부
투자 원칙

Chapter 1

딱 1년만 주식에 미쳐라!

"비관적인 분위기가 최고조에 달했을 때 주식을 사라.
위기가 기회임을 분명히 인식하라."

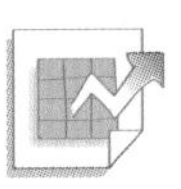

위기는 늘 새로운 기회를 준다

KEY POINT

주식의 역사에서 위기는 언제나 기회였다. 9.11테러, IMF, 2008년 모기지론사태 역시 저점의 매수기회였다.

얼마 전만 해도 전세계의 경제가 꽁꽁 얼어붙었었다. 2007년 미국의 모기지론 사태가 전세계를 불안에 떨게 한 장본인이다. 당시 그 불안이 얼마나 심했던가? 비관론자이자 독설가로 유명한 뉴욕대 교수 누리엘 루비니는 이렇게 말했었다.

"머지않아 금융시장이 붕괴한다."

하지만 그의 말은 보기 좋게 빗나갔다. 한때 공황 국면을 맞이했던 전세계 경제가 이제는 어려운 국면을 슬기롭게 극복해나가고 있다. 다들 언제 그랬냐는 듯 낙관적인 경제지표를 내세우고 있고 실물경제가 살아나기 시작했다.

나는 이번 기회를 통해 호흡을 고르는 시간을 가졌다. 현재 눈앞에서 벌어지는 일에 지나치게 빠지다보면 중요한 흐름을 놓칠 수 있다는 생각이 들었다. 나는 나무를 보지 않고 숲을 보기 위해 주식의 역사를 되돌아보았다. 길다면 길고 짧다면 짧은 주식의 역사. 그 역사를 죽 더듬어 내려오다 보니 한 가지 깨달음이 찾아왔다.

'주식의 역사에서 위기는 언제나 기회였다.'

이것은 빈말이 아니다. 독자 여러분도 잠시 차트를 치워두고 주식의 역사에 관한 책을 펼쳐보라. 그러면 주식의 역사에서 위기는 언제나 기회였음을 알게 된다.

실제로 1927~1935년까지 세계경제는 공황을 맞이했었다. 이때 주가가 바닥을 다진 후 1차로 새로운 상승을 시작하여 100P에서 1965년에 1,000P까지 상승하는 기염을 토했다(〈차트 1〉 참조). 이해를 돕기 위해 1935~1965년까지의 미국 다우차트를 살펴보겠다.

〈차트 1〉 다우지수 1935~65년

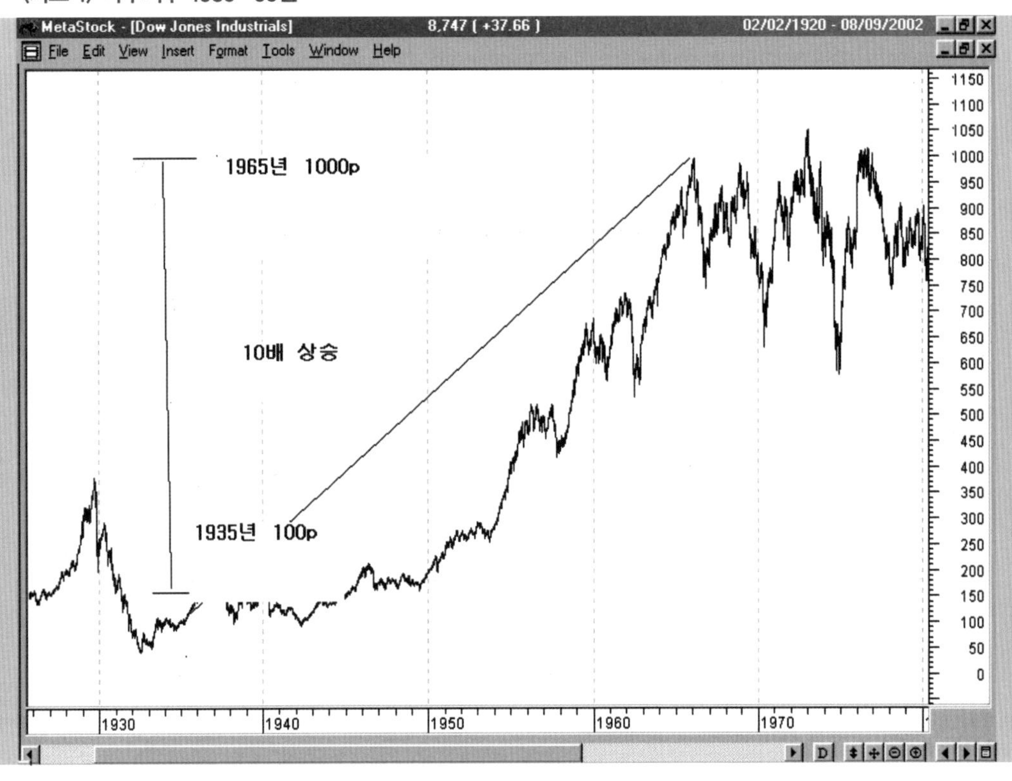

1935~1965년: 100 → 1000: 10배 상승

실제로 1927~1935년까지 세계경제는 공황을 맞이했었다. 이때 주가가 바닥을 다진 후 1차로 새로운 상승을 시작하여 100P에서 1965년에 1,000P까지 상승하는 기염을 토했다.

〈차트 2〉 다우지수 1985~2000년

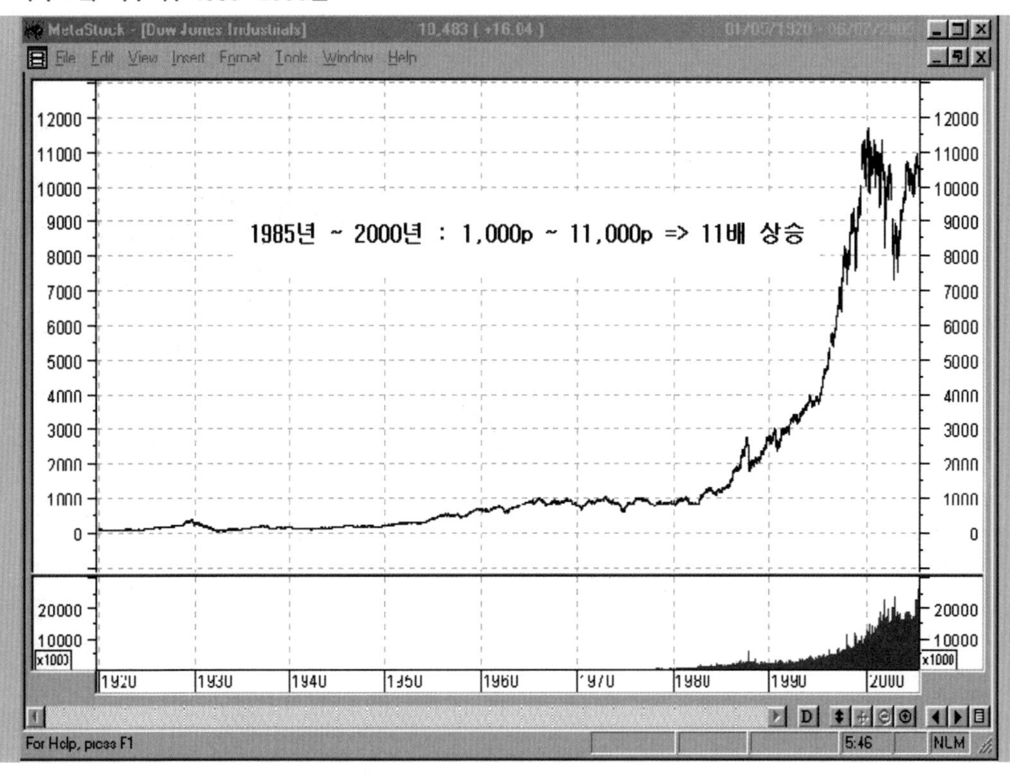

1984년 1000P에서 2000년 11,000P로 11배 상승했다.

〈차트 2〉 다우지수를 보면 1935~1965년까지 100P에서 1,000P까지 상승한 후, 1965~1984년까지 역삼각형 모형으로 약 19년에 가까운 기간조정을 거쳤다. 이후 1984년의 1,000P에서 2000년 초까지 11배인 11,000P까지 상승했다(〈차트 3〉 참조).

1984~2000년: 1000P → 11000P: 11배 상승

이와 같은 사실에서 현재의 전세계 경제에 대해 자신 있는 진단을 내릴 수 있다. 미국으로부터 발생한 전세계 금융위기는 새로운 기회의

〈차트 3〉 다우지수 1984~2000년 초

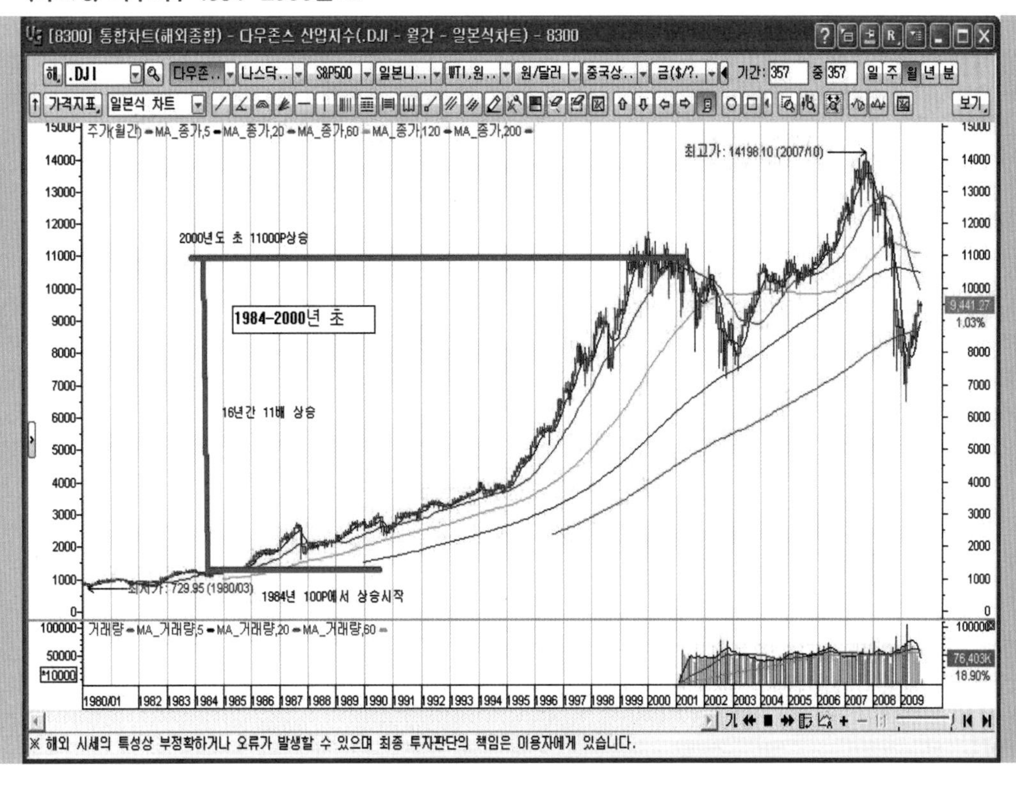

국면이라는 것이다. 내가 좋아하는 전설적인 투자자 존 템플턴도 이렇게 말했다.

"비관적인 분위기가 최고조에 달했을 때 주식을 사라. 위기가 기회임을 분명히 인식하라."

그렇다면 우리의 주식시장은 어떨까? 놀랍게도 현 코스피는 미국 다우차트와 동일한 패턴을 보여주고 있다. 〈차트 4〉의 코스피 차트를 보자.

어떤가? 〈차트 2〉 다우지수 1965~1984년까지 기간을 살펴보면 역삼각형 모양이 나타나는데, 이 역삼각형이 현 코스피 1989~2004년까

"비관적인 분위기가 최고조에 달했을 때 주식을 사라. 위기가 기회임을 분명히 인식하라." 전설적인 투자자 존 템플턴의 명언이다.

〈차트 4〉 코스피 지수

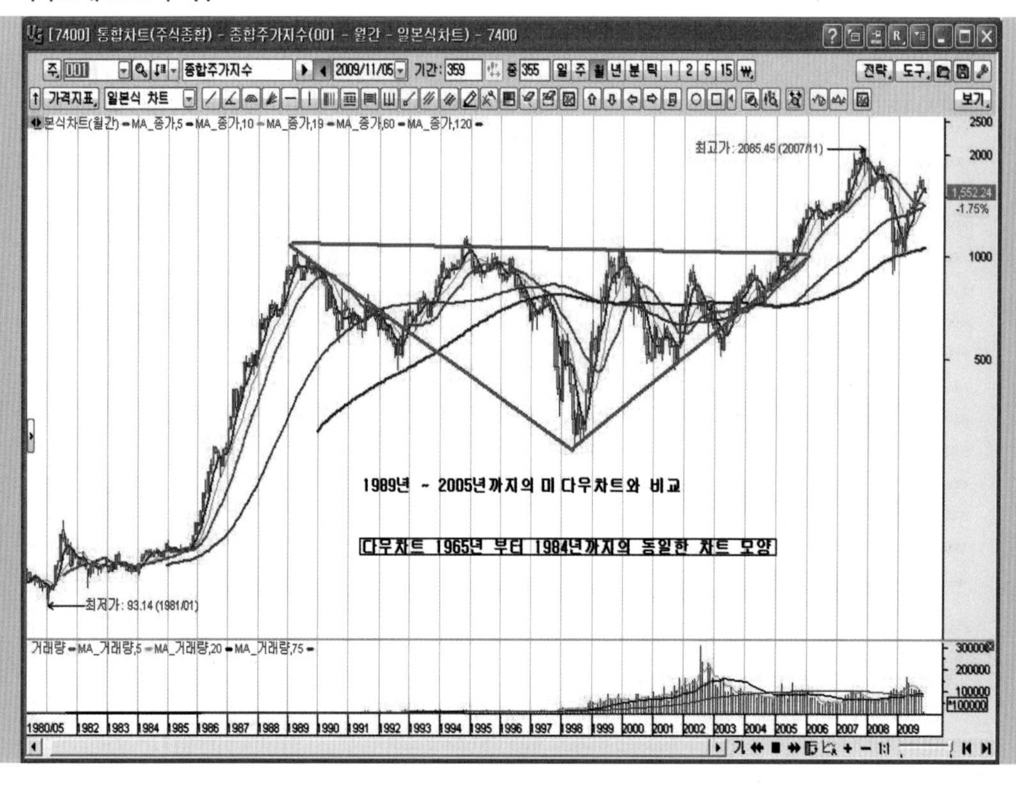

MB 정부가 임기 내에 3000P를 달성한다고 했는데 현재 기업의 실적이 지속적으로 증가되고 있기 때문에 충분히 가능하리라 본다.

지 16년 기간에도 나타났다.

나는 주식의 역사에서 얻은 지식을 살려 내 나름대로 우리나라 주식시장의 미래를 예측해보았다. 주식은 확률적으로 보면 같은 유형이 되풀이되는 경향이 있으며, 이러한 예는 과거의 다우차트에서 잘 보여주고 있다. 이러한 근거에서 나는 자신 있게 향후 코스피가 10,000P를 향해 갈 것이라고 감히 주장한다.

MB 정부가 임기 내에 3,000P를 달성한다고 했는데 현재 기업의 실적이 지속적으로 증가되고 있기 때문에 충분히 가능하리라 본다. 우리 경제는 IMF의 구조조정을 겪으면서 체력이 강화되었고, 어떤 어려운

환경이 닥쳐와도 극복할 수 있는 시스템이 마련되었다. 거듭, 코스피가 3,000P를 넘어 10,000P를 향하고 있다는 점을 강조한다.

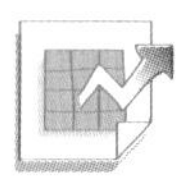 이제 아시아가 세계시장을 주도한다

앞으로 세계시장을 주도할 나라는 인구와 자원이 풍부한 중국과 인도가 될 확률이 높다.

가까운 미래에 전세계 경제의 중심은 어디일까? 많은 경제학자들이 말하는 것처럼 아시아가 세계경제의 중심이 될 것이 분명하다. 아시아의 BRICS 국가 중 중국과 인도와 우리나라를 살펴보자.

세계경제의 중심국으로 도약할 것으로 기대되는 중국은 세계 불황 속에서도 8%대의 고성장을 나타냈다. 인도의 경우 많은 인구와 풍부한 자원을 가졌고 여기에다 최근 IT분야와 소프트웨어 제작과 업무 프로세스 분야에서 두각을 나타내고 있다.

우리나라는 어떨까? 우리나라는 2009년 위기 국면에서도 빠른 회복세를 보이며 세계시장을 선도하고 있다. 현재 우리나라 상품 가운데 세계시장 점유율 5위에 드는 일류 상품은 370여 개가 넘는다.

국내 기업 중 세계 일류 상품을 많이 보유한 기업은 다음과 같다. 현대중공업(25개), 삼성전자(24개), LG전자(12개), LG화학(10개) 등이다. 삼성전자의 경우 반도체, LCD, 휴대인터넷(와이브로), 모니터 등 세계 1위의 제품을 12개나 보유하고 있다. 2009년 현재 삼성전자는 세계적인 경기불황에도 연 매출 100조원, 영업이익 10조원을 돌파할 것으로 보인다.

그러면 차트를 통해 인도, 한국, 중국이 어떻게 해서 세계경제의 중심으로 떠오르게 되는지를 살펴보자.

〈차트 5〉 인도 지수

KEY POINT

인도의 경우 고점이 21,206P에서 저점 7,697P에 따른 반등 포인트가 이미 61.8% 지점인 16,045P를 돌파했다.

〈차트 5〉를 보자. 인도의 경우 고점이 21,206P에서 저점 7,697P에 따른 반등 포인트가 이미 61.8% 지점인 16,045P를 돌파했다. 현재 17,336P로 세계에서 가장 빠른 회복세를 보이고 있다. 향후 조정을 한 후 고점을 돌파하는 것은 시간문제다. 또한 차트에서 보듯이 주도주의 면모를 보여주고 있다.

〈차트 6〉 코스피지수 월봉

〈차트 6〉 한국의 코스피 월봉을 보면 고점 2,085P이고 저점이 892P에 따른 반등 포인트가 0.618 지점인 1,629P를 돌파한 1,723P의 고점을 형성하고 있다. 이로써 세계 금융허브의 면모를 과시하고 있다. 조셉 그린빌의 50% 법칙에 의하면 하락에서 반등 시 50% 이상 상승하면 조정이 이루어지더라도 전고점을 돌파한다고 했다. 이에 따르면 코스피의 고점 돌파는 시간문제로 보인다.

조셉 그린빌의 50% 법칙에 의하면 하락에서 반등 시 50% 이상 상승하면 조정이 이루어지더라도 전고점을 돌파한다.

〈차트 7〉 중국 상해지수 월봉

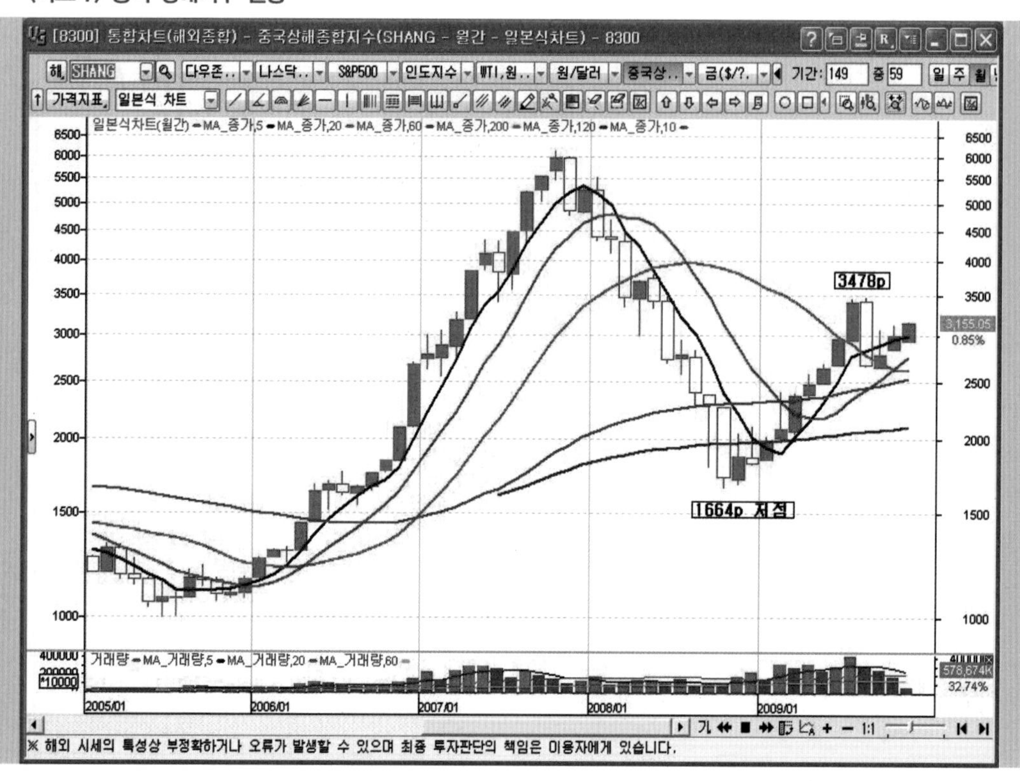

KEY POINT

세계의 경제가 어려움에 직면했는데도 불구하고 중국은 2009년 8%대의 성장을 이루고 있다.

〈차트 7〉 중국의 월봉 차트를 보자. 고점 6,124P이고 저점이 1,664P로 낙폭이 심화되었으나 반등 포인트가 0.382 지점인 3,367P를 돌파하며 3,478P까지 상승이 이루어진 후 조정이 이어지고 있다. 현재 중국은 인도와 코스피보다는 반등 포인트가 약하다. 하지만 경제성장률로만 보면 무한한 잠재력을 가지고 있어서 계속 관심을 가져야 한다.

증시의 역사는 반복된다

KEY POINT

반복되는 증시의 역사는 자연의 법칙과 같다. 봄, 여름, 가을, 겨울이 어김없이 찾아오듯이 증시의 역사 또한 반복된다.

요즘, 많은 투자자들이 모기지론 사태로 인해 위축된 인상을 받는다. 언제 다시 증시가 폭락하지 않을까 우려를 감추지 않는 투자자를 종종 만나게 된다. 하지만 그동안 나는 자신 있게 말해왔다.

"다수의 투자자들보다 더 나은 수익을 내길 원한다면 그들과 다르게 행동해야 한다."

이것은 내가 좋아하는 투자자 존 템플턴의 말인데, 내가 자주 인용하곤 한다. 실제로 존 템플턴은 모든 사람들이 최악의 위기라고 할 때 투자하여 대성공을 거두었다.

세계대공황에서 시작해 2차대전, 1997년 아시아 금융위기 속에서 그는 독자적으로 투자하여 놀라운 수익률을 거두었다. 이렇게 해서 그는 '금세기 최고의 투자자' 이자 '월가의 전설' 로 불리게 되었다.

이처럼 투자 성공을 거둘 수 있던 비결은 과연 뭘까? 그것은 단 한 가지이다. 템플턴의 종손녀가 쓴 〈존 템플턴의 가치투자전략〉을 보면 알 수 있다. 그는 말한다.

"증시의 역사는 반복된다."

템플턴은 증시의 역사에서 반복되는 사이클을 찾아냈으며 폭락이 오고 나면 얼마 후에 폭등으로 이어진다는 결론을 얻었다. 이것은 경제와 주식 역사의 불변의 법칙이나 다름없다. 실제 템플턴은 반복되는 증시의 역사에 순응하여 대성공을 거두었다.

한마디로, 반복되는 증시의 역사는 만유인력의 법칙이라는 말이다! '증시의 역사는 반복된다' 는 말 외의 부정적인 각종 지표와 애널리스트들의 공포에 질린 외침은 무시해버려도 좋다.

좋은 예가 있다. 20세기 초에 월가를 평정한 투자의 대가 버나드 바루크. 1924년에 그는 증시가 바닥을 치고 나서 상승하는 모습을 보게 되었다. 그때 그는 재빨리 증시의 역사를 더듬기 시작했다.

"그래, 이건 완전히 1897년과 판박이군. 앞으로 더 오를 게 확실해."

이렇게 증시의 반복되는 역사에 확신을 가지고 투자를 한 그는 막대한 수익률을 거둘 수 있었다.

윌리엄 오닐은 어떨까? 그는 1962년의 시장 상황을 보고 반복되는 증시의 역사를 알아차렸다.

"이건 제시 리버모어가 1907년에 경험한 시장의 정점과 흡사하군. 이 기회를 놓칠 내가 아니지."

그렇게 그는 투자를 하여 대성공을 거둘 수 있었다. 이외에도 전설적인 투자자들의 예는 많다. 여기서 다 소개하지 못할 뿐이다. 나 또한 실전매매 경험을 토대로 한 분석을 자신있게 내놓을 수 있다. 반복되는 증시의 역사에서 배운 것을 말하는 것이다.

다우지수를 예로 들어보면, 1966~1982년까지 16년간 지지부진한 흐름을 보였지만 그 이후를 보면 1982년에 다우지수 6개월간 40% 상승하면서 호황이 시작되었다. 그 후 2000년까지 장기 호황을 누렸으며 1987년 블랙먼데이 당시에는 충격이 엄청났지만 이후 18년간의 장기 호황 흐름을 되돌리지는 못했다.

이렇듯 나는 역사의 객관적인 근거를 가지고 말해왔다. 이에 따라 코스피에 대해서도 자신있는 예측을 해왔다.

"이제 곧 3,000P를 돌파하여 10,000P를 향해 이미 항해를 시작했습니다."

그러므로 두말할 필요가 없다. 투자자 차례이다. 역사의 사실에 근거하여 반복되는 사이클에 순응할 것인가의 선택 문제는 투자자의 몫으로 돌리겠다.

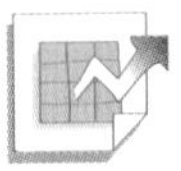

미래학으로 내일을 선점하자

KISTI선정 미래 주목할 기술

1. 바이오 의과학
2. 신재생에너지
3. 극한환경과 거대과학
4. 생체현상 규명 및 인지과학 활성화
5. 저탄소 사회
6. 안전한 삶
7. 지구온난화 대응

"앞으로 10년 뒤 뭘로 먹고사나?"

언젠가 삼성 이건희 회장이 한 말이다. 이 말은 삼성 핸드폰이 전세계적으로 불티나게 팔리고 있을 때 나왔다.

모름지기 세계적인 기업의 총수는 뭐가 달라도 크게 다르지 않은가? 저렇듯 선견지명을 놓치지 않는 회장이니 역시나 반도체에서 핸드폰으로 수출품목을 잘 갈아타는 데 성공한 거다. 좀 잘나간다 하는 한국의 1,000여 개 기업의 회장조차 당장의 이익에 만족하거나, 잘해야 몇 년 앞만 내다보는 게 현실이다. 그런데 삼성 이건희 회장은 현재의 패러다임에만 안주하지 않았다. 요즘처럼 빠르게 변하는 시대는 앞으로 10년 뒤를 내다보는 미래의 사고방식이 요구된다.

지난날을 돌이켜 생각해보라! 특히 386 이상의 투자자들이여. 지금에야 인터넷이 일상화되었지만 대학을 다닐 때만 해도 지금의 세상을 상상이나 할 수 있었는가? 영화에서나 보았음직한 것이 바로 초고속 인터넷이다. 허나 지금은 어떤가? 불과 눈 깜짝할 사이에 꿈이 현실로 변하지 않았는가?

여기서 우리가 주목해야 할 것은 과거가 아니라 미래라는 점이다. 앞서 삼성의 이건희 회장의 말이 그래서 우리 투자자에게도 울림이 클 수밖에 없다. 이건희 회장의 말은 우리 투자자의 입장에서 보면 이렇게 바뀔 수 있다.

"앞으로 10년 뒤 무엇에 투자해 먹고사나?"

이제 투자자들도 단기매매에만 매몰되어 고작 몇 %의 수익에 안주하지 말아야 한다. 수백 %의 수익을 내다보는 가치투자를 하는 투자자들은 그래서 가까운 미래에 대해 늘 촉각을 예민하게 세워야 한다.

이미, 가까운 시기에 석유와 천연가스가 고갈되는 건 너무나 당연하다. 그렇다면 에너지와 관련해서 미래의 대안이 무엇인지를 잘 파악해두어야 한다. 그리고 그에 맞게 장기 투자를 해야 성공할 수 있다. 세계적인 미래학자인 존 나이스비트는 가까운 미래의 세계에 대해 이렇게 예측하고 있다. 경청해야 할 부분이다.

"고령화는 대부분의 선진국이 겪고 있는 고민의 하나이다. 내가 책에서 미래는 현재에 내재돼 있다고 했는데, 인구구조는 운명이다. 우리는 '노령화' 의 씨를 뿌린 채 살고 있다. 해결하기 쉽지 않다."

자, 이러한 나이스비트의 미래 예측을 듣고 투자자들은 어떤 생각이 드는가? 현명한 투자자는 이미 발 빠르게 어느 분야가 유망한 투자처인지를 간파할 수 있을 것이다. 투자자들 대부분은 세계적인 미래학자 앨빈 토플러를 잘 알 것이다. 하지만 앨빈 토플러만큼 존 나이스비트를 아는 사람은 많지 않을 것이다.

존 나이스비트는 1982년 '세상을 변화시키는 흐름' 을 뜻하는 '메가트렌드(Mega Trend)' 라는 개념을 내세운 미래학자이다. 그는 〈메가트렌드〉라는 책에서 지식, 서비스, 글로벌 경제, 분권화, 네트워크 조직사회가 현실로 다가온다고 예측한 바 있다. 실제로 그의 예측은 거의 대부분 현실이 되었다.

우리 투자자가 나이스비트에게서 얻을 수 있는 또 다른 미래에 대한 고급 정보가 있다. 그는 말한다.

"21세기는 '3F시대' 이다. 앞으로는 감성(Feeling), 가상(Fiction), 여성(Female)이 주도할 것이다."

KEY POINT

21세기는 '3F시대' 이다. 앞으로는 감성(Feeling), 가상(Fiction), 여성(Female)이 주도할 것이다.

참고로 또 다른 세계적인 미래학자 제임스 캔턴은 〈극단적 미래예측〉에서 가까운 미래를 지배할 10가지 이슈를 이렇게 정리하고 있다.

'에너지, 혁신경제, 인재전쟁, 장수의학, 기후와 환경, 글로벌 문화충돌, 미래안보, 과학의 무서운 발전, 개인의 권리침해, 중국의 부상.'

이밖에도 최근 장안의 화제가 되고 있는 〈화폐전쟁〉도 미래학 책으로 주목할 만하다.

"1850년에 런던은 의심할 여지없이 세계 금융체제의 태양이었으나, 1950년에는 뉴욕이 세계 재산의 중심이 되었다. 2050년에는 과연 누가 국제금융 맹주의 보좌를 차지할 것인가?"

이 물음에 관심이 있다면 반드시 읽어보아야 한다. 금융시장을 전혀 새로운 각도로 바라본 저자의 시각은 한번쯤 생각해볼 만하다.

자, 앞으로 "10, 20년 뒤 무엇에 투자해 먹고사나?" 걱정만 하지 말고 미래학 서적을 시간 나는 대로 읽자. 바로 여기에서 가까운 미래의 투자 승부가 갈린다는 사실을 가슴에 새겨야 한다.

KEY POINT

딱 1년만 주식에 미쳐라!

❶ 위기는 늘 새로운 기회를 준다

세계경제는 공황 이후 주가가 10배 상승했다.

❷ 이제 아시아가 세계시장을 주도한다

중국, 인도, 한국이 세계경제의 중심국으로 도약한다.

❸ 증시의 역사는 반복된다

역사의 객관적인 근거로 볼 때 코스피는 3,000P를 넘어 10,000P를 향해 이미 항해를 시작했다.

❹ 미래학으로 내일을 선점하자

앞으로 10, 20년 뒤를 대비해 미래를 예측한 책들을 꼭 읽자.

Chapter
2

원금 보전하고 두 배 벌 수 있는 투자원칙

"실제로 주식시장에서 성공하는 사람은 3% 이내의 소수이다.
성공하기 위해서는 자신만의 투자원칙과 기준을 세워야 한다."

[투자원칙 1]

늙은 시세는 건너뛰고 젊은 시세를 사라.

대시세를 분출한 종목은 신고가를 갱신할 때 관심을 갖는 것이 좋다.

"대표님, 조선주는 곧 오르지 않을까요? 조선업이 우리나라 먹여 살리잖아요?"

투자자들로부터 자주 듣는 질문이다. 분명, 한국은 세계 제1위의 조선강국이고 조선업의 막대한 무역흑자는 우리나라 무역수지 흑자의 65%가 넘는다. 하지만 명심해야 할 것이 있다.

〈차트 8〉, 〈차트 9〉의 시세의 흐름을 보면 한번 큰 시세를 낸 종목은 이미 세력이 털고 나간 종목이라는 점이다. 산이 나오면 오랜 시간이 흘러야 매물이 소화된다. 따라서 다시 시세를 내려면 많은 시간이 필요하다는 점을 잊어서는 안 된다. 그래서 나는 누누이 대시세가 난 종목, 그러니까 조선업, 중공업 등은 피하라고 주장해왔다.

그런데 몇몇 투자자들이 이 점을 간과하여 고통을 겪는 것을 심심치 않게 보게 된다. 개인투자자들은 고점 대비 하락한 가격만을 생각하며 대시세난 종목을 매수함으로써 많은 시간을 보내지만 가격은 좀처럼 오르지 않는다. 문제는 고생이 여기서 그치지 않는다는 거다. 한번 대시세난 종목은 결국엔 상장폐지나 감자를 하는 상황에 부닥치기도 한다.

그래도 우량주의 경우는 시간이 지나면 매물소화 과정을 거쳐서 다시 상승하는 경우가 드물게나마 있다. 그러나 개별주의 경우는 정부 정책에 관련된 테마를 형성하고 단기적인 시세차익을 노린 세력들에 의한 급등이다. 그러므로 과거의 정권과 더불어 종목도 수명을 다한다.

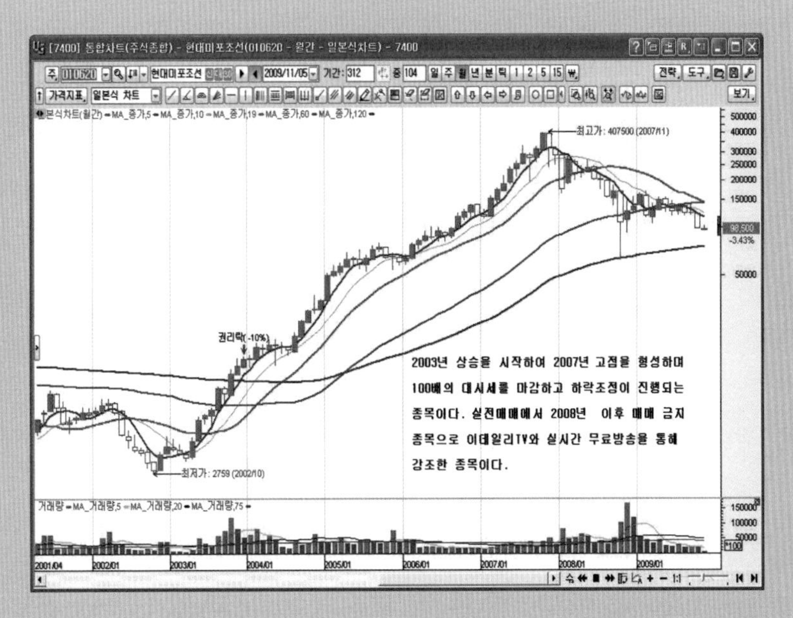

〈차트 8〉
현대미포조선 월봉

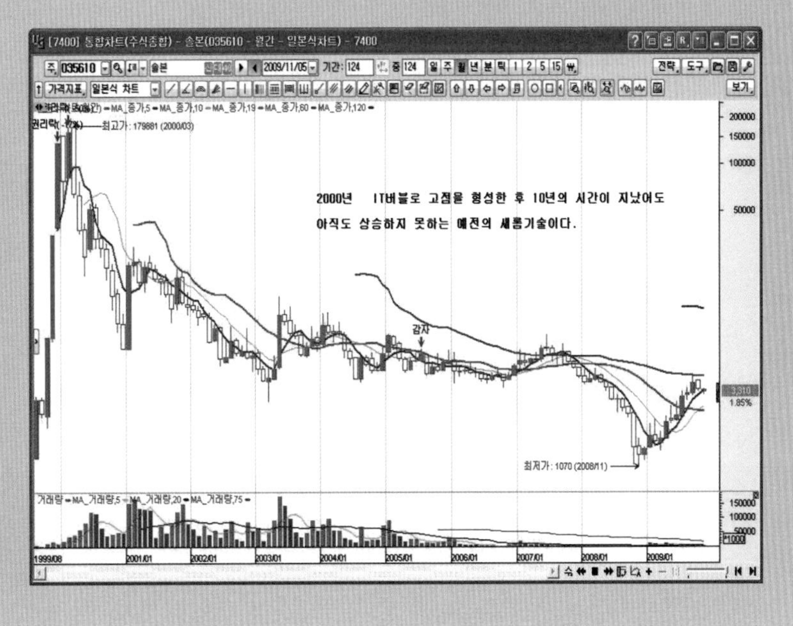

〈차트 9〉
솔본 월봉

[투자원칙 2]

씨앗을 뿌리고 바로 캐면 쪽박이다.

세력이 개입된 매집종목을 발굴하면 시세가 분출될 때까지 보유해야 큰 수익을 거둘 수 있다.

헝가리 출신 세계적인 주식투자자 앙드레 코스탈라니는 말했다.

"주식에서 번 돈은 고통의 산물이다."

이 명언처럼 주식시장에서 돈을 벌기란 쉬운 일이 아니다. 세상의 무엇도 공부하지 않고 준비하지 않으면 공짜로 얻는 것이 없다.

농사를 예로 들어보자. 투자자들이 풍작을 기대하는 농부가 됐다고 해보자. 그러면 어떻게 해야 할까? 간단하다. 좋은 씨앗을 골라서 밭에 뿌리고 씨앗이 싹트도록 기다려야 한다. 그러면 때가 되면 싹이 난다. 그 다음 싹을 솎아주고 김을 매서 열매를 잘 맺게 해야 한다. 여기서 중요한 점은 싹이 날 때까지 기다리는 것이다. 얼른 열매를 맺게 하고 싶어 일찍 싹이 트게 하다가는 농사를 망치고 만다.

주식도 이와 마찬가지이다. 워렌 버핏이 주주들에게 보낸 서한을 보면 '소액투자자를 위한 원칙'이란 게 있다. 여기서 그는 말한다.

"거래를 남발하지 말라."

"과도한 거래가 결국 고비용으로 이어지므로 '흥분과 고비용은 투자자의 적'이다."

그의 스승 벤저민 그레이엄도 같은 입장이었다. 증권사는 주된 수입원인 수수료를 얻기 위해서 잦은 매매를 권유할 수밖에 없다며 이들의 정보는 투기를 부추기는 경우가 태반이라고 비난했다.

주식을 거래할 때는 손익에 상관없이 매수 · 매도할 때 모두 수수료가 부과된다. 거기에 매도할 때는 0.3%의 세금이 추가된다. 결국 잦은 매매는 증권사만 배불리는 결과가 된다. 그러므로 현명한 투자자는 증

〈차트 10〉 산성피앤씨 일봉

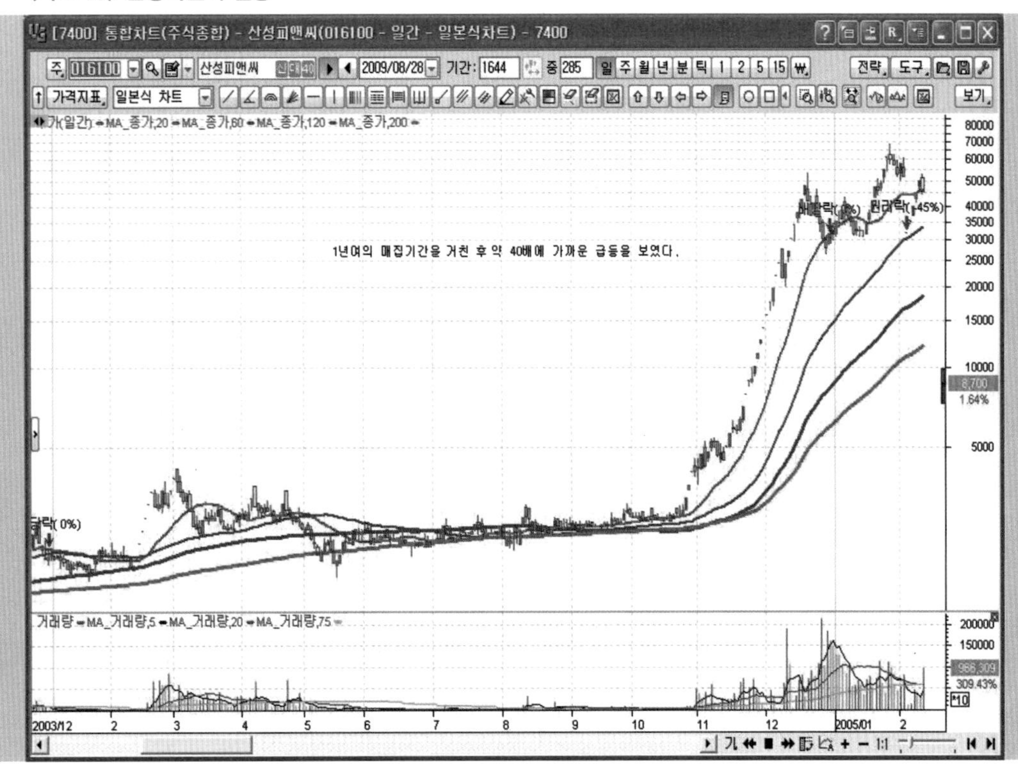

권사의 투기를 부추기는 잦은 매매를 당장 그만두어야 한다. 대신에 대주주와 사업한다는 마인드로 중장기로 주식을 보유해야 한다.

〈차트 10〉은 2003년 10월~2004년 10월까지 매집을 한 후 40배 상승을 한 바이오테마의 주도주로 시세를 급등한 사례이다.

"주식에서 번 돈은 고통의 산물이다." – 앙드레 코스탈리니

[투자원칙 3]

시장에 비관이 팽배할 때 저가에 매수하라.

"모든 사람이 하락에 대한 공포심을 가질 때 역발상적인 생각으로 과감하게 저가 매수하라." - 존 템플턴

'저가매수' 하면 빠질 수 없는 투자자가 있다. 전설적인 투자자 존 템플턴이다. 그는 시장이 비관적일 때 매수하는 바겐헌터(저가매수자) 전략으로 유명하다. 그에 따르면 증시의 폭락은 바겐헌터들에게는 10년에 한두 번 올까말까한 기회라는 것이다. 그는 되풀이되는 증시버블과 대폭락의 사이클을 간파해냈다. 그리고 기회를 포착해 바겐헌터 전략을 펼쳐 엄청난 수익을 거두었다.

우리 투자자의 경우는 어떻게 하면 될까? 시장가치보다 저평가된 종목을 발굴하여 지속적인 관찰 하에 시장흐름과 맞는 종목을 선정하자. 그리고 시장이 하방으로 많이 흔들릴 때 저점에서 물량을 모아가는 전략을 펼쳐야 한다. 특히, 악재가 나와서 투매가 일어나거나 하락할 때가 절호의 매수 시점이므로 이때 물량을 늘려가며 저가 매수해야 한다.

우량주는 악재가 나올 때 투매가 나오면서 주가가 하락한다. 이 기회를 이용해 저가 매수하는 전략을 펼쳐야 한다. 다시 한 번 강조한다.

"모든 사람이 하락에 대한 공포심을 가질 때, 존 템플턴의 바겐헌터(저가매수자)의 역발상적인 생각으로 과감하게 기회를 포착하여 저가 매수하라."

〈차트 11〉은 이데일리TV와 공개방송을 통해 4만원대 무료추천한 종목이다. 유상증자 발표 후로 급락한 2009년 6월에 실전매매에서 악재에 4만원에 저가 매수했는데 유상증자를 받고 현재 보유중인 종목이다.

〈차트 11〉 KB금융 일봉

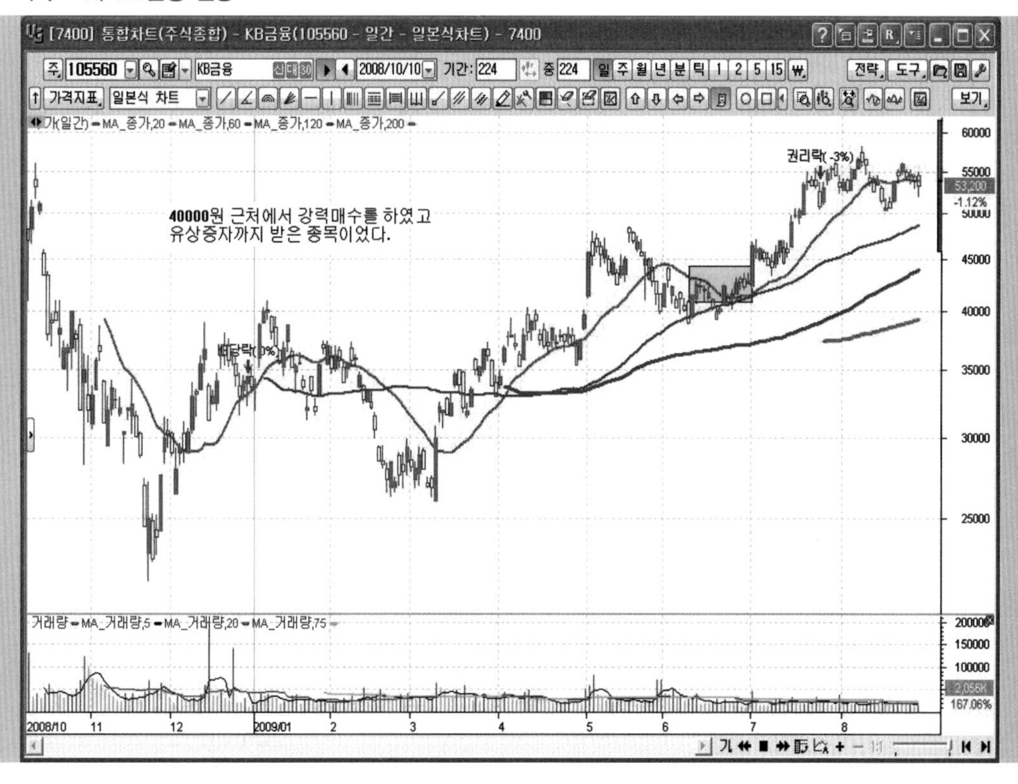

[투자원칙 4]

주식투자는 사업이다. 사업가에게 배워라.

"가장 현명한 투자방식은 자신을 기업의 오너로 생각하는 것이다." – 벤저민 그레이엄

"스승 벤저민 그레이엄의 저서 〈현명한 투자자〉 마지막 부분에는 '가장 현명한 투자방식은 자신을 기업의 오너로 생각하는 것이다' 라는 구절이 나온다. 이 말은 투자와 재테크와 관련한 최고의 명언이다."

위의 인용문은 살아 있는 최고의 투자자 워렌 버핏이 한 말이다. 벤저민의 제자인 워렌 버핏 역시 투자 마인드에서 가장 중요한 점이 바로 '기업의 오너처럼 생각하라' 는 것이다.

〈차트 12〉 삼성화재 연봉

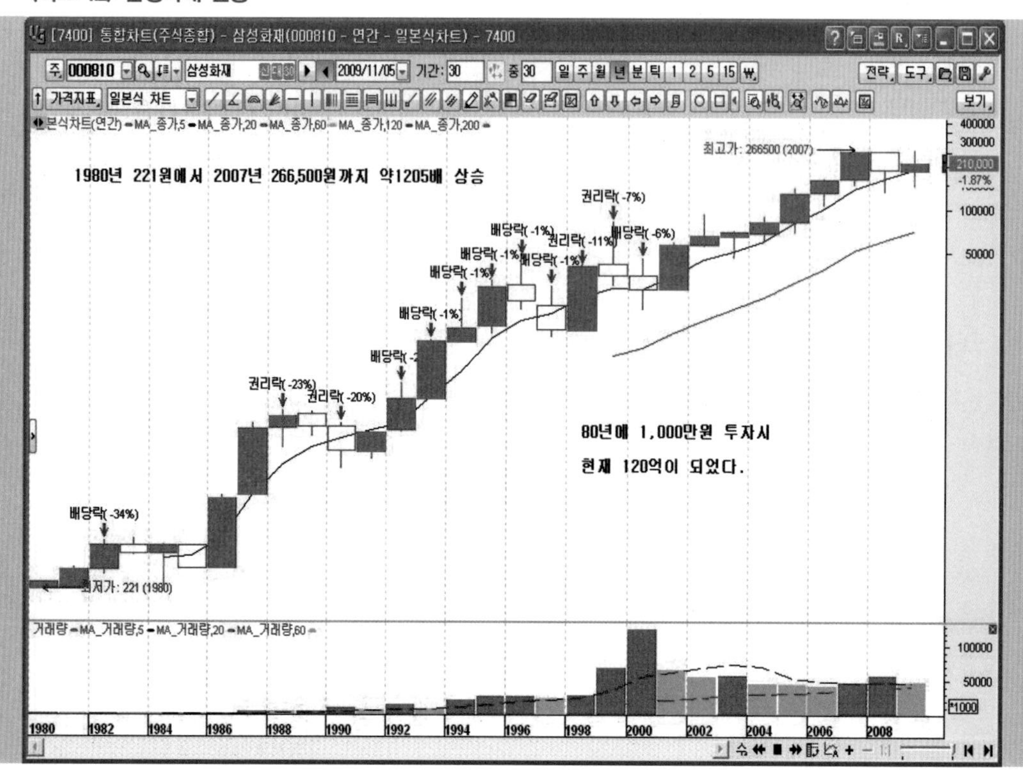

그는 투자를 할 때 단순히 주식을 사는 것에 그치지 않고 기업을 소유한다는 생각을 가져야 성공적인 투자를 할 수 있다고 강조했다. 버핏은 여기서 더 나아가 투자대상 기업의 투자자 또한 오너처럼 생각하고 경영하기를 원했다.

나 역시 주식투자는 사업 마인드로 하라고 조언해왔다. 모름지기 사업가에게 배우는 자세로 주식투자를 해야 성공이 보장된다.

워렌 버핏은 투자의 기본은 주식투자를 직접 사업을 벌이는 것과 마찬가지라고 생각하고 경기변동을 자신에게 유리하게 활용함으로써 안전마진을 추구하는 것이라고 했다. 또한 그는 이러한 생각이 지금으로부터 100년이 지나도 여전히 투자의 근본이념으로 남아 있을 것이라고 했다.

[투자원칙 5]

기다리고, 기다리고, 기다려라.

워렌 버핏은 야구선수의 비유를 들어 말했다.

"일류 야구선수는 아무 볼이나 치지 않습니다. 그들은 자신이 좋아하는 구질의 공이 들어올 때까지 꾸준히 기다립니다. 그 결과 좋은 성적을 거둘 수 있습니다. 그러나 보통의 타자는 좋은 공과 나쁜 공을 구별할 줄 알면서도 쳐야 된다는 유혹을 버리지 못합니다. 바로 여기에 문제가 있습니다."

여기서 말하는 보통의 타자는 누구를 말할까? 맞다, 실패하는 투자자를 말한다.

실제로 실패하는 투자자들은 저평가된 우량주 및 가치주를 매수하여 본연의 가치를 찾아갈 때까지 보유해야 함에도 불구하고 그러지 못한다. HTS를 보면서 하루에도 수십 번씩 매매를 하며 시세 중독에 빠져 잦은 매매를 하며 투기를 한다. 이렇게 매매가 계속되면 오히려 손실의 폭이 더 커질 뿐이다.

모름지기 주식투자는 기다림의 미학이라는 점을 명심해야 한다. 주식은 매일매일 오를 수만은 없다. 상승과 하락, 횡보의 과정을 거듭하면서 점진적으로 상승하고, 일단 상승이 시작되면 홀딩 전략으로 대응해야만 수익을 낼 수 있다.

〈차트 13〉 아이에스동서 주봉

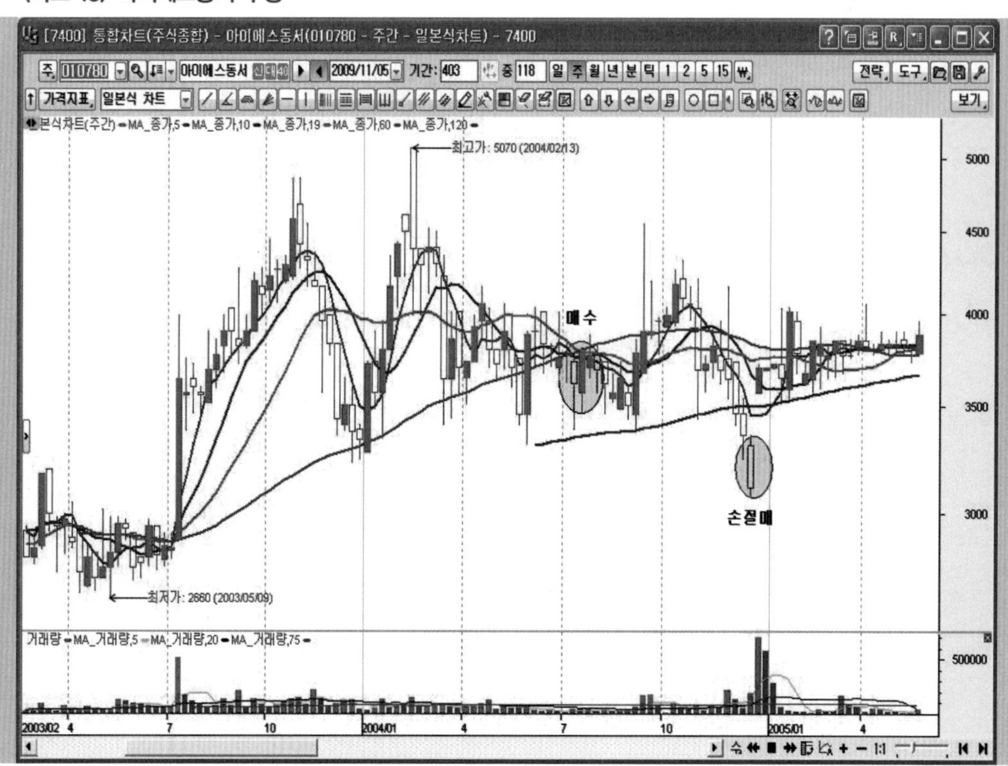

KEY POINT

매집된 것을 확인하고 매수한 종목이면 시세가 이루어질 때까지 보유해야 한다.

〈차트 13〉은 실전매매 당시 2003년 7월 대량의 거래세력이 매집된 것을 확인한 뒤에 매수한 종목이다. 현재는 권리락이 이루어진 가격이지만 매매 당시 2004년 7월경에 1만원에 매수하여 그해 12월경 8,000원에 손절매한 종목이다.

매집된 것을 확인하고 매수한 종목이면 시세가 이루어질 때까지 보유해야 함에도 불구하고 그러지 못했다. 세력들이 상승시키려고 흔드는 마지막 지점에서 손절매로 급등의 시세를 놓친 아쉬운 종목이다.

〈차트 14〉 아이에스동서 일봉

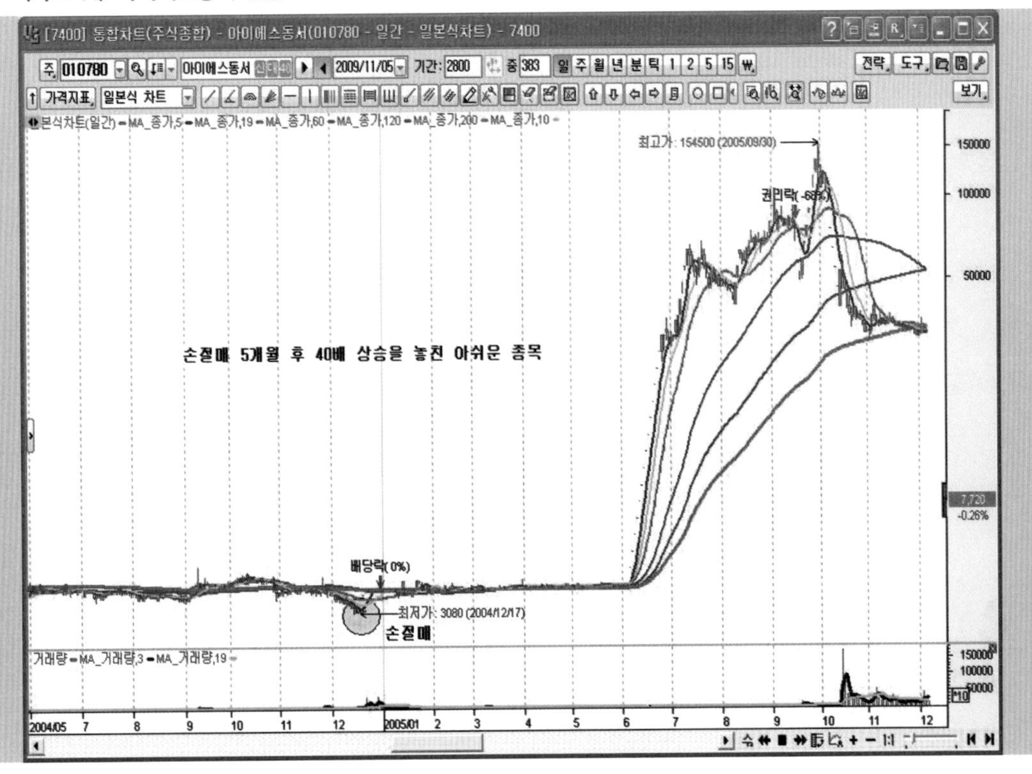

〈차트 14〉는 급등한 아이에스동서의 일봉차트이다.

일단 매집이 이루어지고 확신을 가지고 매수한 종목이라면 시세가 분출될 때까지 기다려야만 급등시세를 만끽할 수 있다. 손절매한 지점으로부터 5개월 뒤에 40배 급등한 종목이다.

[투자원칙 6]

투자종목과 시간은 나눠서 투자하라.

"계란을 한 바구니에 담지 말라"는 격언이 있다. 이 말은 분산투자의 중요성을 잘 말해주고 있다. 대박 욕심으로 한 종목에 올인하다 보면 오히려 리스크관리가 잘 되지 않아 심리가 흔들리게 되어 있다.

존 템플턴 역시 분산투자를 잘 활용했다. 그는 2차대전 때 1달러 밑에 거래되는 104개 기업의 주식을 사들였다. 이후 얼마 지나지 않아 4개 종목을 뺀 100개 기업에서 막대한 수익을 거두었다. 존 템플턴은 여러 종목에 분산투자하여 위험부담을 최소화한 것이다.

나 역시 실전매매에서 회원들에게 매일 포트폴리오 구성의 중요성을 강조한다.

KEY POINT

종목 매수비중을 우량주는 15~20%, 개별주는 10% 이내로 하여 3회 분할매수하는 전략이 좋다.

"종목 매수비중을 우량주는 15~20%, 개별주는 10% 이내로 하여 3회 분할매수하는 전략이 좋습니다. 아무리 좋은 종목이라도 한 종목에 비중을 많이 두어 매수하면 심리적인 압박을 받아 상승 · 하락의 움직임에 민감하게 반응하게 되죠. 그러므로 철저하게 분산투자의 원칙을 지켜야 합니다."

[투자원칙 7]

3년, 5년 후를 그려보면 종목이 보인다.

주식은 미래의 희망을 안고 있다. 그러므로 투자자는 미래의 세계가 나갈 방향을 예측하고 거기에 맞는 종목들을 발굴해야 한다. 그중에서도 정부의 정책과 맞아떨어지는 업종과 종목에 투자를 해야 한다.

지나간 정부의 테마 및 정책주들은 한물 간 것이다. 현 정부는 지난 정부의 정책과 전혀 상관없는 새로운 정책에 집중하며 그에 맞는 사업을 추진하게 되어 있다. 현 정부가 지난 정부의 뒤치다꺼리를 하겠는가?

따라서 현 정부의 정책 및 대통령의 의지를 파악하는 것이 주식투자에서 매우 중요하다. MB정부의 정책 의지는 녹색성장주에 있다. 그러므로 상승 1파가 진행되고 조정 중에 있는 녹색성장주 및 신고가 나가는 종목들을 눌림목시 길목을 지켜 미래의 수익에 대비해야 한다.

우리나라는 1980년대에 자동차산업이 발전되기 시작했으며 1990년대에는 반도체와 정보통신의 발전이 있었고 2000년대에는 인터넷, 바이오의 고성장이 있었다. 현재는 녹색성장주들이 미래의 한국경제의 성장동력으로 여겨지고 있다. 이밖에도 에너지, 환경, 바이오, 로봇, 나노 등의 산업이 부상할 것으로 보인다. 〈차트 15, 16, 17, 18 참고〉

KEY POINT

1980년대에 자동차산업이 발전되기 시작했으며 1990년대에는 반도체와 정보통신의 발전이 있었고 2000년대에는 인터넷, 바이오의 고성장이 있었다. 현재는 녹색성장주들이 미래 한국경제의 성장동력으로 여겨지고 있다.

[투자원칙 8]

잘 아는 회사에 투자하라.

"얼마까지 급등시킨다, 세계적인 신기술이다, 정부에서 전폭적으로 지원한다…."

초보 투자자가 이런 정보를 얻으면 어떻게 할까? 평소 잘 알지도 못하는 회사에 대한 좋은 정보를 우연히 얻게 되면 투자가 아니라 투기를 한다. 그 결과 수익은 눈곱만치도 못보고 큰 손실을 입게 된다. 실

〈차트 15〉
1980년대 현대차
연봉

1980년대 자동차산업 성장

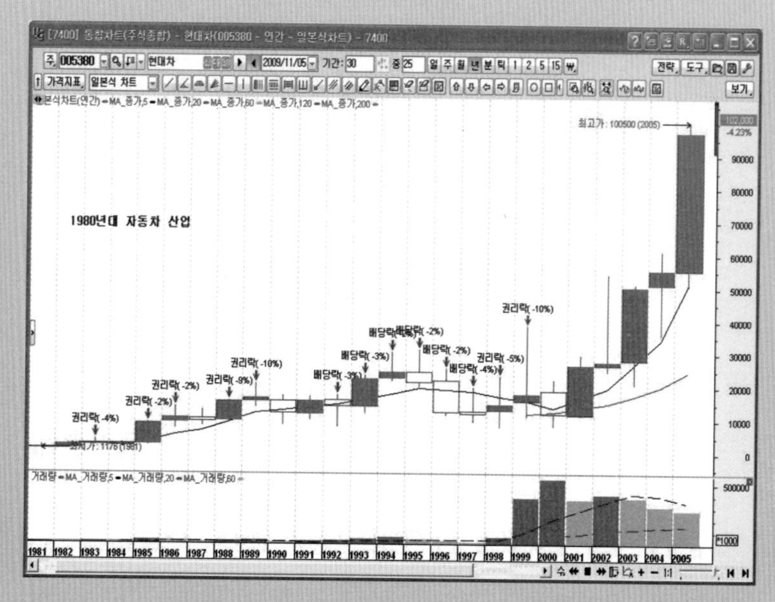

〈차트 16〉
1990년대 SK텔레콤
월봉

1990년대 정보통신 성장

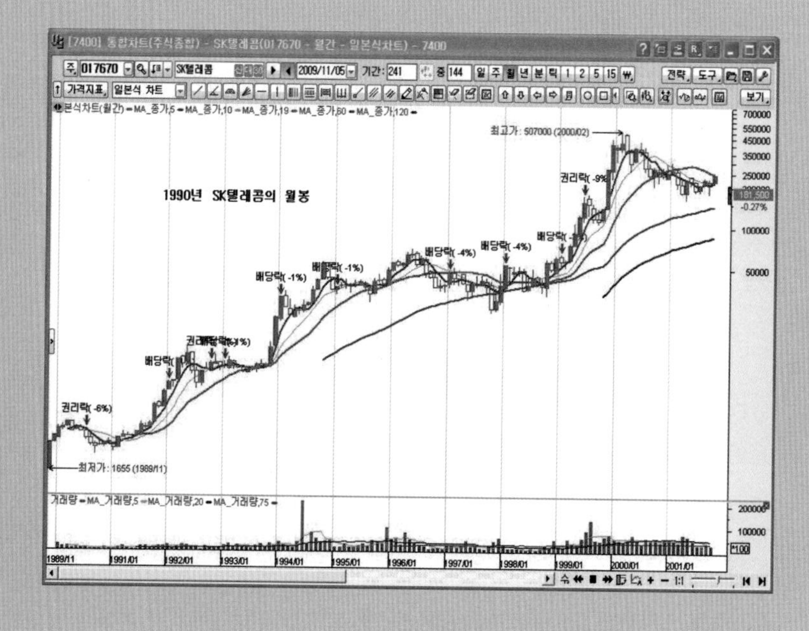

〈차트 17〉
2000년대 NHN 주봉

2000년대 인터넷 성장

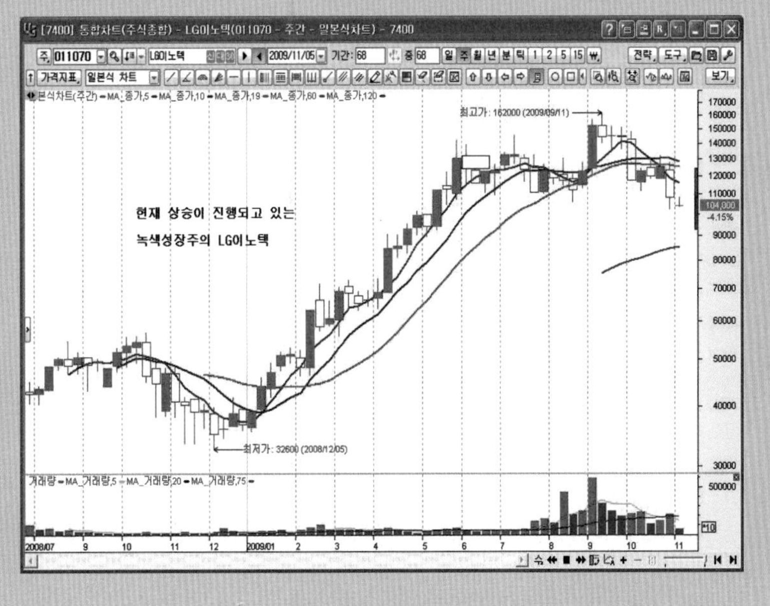

〈차트 18〉
2009년 LG이노텍 주봉

2009년 현재 녹색성장주

제로 나는 이런 정확하지 않은 '카더라' 이야기에 '묻지마식' 투기를 하여 큰 손실을 보는 경우를 많이 보았다. 참 안타까운 현실이다.

나는 이런 초보 투자자들에게 워렌 버핏의 유명한 말을 들려주고 싶다. 그는 말했다.

"나는 잘 아는 회사에만 투자합니다."

투자자가 잘 아는 회사란 뭘까? 그것은 회사가 무슨 업종이며, 어떤 수익구조로 돈을 벌고 있는지, 그리고 회사에서 일어나는 새로운 일을 속속들이 알고 있는 회사를 말한다. 그러면 워렌 버핏의 실전매매 일화를 거슬러 올라가보자.

1990년대 후반 미국의 주식시장이 인터넷 열풍으로 수십 배가 올라갔다. 모두들 일확천금을 노리고 인터넷으로 투자가 아닌 투기를 했다. 하지만 워렌 버핏은 요지부동이었다. 소위 굴뚝산업에만 투자를 고수했다. 그러자 주변에서 그에게 물었다.

"정말 좋은 기회입니다. 왜 지금 투자를 안 하세요?"

그는 대답했다.

"간단합니다. 기술 중심 회사는 내가 잘 알지 못해서 위험하기 때문입니다."

그가 기술주를 피하는 동안 1999~2000년에 나스닥 지수가 2배 올라갔다. 반면에 버크셔 헤더웨이 주식은 50% 이상 떨어졌다. 그래도 버핏은 원칙을 지켰다. 시간이 지나자 그의 진가가 발휘되었다. 그 후 나스닥이 80% 가까이 떨어졌으나 버크셔 헤더웨이의 주가는 반대로 올라서 과거의 고점을 찾아갔다. 그렇게 해서 2003년에는 1백억 달러가 넘는 엄청난 수익을 올렸다.

이처럼 1999년 말 IT버블이 일어나는 상황에서도 워렌 버핏은 원칙을 고수하여 IT주를 매수하지 않음으로써 큰 손실을 막을 수 있었다는 사실을 명심하자.

[투자원칙 9]

부정된 정보와 뉴스를 당장 차단하라.

모기지론 사태로 인한 폭락이 왔을 때 '눈과 귀를 막고 주식을 사서 2세에게 물려주자'고 강조했었다.

뉴스나 신문에 나는 기사는 거의 가치가 없다. 왜냐하면 큰 세력들은 저점에서 매집해놓은 주식을 호재성 뉴스를 발표하면서 매도하기 때문이다. 개인투자자들은 이 사실을 까맣게 모른다. 그래서 남들이 하는 대로 우르르 따라갔다가 번번이 손실을 입는다. 개인투자자들은 뒤늦게 뉴스나 정보를 통해 한발 늦은 매수를 함으로써 항상 위험에 노출되어 있다.

2009년 모기지론 사태가 발생했을 때다. 매일 되풀이되는 악재성 뉴스는 개인투자자들의 투매를 유발시켰다. 그러자 큰 세력들은 이를 기회로 저점에서 물량을 대량으로 매집하고 시세를 이끌어갔다. 이때 워렌 버핏 또한 경기가 안 좋다는 뉴스를 내보내면서 정작 자신은 주식을 사 모았다.

당시 나는 모기지론 사태로 인한 폭락으로 좋은 기회가 왔다는 것을 확신했다. 그래서 이데일리TV를 통해 3중 저점구간인 1,000P 아래에서 외쳤다.

"눈과 귀를 막고 주식을 사서 2세에게 물려주자."

다행히 내 조언을 귀담아 들은 투자자들은 수익을 거두었다. 그러므로 뉴스나 정보에 의존하지 말아야 한다. 일반 투자자들은 좋은 뉴

〈차트 19〉 코스피 일봉

KEY POINT

주식은 본연의 가치보다 저평가되었을 때 매수하고 호재성 뉴스 같은 좋은 재료를 내보낼 때 매도하는 현명한 투자를 해야 한다.

스에 현혹되어 매수하고 나쁜 뉴스에 매도해버리는 우를 범하는 경우가 많기 때문이다. 주식은 본연의 가치보다 저평가되었을 때 매수하고 호재성 뉴스 같은 좋은 재료를 내보낼 때 매도하는 현명한 투자를 해야 한다.

[투자원칙 10]

미수, 신용, 대출은 쪽박의 지름길이다.

"주식투자는 여윳돈으로 해야 한다."

내가 부자클럽에서 강의를 할 때마다 강조하는 말이다. 이 말은 아무리 강조해도 지나치지 않다. 실제로 이 말을 잘 지키지 않았던 소수의 회원 분들이 있었다. 이들은 심리의 불안정으로 수익이 날 종목에서도 오히려 손실을 보았다.

작년 말 나에게 찾아왔던 직장인 J. 그는 유통업에서 10여 년간 일해오면서 주식투자를 해왔다. 아주 적은 액수로 해왔기에 큰 손실이랄 게 없었다. 그런데 그가 사귀던 여자친구와 결혼을 하기로 했다. 그러자 그는 그동안 저축해둔 돈으로는 웬만한 아파트는 꿈도 꾸지 못한다는 걸 절감했다. 그래서 아파트를 장만하기로 마음먹고 주식투자에 배팅을 했다.

결국 10여 년간 저축해온 돈의 절반을 날리고 말았다. 사정이 이렇게 되자 여자친구 쪽에서 결혼을 미루고 말았다. 고민에 빠져 있던 그가 이데일리ON의 저녁 방송을 듣고 전화 상담을 했다.

나는 단호하게 말했다.

"주식은 집을 사고 나서 그 나머지 여윳돈으로 해야 합니다. 주식투자를 해서 번 돈으로 집을 장만하겠다는 생각으로 주식을 하면 당연히 낭패를 보게 됩니다."

이후 그는 부자클럽의 회원이 되었다. 그리고 내 조언을 듣고 다시금 마음을 다잡았다. 이제 그는 주식으로 아파트를 장만하겠다는 욕심을 완전히 버렸던 것이다. 대신에 그는 편안한 마음을 가지게 되었다.

내가 추천하는 종목에 소액을 투자하면서 차차 수익을 얻어갔으며 거의 원금을 회복할 수 있었다.

모름지기 여윳돈으로 주식투자를 해야 급등락에도 개의치 않고 편안한 투자가 가능하다. 주식투자에서 돈을 잃는 투자자들의 경우를 보면 무모하게 배팅을 한다는 것이다.

오늘 이 기회에 사지 않으면 마치 못살 것 같은 조급함과 큰돈을 벌려는 욕심이 화를 부르게 된다. 이 때문에 미수, 신용, 대출을 하게 되고, 조금만 하락하면 투매해버리는 우를 범한다. 이렇게 되면 계좌는 계속 마이너스가 날 수밖에 없다.

현재 개인 비중이 높은 코스닥 종목을 보면 많은 종목들이 신용이 걸려 있는 것을 확인할 수 있다. 여기서 투자자들이 간과하는 점이 있으니 참으로 안타까울 뿐이다.

신용물량이 많은 종목들은 신용물량이 소화되기 전까지는 상승이 어렵다

신용물량이 많은 종목들은 신용물량이 소화되기 전까지는 상승이 어렵다는 거다. 게다가 지금 HTS의 발달로 모두가 신용융자를 확인할 수 있어서 나의 패를 보여주고 카드게임을 하는 것과 같다는 말이다.

그러므로 주식투자는 대박에 대한 환상을 버리고 미수, 신용, 대출은 절대로 하지 말아야 한다. 오로지 저평가주식과 새로운 시세를 주도하는 우량주를 분할 매수하여 본연의 가치를 찾아갈 때까지 보유하는 것이 정석투자이다.

KEY POINT

원금 보전하고 두 배 벌 수 있는 투자원칙

❶ 늙은 시세는 건너뛰고 젊은 시세를 사라.
한번 큰 시세를 낸 종목은 이미 세력이 털고 나간 종목이다.

❷ 씨앗을 뿌리고 바로 캐면 쭉박이다.
현명한 투자자는 증권사의 투기를 부추기는 잦은 매매를 당장 그만두어야 한다.

❸ 시장에 비관이 팽배할 때 저가에 매수하라.
모든 사람이 하락에 대한 공포심을 가질 때, 존 템플턴의 바겐헌터(저가매수자)의 역발상적인 생각으로 과감하게 저가 매수해야 한다.

❹ 주식투자는 사업이다. 사업가에게서 배워라.
단순히 주식을 사는 것에 그치지 않고 기업을 소유하는 생각을 가져야 성공적인 투자를 할 수 있다.

❺ 기다리고, 기다리고 기다려라.
저평가된 우량주 및 가치주를 매수하여 본연의 가치를 찾아갈 때까지 보유해야 한다.

❻ 투자종목과 시간은 나눠서 투자하라.
종목 매수비중을 우량주는 15~20%, 개별주는 10% 이내로 하여 3회 분할매수하는 전략이 좋다.

❼ 3년, 5년 후를 그려보면 종목이 보인다.
미래에는 에너지, 환경, 바이오, 로봇, 나노 등의 산업들이 부상한다.

❽ 잘 아는 회사에 투자하라.
잘 알지도 못하는 회사에 대한 좋은 정보만으로 투자를 하면 손실을 보기 쉽다.

❾ 부정된 정보와 뉴스를 당장 차단하라.
큰 세력들은 저점에서 매집해놓은 주식을 호재성 뉴스를 발표하면서 매도하기 때문에 뉴스와 신문기사는 거의 가치가 없다.

❿ 미수, 신용, 대출을 금지하라.
여윳돈으로 주식투자를 하지 않으면 심리 불안으로 투자 손실이 나기 쉽다.

제2부

종목 발굴법

Chapter 3

추세, 시장의 큰 흐름을 읽는 비결

"추세는 상승, 하락, 횡보의 방향성을 의미하므로
추세의 큰 흐름에 따라야 한다.
추세를 거스르는 것은 시장에 역행하는 것과 같다."

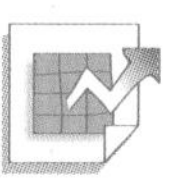

거래동향을 파악하면 종목이 보인다

"대표님, 종목 선정해주세요~!"

나는 자주 이런 부탁을 듣는다. 이런 부탁은 주로 초보 투자자들이 해오곤 한다. 그때마다 나는 스스로 종목을 찾는 안목을 기르라고 조언해왔다. 무엇보다 종목을 선정하기 위해서는 매매 주체 개인, 외국인, 기관의 동향을 잘 파악해야 한다. 그렇다고 많은 시간과 노고를 들일 필요도 없다. 단지 개인, 외국인, 기관 3개의 주체에 의해 매수, 매도가 일어나는 것을 잘 캐치하면 된다.

개인, 외국인, 기관 3개의 주체 중 어느 하나가 매수, 매도를 하면 종목이 바뀌고 시장흐름이 바뀌게 된다.

그러니까 개인, 외국인, 기관 3개의 주체 중 어느 하나가 매수, 매도를 하면 종목이 바뀌고 시장흐름이 바뀌게 된다.

외국인의 경우 지수 관련 우량주를 집중적으로 매수하게 되는데, 기관이 외국인의 뒤를 이어서 매수에 가담하게 된다. 이렇게 외국인, 기관이 매수를 하면 거래량이 증가하고 상승장이 연출된다. 이처럼 외국인과 기관의 매수가 유입될 때에는 중대형 우량주에 관심을 가지는 것이 좋다.

외국인과 기관의 매수가 유입될 때에는 중대형 우량주에 관심을 가지는 것이 좋다.

마지막으로 외국인과 기관에 뒤이어 개인투자자들이 매수를 하게 된다. 그런데 개인투자자들은 집중력이 약하다. 그러므로 중소형 개별

[그림 1] 투자자별 매매종합

[7221] 투자자별 매매종합

매매종합 | 시간대별 | 시장흐름 | 업종별현황 | 일별현황 | 기간별집계

현재 18:05 선물계약 옵션금액 (단위 : 계약, 억원) 조회

시장구분	개인	외국인	기관계	증권	보험	투신	은행	종금	기금	기타계	사모펀드
거래소	2,488	-258	-2,363	261	201	-3,040	87	12	283	109	-166
코스닥	-46	-4	54	3	-4	45	-14	2	27	-5	-4
KSP200 선물	-2,297	1,818	495	-1,401	874	1,398	-83	6	-299	-16	
KSP200 콜옵션	-27	42	-13	-2	-1	-7	-2		-1	-2	
KSP200 풋옵션	46	-44	-12	-21		9				10	
KOSTAR 선물											
주식 선물	-7,599	1,500	5,949	6,278		-329				150	

[그림 2] 업종별 투자자 매매현황

[7223] 업종별 투자자 매매현황

매매종합 | 시간대별 | 시장흐름 | 업종별현황 | 일별현황 | 기간별집계

장내 | 코스닥 | 시간별 | 일자별 — 18:05 (단위:억원) 다음 조회

업종명	개인	외국인	기관계	증권	보험	투신	은행	종금	기금	기타계
코스피지수	2,488	-257	-2,362	260	200	-3,039	87	12	282	108
코스피(대형주)	2,338	-373	-2,079	272	264	-2,778	67	-4	236	95
코스피(중형주)	158	80	-251	-2	-58	-230	5	16	39	9
코스피(소형주)	24	-3	-22	-4	2	-19	2		2	1
음식료품	-2	10	-5		9	-30	12	2	6	-2
섬유의복		2	-9		-2	-7			1	5
종이목재	31		-21		-2	-13	-4			-10
화학	314	-90	-285	34	51	-374	25	-5	-10	51
의약품	42	11	-48	1	9	-92	6	3	23	-5
비금속	11		-12	-2		-8				
철강금속	67	-152	63	-11	41	4	7	-2	38	24
기계	577	-182	-356	36	-36	-263	-2	-5	-69	-39
전기전자	772	-424	-432	112	84	-834	10	6	221	82
의료정밀	30	36	-74	-7	-6	-51	-1		-7	6
운송장비	230	4	-252	59	-14	-302	8		-3	15
유통업	128	-78	-34	53	-7	-78	1		-2	-16
전기가스업	52	107	-133	75	-27	-177	7	3	-10	-26
건설업	-28	60	-32	-23	38	-72	-1	-1	28	2
운수창고	12	-37	24	23	24	-75	3		69	
통신업	41	62	-105	10	-9	-87	8	1	-16	1
금융업	64	187	-297	-97	70	-288			50	39
은행	-20	67	-42		-6	-12		-8	-9	-4
증권	19	-110	67	-66	48	40	-3	2	42	21
보험	34	-34	-15	10	13	-46	-4		18	15
서비스업	123	203	-288		-33	-220	4	4	-33	-41
제조업	2,094	-763	-1,495	218	145	-2,039	63	2	197	149
KOSPI 200	2,501	-335	-2,274	265	250	-3,019	77	14	286	87

주들이 시세를 분출하며 화려한 개별주 장세의 서막이 시작된다.

기관, 외국인, 개인이 어떤 업종을 지속적으로 매수하는지를 체크해야만 시장흐름을 판단할 수 있다.

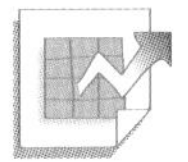

호재, 악재 중 어디가 잘 반영되었는지 관찰하라

지속적인 악재가 나오는데도 불구하고 주가가 하락하지 않으면 조만간 바닥이 찾아온다. 반면에, 연이어 호재가 계속 나오는데도 불구하고 주가가 상승하지 않으면 조만간 고점이 형성되고 하락 전환된다.

"지속적인 악재가 나오는데도 불구하고 주가가 하락하지 않으면 조만간 바닥이 찾아온다. 반면에, 연이어 호재가 계속 나오는데도 불구하고 주가가 상승하지 않으면 조만간 고점이 형성되고 하락 전환된다."

〈차트 20〉
IMF 시기의 주가지수

IMF 당시 PER가 8배 이하였으며, 폭등이 나왔다.

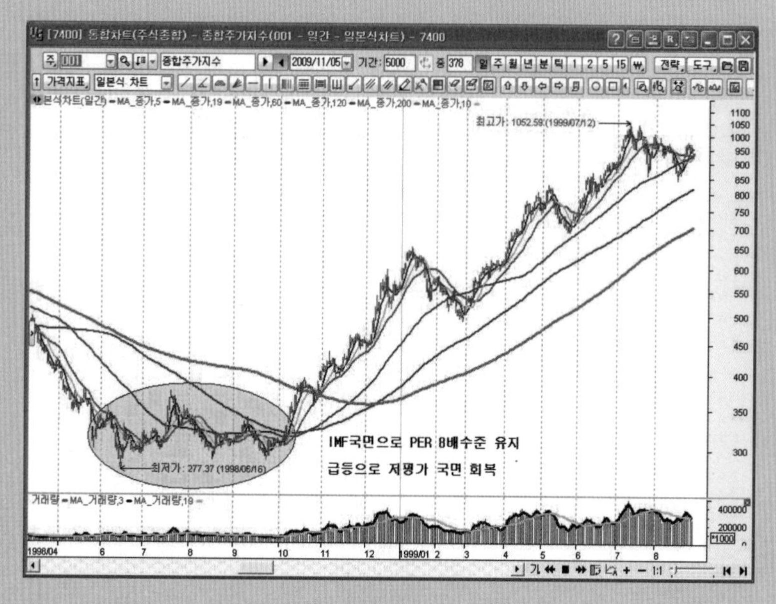

〈차트 21〉
9.11 테러 시기의 코스피 저점

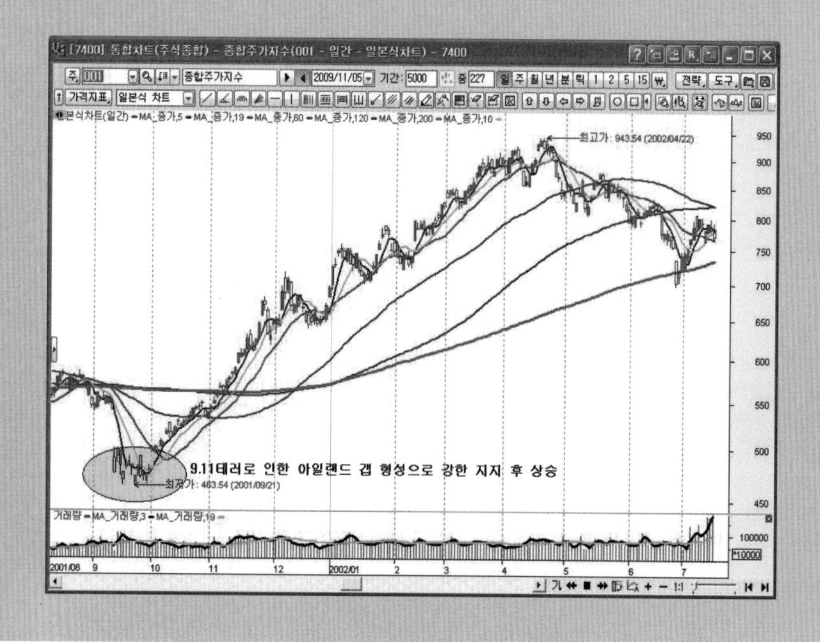

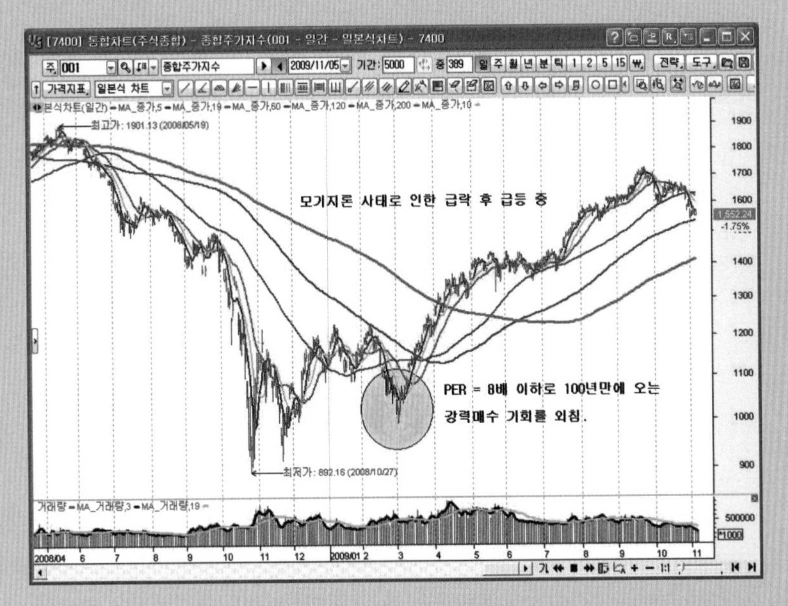

〈차트 22〉
2009년 코스피 저점

2009년 3월 3중 저점을 형성할 때 강력 매수를 강조한 시점이다.

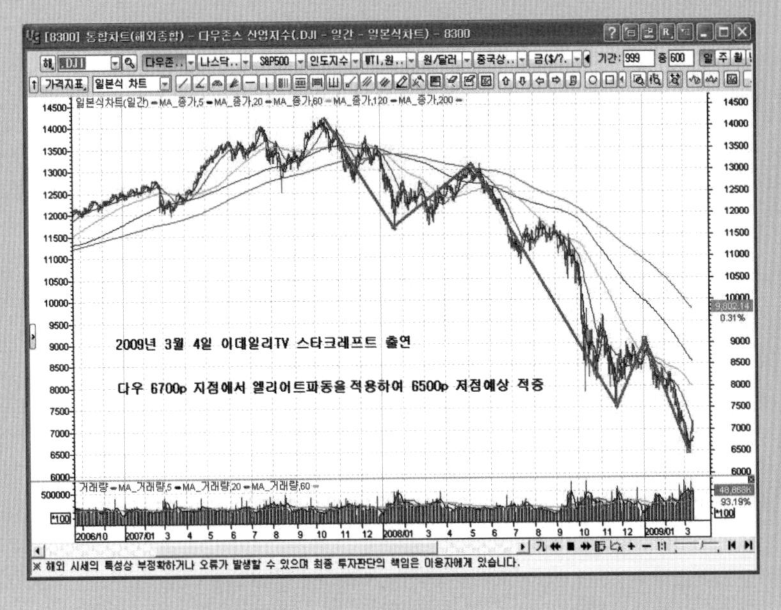

〈차트 23〉
2009년 다우지수

투자자들에게 항상 강조해온 말이다. 이것은 외국 투자책에 소개된 겉만 번지르르한 이론이 아니다. 이것은 나의 생생한 실전매매를 통해 얻은 한국형 투자 지침이다.

2009년 3월 4일 이데일리TV에 출연했을 때다. 당시 코스피 기준으로 PER가 8배 수준의 저 PER 국면을 지속하고 있었다. 이로 인해 주식 전문가들이 투자자들에게 매도를 권고하고 있었다.

그런데 나의 생각은 달랐다. IMF(차트 20), 9.11 테러(차트 21) 등 큰 사건이 발생할 때마다 주가가 늘 저점을 형성했다가 다시 상승한다는 것을 잘 알고 있었기 때문이다. 일례로 IMF 시절에도 PER가 8배 이하로 떨어져서 277P까지 내려갔지만 이후 1,000P까지 상승했었다. 나는 실전경험을 통해 그 과정을 누구보다 잘 이해하고 있었다.

따라서 나는 당시의 시점을 IMF 시점과 비교해 주식이 저평가 국면을 지속하고 있다고 강조했다. 게다가 나는 연일 터지는 미국발 악재 뉴스에도 대량 거래가 수반되며 주가가 더 이상 하락하지 않는 것을 확인했다. 〈차트 22〉에서와 같이 3중 저점을 형성할 때 저점에서 매수하여 2세에게 물려주자고 실전매매에서 지속 매수 관점을 주장했다.

사실, 악재가 많이 나올 때 추가 하락에 대한 공포로 전문가 및 일반투자자들이 저점이 형성되었는데도 불구하고 반등 시 매도를 외치곤 한다. 하지만 시간이 지나 되돌아보면 그것이 잘못됐음을 알게 된다. 뉴스를 접하기보다는 시장 큰손들의 흐름을 쫓아 거래량 및 자금 이동을 체크하고 추종하는 것이 무엇보다 중요하다.

〈차트 23〉은 2009년 3월 4일 6,700P를 가리키고 있었다. 엘리어트 파동을 적용한 1파가 2,500P의 차이로 4파의 고점인 9,000P~2,500P를 차감한 6,500P를 저점으로 예상하면서 다우차트는 하락 5파가 완

〈차트 24〉 중국 상해 지수

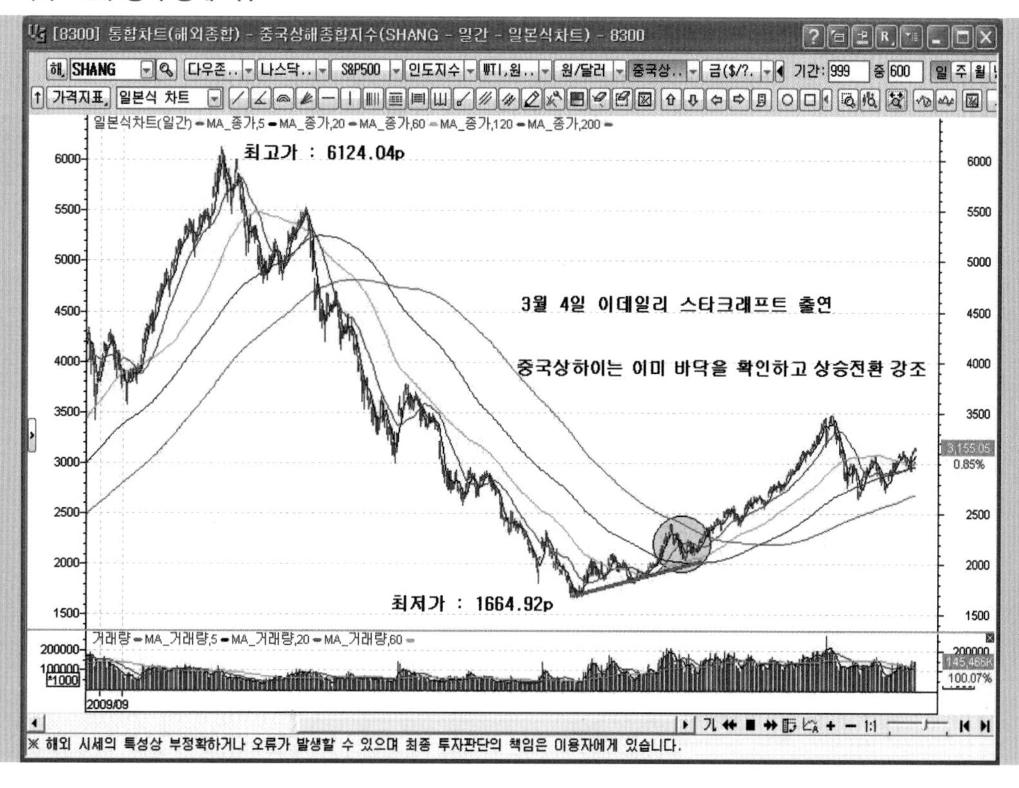

성되어가고 있다고 강조했었다.

〈차트 24〉의 상해차트는 하락을 마감하고 바닥 국면에서 1,2,3,4,5 파의 파동이 형성됨으로써 상승전환 되었음을 알 수 있다.

〈차트 25〉 코스피 3중바닥

〈차트 25〉를 보면 2008년 10월 27일 저점 892P와 11월 21일 저점 914P 두 지점을 연결하며 3중 저점 바닥인 1000P 내외가 바닥으로 확인된다.

참고 : 위 설명 및 차트 내용은 2009년 3월 4일 이데일리TV 고수열전 스타크래프트 방송에서 확인할 수 있다.

현시장의 위치를 파악하라

1. 그린빌의 이평선으로 본 현재 위치

이평선은 조셉 그린빌이 만들었다. 조셉 그린빌의 법칙을 이용해 현시장의 위치를 파악하고 시장에 따른 종목으로 대응이 가능하다.

자연계에 봄, 여름, 가을, 겨울 4계절이 있듯이 주식시장에도 사계가 존재한다. 주식시장에는 인간의 힘으로는 어쩔 수 없는 사이클이 있다는 말이다. 인간이 아무리 발버둥을 친다고 해도 주식사이클은 자연의 이치와 같다.

[그림 3] 그린빌 이동평균선

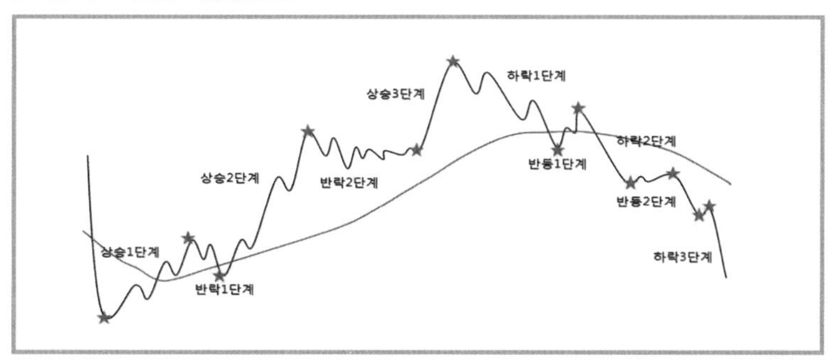

"봄이 왔는데 잠깐 꽃샘추위가 왔다고 해서 겨울로 돌아가지는 않습니다."

이 말은 강의할 때마다 누누이 강조하는 것이다. 주식시장은 이와 한 치도 틀리지 않는다. 바닥을 친 후 한번 상승을 시작하면 44개월에서 54개월에 가까운 상승을 해야만 큰 상승의 주식사이클이 완성된다.

다시 한 번 말하지만 시장 시계의 지표는 결코 되돌리지 못한다! 그렇다면 현시장은 어느 곳에 위치하고 있을까?

시장시계의 지표는 어떠한 사건, 사고가 일어난다 하더라도 되돌리지 못한다.

현시장의 위치는 2008년 11월 21일 시작된 상승 1단계 마무리 국면에 진행 중에 있다. 향후 시장은 반락 1단계를 거쳐 상승 2단계, 상승 3단계가 기다리고 있다.

상승 1국면

❶ 10년째 바닥인 주식

❷ 200일선과 이격이 벌어진 주식

❸ 거래량 대량 매집된 주식

❹ 불황기를 맞은 주식

❺ 상승 기간은 3~6개월

❻ 정부정책으로 상승했던 종목은 제외

상승 2국면

❶ 최초 상승부터 15개월 전후가 제2국면

❷ 상승 1국면에서 상승했던 종목이 200일선 위에서 협띠를 형성한 종목

❸ 상승 1국면에서 상승폭이 적었던 정책 수혜주

❹ 정배열 상태를 유지하며 시세분출이 없었던 종목

상승 3국면

❶ 200일선 위에서 수렴하면서 정배열 상태를 유지하고 있는 자산 우량주 압축매매

* 200일선 밑에 있는 종목은 제외

❷ 상승 3국면은 때에 따라서는 없을 수도 있기 때문에 매매에 신중

을 기해야 한다.

❸ 상승주기는 30개월 지속되며 하락주기는 16~22개월 지속된다. 전체 주기는 48~54개월 지속된다.

❹ 최초의 바닥으로부터 24개월 되는 지점이 시작점이다.

❺ 저가주들은 이 단계에서 완전히 배제된다.

하락 1단계

❶ 급격한 가격조정이 이루어진다(3개월에 50% 하락).

❷ 상승시세가 끝나고 공매주를 찾는데 주력해야 한다.

❸ 공매주 선정 후보는 200일선을 하향돌파한 주식이다.

❹ 공매는 하향시세 1단계 후 반등기에 대개 공매가 이루어진다.

하락 2단계

❶ 하향시세의 움직임은 복잡하고도 미묘하다

❷ 반등기간에 반등 국면이 크게 일어나는 경우가 일반투자자들이 가장 속기 쉬운 구간이다

❸ 주식은 폭락으로 변하게 된다.

❹ 최저치 종목이 서서히 보이기 시작한다.

❺ 경제 악화 뉴스가 서서히 나타나기 시작하며 정부는 경기불황이 없을 것이라고 발표한다.

하락 3단계

❶ 부정적인 뉴스들이 점점 악화되고 시세는 지속해서 하락하며 주식은 신저가를 지속한다.

❷ 신저가 종목들은 서서히 자신감으로 대변화를 일으키며 공매를 중지하며 200일선의 이격이 큰 종목을 주시하게 된다.

❸ 일급투자자들은 서서히 자신감으로 대변화를 일으키며 공매를 중지하고 200일선의 이격이 큰 종목을 주시하게 된다.

❹ 시세의 기간표를 관찰하기 시작해서 48~54개월이 되었는지를 주의 깊게 살핀다.

❺ 모든 저가주들은 이미 폭락을 했으므로 우량주만이 최저가에 도달할 여유를 남겨놓고 있다.

2. 엘리어트 파동으로 본 현재 위치

2008년 11월 21일 기점으로 대세상승 1파가 진행 중이며 향후 조정 2파를 거쳐 상승 3파, 상승 5파의 파동이 남아 있으므로 큰 상승이 기대되는 장이 도래한다.

엘리어트 파동론(Elliott Wave Theory)이란 무엇일까? 한마디로 증권시장은 자연을 지배하는 법칙에 따라 움직인다는 것이다. 엘리어트는 "주가는 상승 5파와 하락 3파에 의해 끝없이 순환한다"고 주장했다.

[그림 4] 엘리어트 파동 모형도

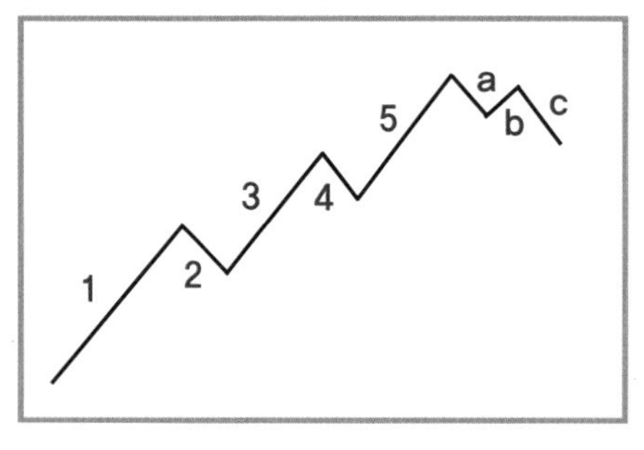

이게 무슨 말이냐? 연속적인 파동에 의해 상승 5파가 만들어지고 다시 하락함으로써 하락 3파가 만들어지는데 이것으로 8개의 파동사이클이 형성된다는 것이다. 실제로 엘리어트는 자신의 이론으로 1937~1938년 사이의 월스트리트의 폭락을 정확히 예측했다. 게다가 그의 이론을 연구한 헤밀튼 볼튼은 1966년 다우지수가 525선까지 하락할 것이라고 예측해 그대로 맞추었다.

이처럼 역사적으로 검증이 됐으니 엘리어트 파동론은 실전매매에서 신뢰하고 이용할 수 있다. 엘리어트 파동론에 대한 다섯 가지 요점을 소개하니 잘 참고하기 바란다.

엘리어트 파동론 요점 5가지

1. 삼라만상의 법칙
2. 위치 파악하는 지도와 같다
3. 피보나치 수열
4. 황금분할(0.382 0.5 0.618)
5. 절대불가침의 법칙
   a) 1번 파동 밑으로 내려가서는 안 된다.
   b) 3번 파동이 제일 짧을 수 없다.
   c) 4번 파동은 1번 파동과 겹칠 수 없다.
   d) 파동의 법칙(모양, 균형, 조화)과 자연의 법칙
   e) 변화의 법칙(조정파동): 2파가 61.8%, 4파는 38.2% 조정되고, 2파가 38.2%, 4파는 61.8% 조정

거래량, 거래대금을 알면 시장의 성격을 알 수 있다

초보투자자들이 범하기 쉬운 첫 번째 실수는 시장에 자신을 맞추지 않고, 시장을 자신에게 맞추려는 것이다.

일전에 만났던 A씨는 부동산으로 꽤 많은 돈을 굴리고 있었다. 그는 부동산경기가 악화될 때 나를 찾아와 다짜고짜 10억여원 대의 투자처를 찾는다고 했다. 자신은 단위가 크다는 것을 은근히 자랑하는 인상이었다. 그래서 나는 단호하게 말했다.

"시장 상황에 맞게 카멜레온이 되어야 합니다. 투자자금이 많다고 함부로 투자를 해서는 안 돼죠. 지금 시장 상황이 큰 자금을 투자해야 할 때인지, 작은 자금을 투자해야 할 때인지를 잘 판단해야 합니다."

거래대금에 따른 매수포지션
- 7조 이상-대형주
- 5~6조 - 옐로칩 중소형주
- 4조 이하 - 개별주

모름지기 투자자들은 시장의 거래량과 거래대금을 잘 파악해 두어야 한다. 거래대금에 따라서 매매해야 하는 종목이 달라지기 때문이다.

거래대금이 7조원 이상이며 대량거래가 수반할 경우에는 우량 대형주 및 옐로칩, 중소형우량주 등의 시세 탄력이 형성된다. 매수 주체로는 외국인, 또는 기관이 매수세가 강하게 유입되어 장을 이끈다.

[그림 5] 거래소 업종 지수

[7042] 거래소업종지수(6주단위)

10초 지수 | 1분 지수 | 10분 지수 | 6주간지수 | 예상지수

업종 001 종합주가지수 KRX100 KOSPI KOSPI 200 KOSDAQ KOSTAR

날짜	시가	고가	저가	종가	대비	등락율	거래량(천)	거래대금(백만)
11/05	1,568.67	1,571.80	1,551.94	1,552.24	-27.69	-1.75%	203,567	3,362,963
11/04	1,556.02	1,579.93	1,550.73	1,579.93	30.01	1.94%	266,731	3,778,162
11/03	1,562.10	1,565.01	1,549.10	1,549.92	-9.17	-0.59%	273,877	3,635,412
11/02	1,543.24	1,570.15	1,543.24	1,559.09	-21.60	-1.37%	288,543	4,400,295
10/30	1,605.12	1,605.12	1,580.69	1,580.69	-5.16	-0.33%	272,068	4,826,718
10/29	1,584.52	1,587.19	1,564.41	1,585.85	-23.86	-1.48%	371,703	5,704,154
10/28	1,648.80	1,652.46	1,604.01	1,609.71	-39.82	-2.41%	368,831	5,457,780
10/27	1,646.76	1,651.63	1,637.15	1,649.53	-7.58	-0.46%	334,192	5,144,625
10/26	1,634.33	1,663.03	1,633.92	1,657.11	16.94	1.03%	313,332	4,764,057
10/23	1,643.62	1,647.27	1,633.11	1,640.17	9.84	0.60%	330,172	4,942,881
10/22	1,638.01	1,650.03	1,623.96	1,630.33	-23.53	-1.42%	386,002	4,925,134
10/21	1,649.81	1,664.52	1,645.56	1,653.86	-5.29	-0.32%	365,342	5,288,959
10/20	1,663.95	1,665.65	1,649.27	1,659.15	10.08	0.61%	401,146	4,830,211
10/19	1,633.34	1,649.69	1,614.85	1,649.07	8.71	0.53%	278,196	4,890,759
10/16	1,656.07	1,667.49	1,638.49	1,640.36	-18.63	-1.12%	370,210	5,819,849
10/15	1,661.69	1,672.08	1,653.33	1,658.99	9.90	0.60%	372,684	5,941,136

〈차트 26〉 2007년 코스피 지수

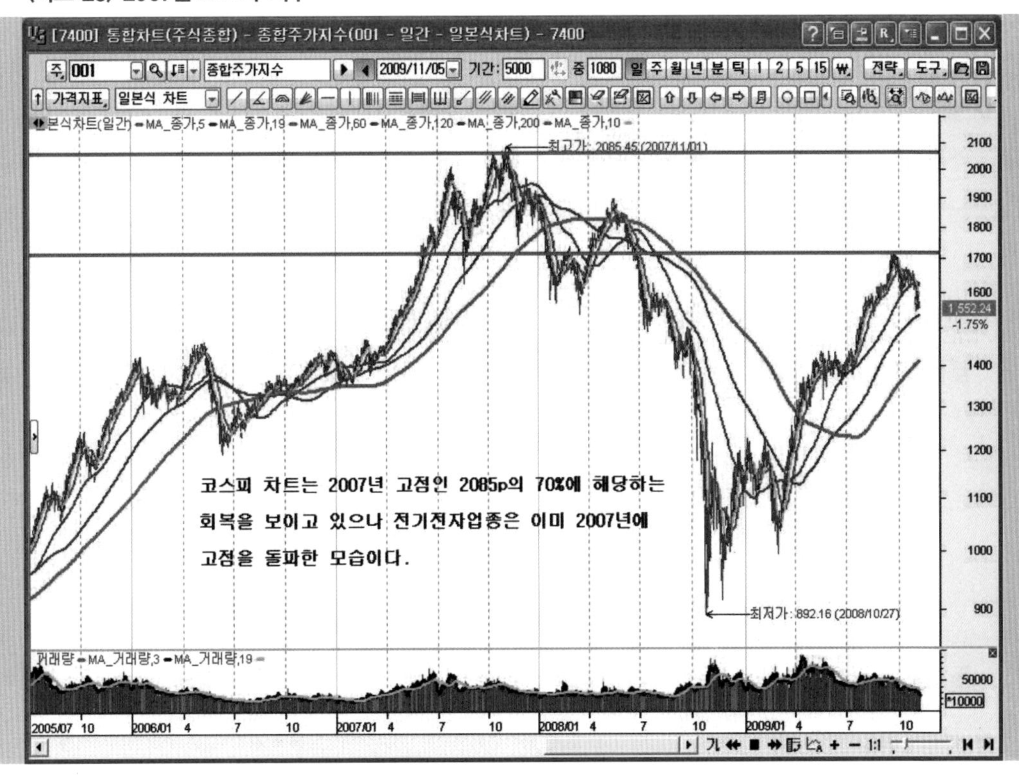

거래대금이 5~6조원의 경우에는 거래 볼륨이 줄어들기 때문에 덩치가 큰 우량주가 움직이기보다는 옐로칩 및 중소형주들이 주류를 이룬다.

거래대금이 4조원 이하의 경우에는 그동안 상승에서 소외되었던 부실주 및 저가주, 관리주들의 폭등이 시작되며 시장사이클이 마무리 국면으로 진입하는 경우가 많다. 거래대금이 줄어들고 부실주들이 움직일 때에는 많은 자금으로 시장에 임하기보다는 작은 자금으로 임해야 한다.

〈차트 26〉의 코스피 차트는 아직 2007년의 고점에 70%에 해당하는 회복을 보이고 있다. 타 업종에 비해 전기전자 쪽은 코스피보다 월등히

〈차트 27〉 전기전자 지수

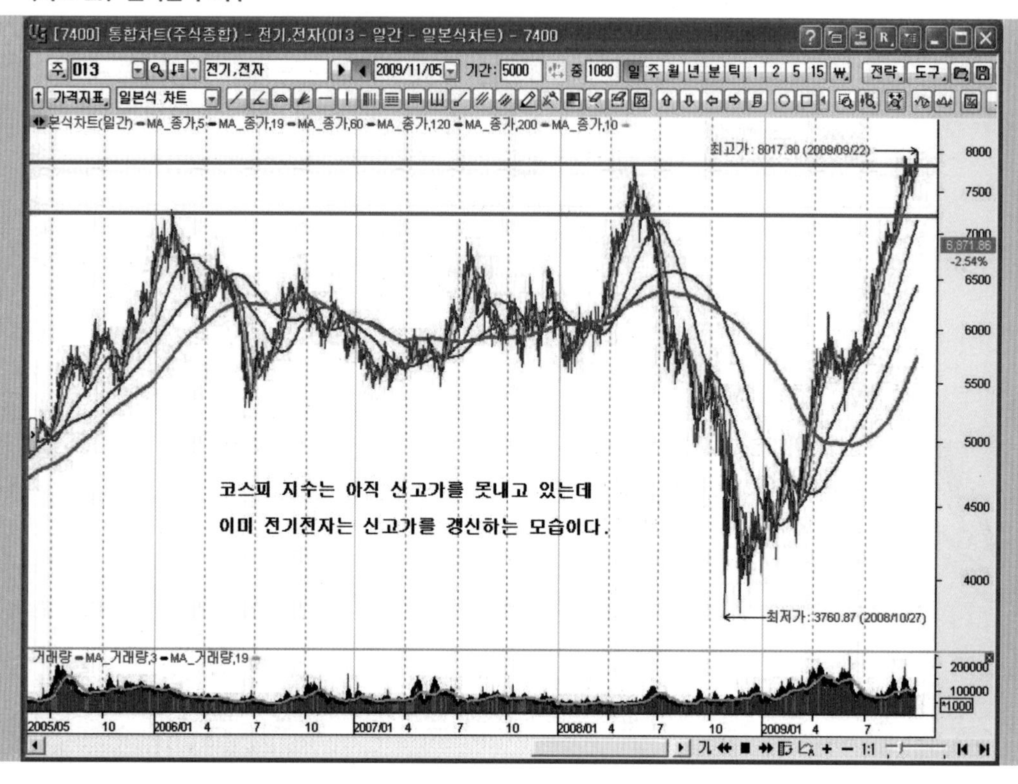

빠른 속도로 신고가를 갱신하고 있다. 종목으로는 삼성전자, LG전자, 삼성테크윈, 삼성전기, 삼성SDS, 하이닉스 등이 2009년 9월까지 시장을 이끌고 왔으며 향후 이 종목들의 조정폭을 잘 지켜보아야 한다.

업종차트는 업종에 해당하는 종목들의 평균 그래프이다. 따라서 전기전자 지수 외에는 아직 신고가에 도달된 업종 그래프 차트가 없다. 종목을 찾을 때 업종 그래프를 비교하여 가장 먼저 상승하는 업종 차트를 분석하고 그에 속한 종목들을 찾아나가면 시장보다 월등히 높은 수익률로 주도주를 발굴할 수 있다.

종목을 찾을 때 업종 그래프를 비교하여 가장 먼저 상승하는 업종 차트를 분석하고 그에 속한 종목들을 찾아나가면 시장보다 월등히 높은 수익률로 주도주를 발굴할 수 있다.

2009년 9월까지 주도주는 〈차트 27〉의 업종 그래프에서 보여주듯

〈차트 28〉 삼성전기

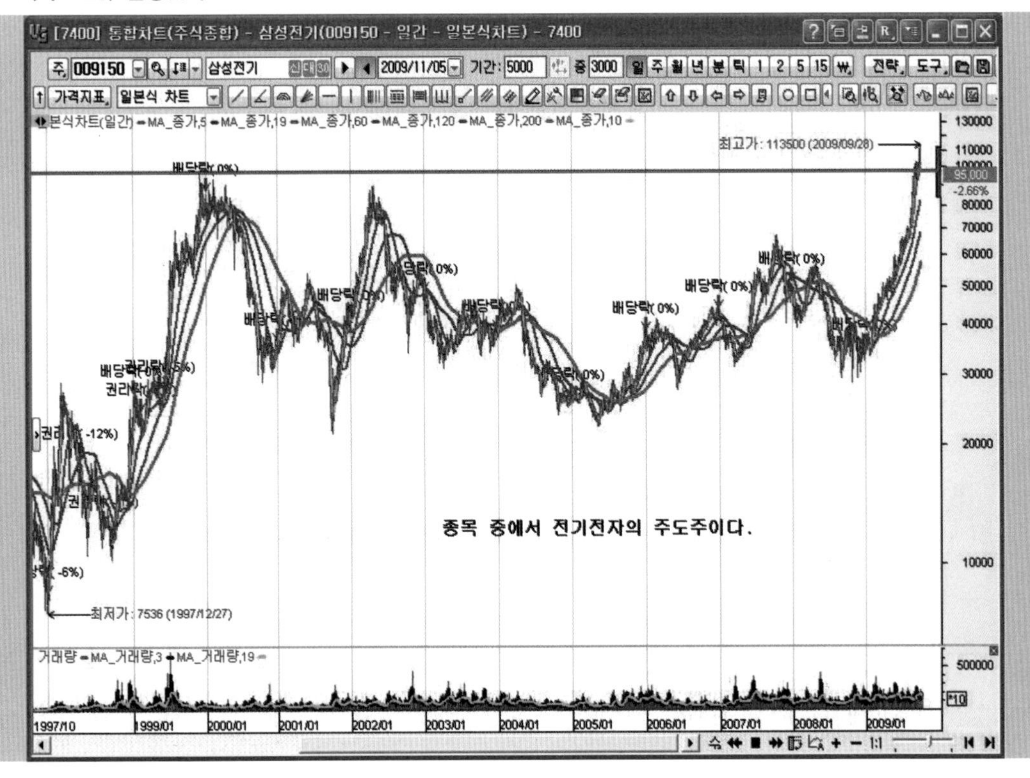

이 전기전자이다. 삼성전자, LG전자, 삼성SDS, 삼성전기, 하이닉스, 삼성테크윈 등이 신고가 행진을 하면서 시장을 이끌고 있다. 투자자들은 다른 업종군 및 종목을 선별하기보다는 코스피 차트보다 월등히 빠른 전기전자 쪽의 종목들을 지속적으로 체크해보아야 한다.

〈차트 28〉은 정부 정책의 녹색성장주로서 LED 대장 역할을 하면서 신고가를 갱신하는 모습을 보여주고 있다.

〈차트 29〉 삼성테크윈

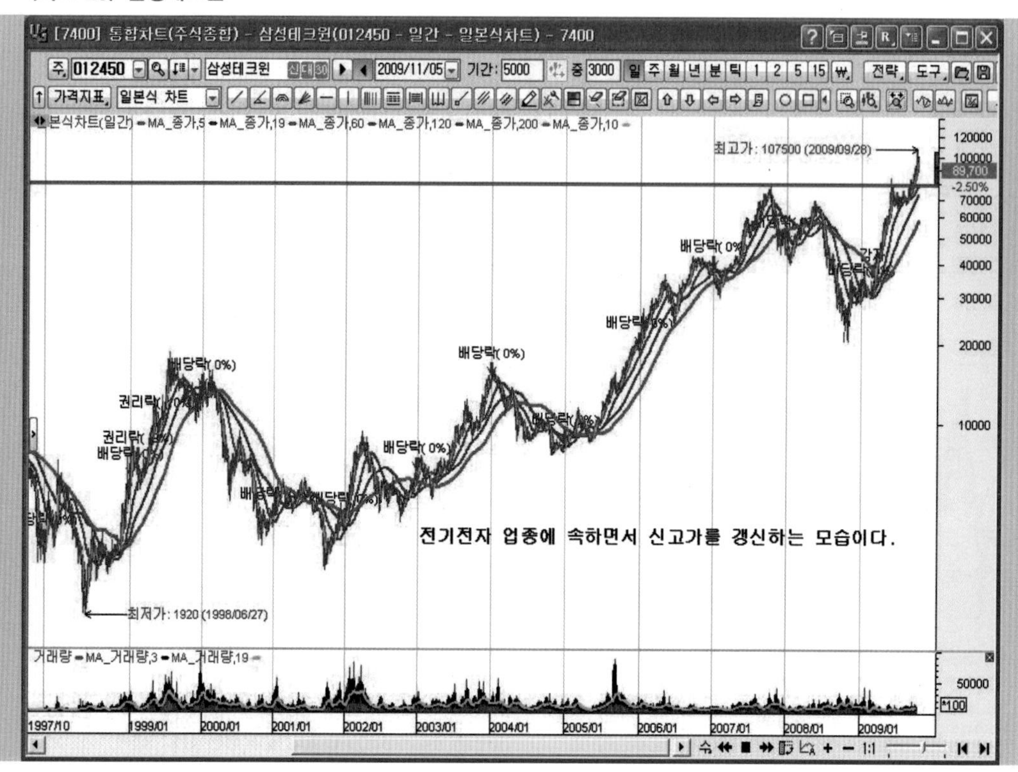

〈차트 29〉는정부 정책에 관련된 사업들이 영위되는 녹색성장주로 역시 신고가를 진행 중이다. 지수가 계속 상승한다고 가정했을 경우에 우선순위로 관심을 기울여야 한다.

신고가 나는 업종에 돈이 있다

"신고가는 따라 붙어라."

이 주식 격언을 들어본 적이 있는가? 잘 아는 분들도 있겠지만 모르는 분을 위해 이 의미를 풀어보자.

KEY POINT

신고가란 직전 고점을 뚫고 새로운 최고 가격이 형성된 것을 말한다.

우선 '신고가'란 무엇일까? 신고가란 직전 고점을 뚫고 새로운 최고 가격이 형성된 것을 말한다. 어떻게 이 격언은 주가가 크게 올랐는데 주식을 팔지 않고 주식을 사라고 하는 걸까? 좋은 의문이다. 왜 그런지 알아보자. 시세의 긴 흐름에서 볼 때 신고가의 출현은 본격적인 상승의 신호인 경우가 많다. 그러므로 신고가가 나오면 덜컥 팔 것이 아니라 삼태기로 퍼 담아야 한다.

90년대 후반 증권주의 대세상승 그리고 2000년 초 이동통신주의 초고가주의 탄생을 생각해보면 잘 이해가 될 것이다.

나의 실전매매 경험에서 볼 때 신고가 나는 종목은 시장이 상승할 때 출현한다. 현시장은 주도주 집단인 전기전자, 자동차, IT 등이 신고가를 내고 있다. 종목으로는 삼성전자, LG전자, 현대차, 기아차, 삼성SDS, LG화학, 삼성전기, 삼성테크윈, LG이노텍 등을 들 수 있다.

여기에다 새로운 시세를 분출하는 현정부의 정책 수혜주나 녹색성장 관련주 그리고 대형주에서 소외당한 중소형 전기전자, 자동차 부품주 등도 신고가 종목에 포함된다. 그러므로 향후 이 업종들의 눌림목 조정을 잘 관찰해야 할 것이다.

이것이 바로 신고가 나는 업종의 종목에 편승하여 시장수익률을 보다 극대화하는 방법이다.

해외시장과 연동해야 큰 흐름을 알 수 있다

탄력 잃은 코스피, 美 · 中 '해바라기'

얼마 전에 본 연합뉴스(2009년 10월 12일) 신문기사의 제목이다. 이게 무슨 말일까? 우선 이 말에는 코스피는 미국 증시, 중국 증시와 밀접하게 연결이 되어 있다는 전제가 깔려 있다. 그러한 전제 하에 이 신문기사가 나온 거다.

그 다음으로 2009년 10월 들어 코스피가 정체에 빠져 있다는 사실을 염두에 두자. 전기전자를 비롯해 자동차와 같은 주도주도 예전만 못하다. 이렇다면 무언가 분명해지지 않는가? 그렇다!

전세계 증시가 상호 긴밀히 연결되어 있는 현실에서, 코스피가 지지부진할 경우 그 해결책으로 미국증시와 중국증시가 상승 동력이 될 수 있다는 말이다. 미국 다우존스지수는 이미 10,000선을, 중국 상해지수는 3,000선 돌파를 눈앞에 두고 있다. 바로 코스피지수가 이러한 해외 증시에 힘입어 상승추세로 연관성을 가지고 있다. 안목 있는 투자자들은 이미 다 실천하고 있는 것이 바로 세계 증시의 분석이다. 다우지수와 상해지수를 떼어놓고 코스피 하나만을 논하는 것은 우물 안 개구리이다.

현재 우리나라 주식시장의 40% 이상을 외국인이 차지할 만큼 우리나라 주식시장은 이미 국제화되었다. 우리나라의 주식시장은 해외의 상승과 하락에 밀접하게 영향을 받을 수밖에 없다. 그러므로 해외시장의 추이를 꾸준히 분석해야 한다. 특히, 해외시장이 정배열을 유지하는지, 역배열을 유지하는지를 잘 체크해야 한다.

해외시장이 정배열을 유지하는지, 역배열을 유지하는지를 잘 체크해야 한다.

〈차트 30〉 다우 산업지수

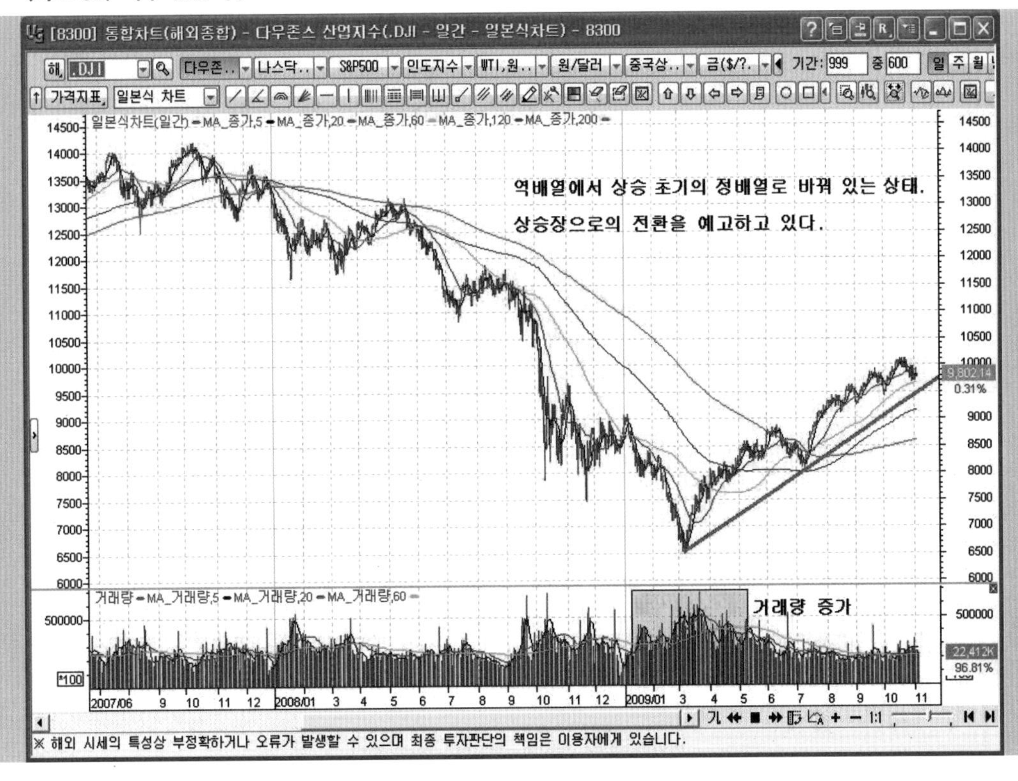

지속적인 악재로부터 벗어나 2009년 3월 6일 대 바닥을 치고 상승 전환되고 있는 현재의 다우차트 정배열 상태를 〈차트 30〉에서 볼 수 있다. 상승추세대가 형성되어 N자형 패턴으로 진행되는 모습이다.

정배열이란 주가 〉 5일 〉 20일 〉 120일 〉 200일 선이 차례대로 배열된 것을 말한다.

〈차트 31〉 상해 지수

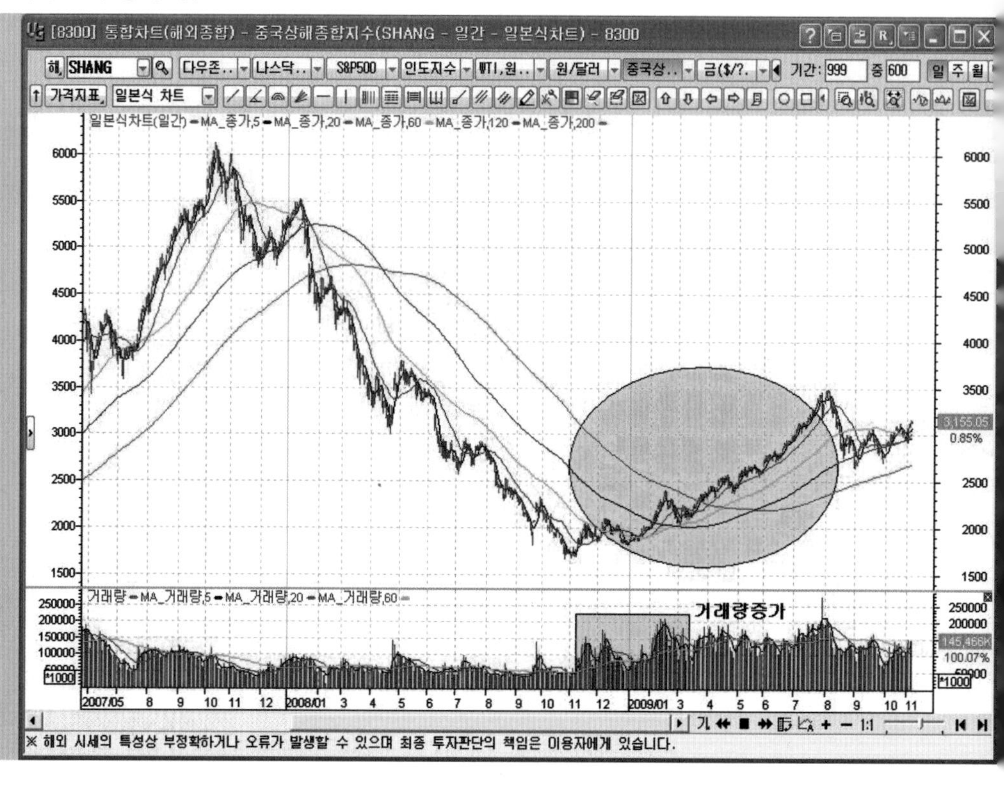

경제전문가들에 의하면 2020년 안에 중국경제가 세계시장을 석권할 것으로 예측되고 있다.

〈차트 31〉의 상해지수는 아시아에서 가장 빠른 회복세를 보이면서 세계경제를 견인하는 역할을 하고 있다. 향후 세계경제 질서는 중국, 인도, 한국, 러시아 등 아시아 국가들이 두드러진 성장세와 더불어 세계시장을 주도할 것으로 보인다. 경제전문가들에 의하면 2020년 안에 중국경제가 세계시장을 석권할 것으로 예측되고 있다.

KEY POINT

추세, 시장의 큰 흐름을 읽는 비결

❶ 거래동향을 파악하면 종목이 보인다.

종목을 선정하기 위해서는 매매 주체 개인, 외국인, 기관의 동향을 잘 파악해야 한다

❷ 호재, 악재 중 어디가 잘 반영되는지를 관찰하라.

지속적인 악재가 나오는데도 주가가 하락하지 않으면 조만간 바닥이 찾아오고, 연이어 호재가 나오는데도 불구하고 주가가 상승하지 않으면 조만간 고점이 형성되고 하락전환된다.

❸ 현시장의 위치를 파악하라.

1) 그린빌의 이평선으로 본 현재 위치
2) 엘리어트 파동으로 본 현재 위치를 파악해 추세의 흐름을 읽는다.

❹ 거래량, 거래대금을 알면 시장의 성격을 알 수 있다.

1) 거래대금이 7조원 이상이고 대량거래가 수반되면 우량 대형주 및 옐로칩, 중소형우량주 등이 주류이고,
2) 거래 대금이 5~6조원의 경우에는 거래 볼륨이 줄어들기 때문에 옐로칩 및 중소형주들이,
3) 거래대금이 4조원 이하의 경우에는 부실주 및 저가주, 관리주들이 주류를 이룬다.

❺ 신고가 나는 업종에 돈이 있다.

신고가의 출현은 본격적인 상승의 신호이므로 팔지 말고 삼태기로 퍼담아야 한다.

❻ 해외시장과 연동해야 큰 흐름을 알 수 있다.

해외시장이 정배열을 유지하는지, 역배열을 유지하는지를 잘 체크해야 한다.

Chapter 4

급등시세의 원리

"급등하는 데에는 반드시 이유가 있다.
당신이 고수익을 원한다면 급등시세의 원리를 연구해야 한다."

쩜상한가 2~5번 나온 종목을 주시하라

KEY POINT

바람구멍은 곧 갭을 의미하고 갭에 의해 주가가 형성된다. 바람구멍은 힘, 에너지이며 세력개입을 단적으로 보여준다.

"바람구멍은 곧 갭을 의미하고 갭에 의해 주가가 형성된다. 바람구멍은 힘, 에너지이며 세력개입을 단적으로 보여준다."

나는 주식시장에서 처음에는 '쩜상10방'이라는 필명을 사용했었다. 실전매매에서 쩜상한가를 매우 중요하게 생각하며 큰 수익률을 얻은 것도 쩜상한가에서였다. 앞에서 얘기했지만 재기를 하게 한 종목이 중앙백신인데, 이 종목을 실전매매하면서 쩜상한가의 중요성을 깨달았다.

이후 쩜상한가로 많은 수익을 얻을 수 있었으며 그 어렵다는 쩜상한가 9번까지 먹어보았다. 그런 내가 쩜상한가 10번을 먹는 게 소원이자 목표라서 나는 '쩜상10방'으로 자칭하게 된 것이다.

이렇게 쩜상한가에 관한 많은 실전매매 경험을 토대로 자신 있게 말할 수 있다. 1차 상승에서 쩜상한가가 2~5번 나온 종목을 연구해야 하며, 5번 이상 나온 상한가는 시세가 분출되었을 경우로 2차 추가상승이 제한적일 경우가 많다.

실제로 2009년 3월에도 이 원리로 회원들이 많은 수익을 냈다. 그러니 투자자들은 이처럼 검증된 원리에 신뢰를 가지고 실전매매에 사용하기 바란다. 주식에 막 입문한 분들도 많으니 쩜상한가를 좀 쉽게 복습하고 넘어가자.

쩜상한가는 일반용어로 '갭 상승'이라 한다. 나는 독자적으로 '바람구멍'이라고 부른다. 이것은 이미 강한 힘이 들어왔다고 보면 된다. 캔들로 말하면 시가, 고가, 저가, 종가가 모두 같은 것이다. 매우 세력

〈차트 32〉 파루

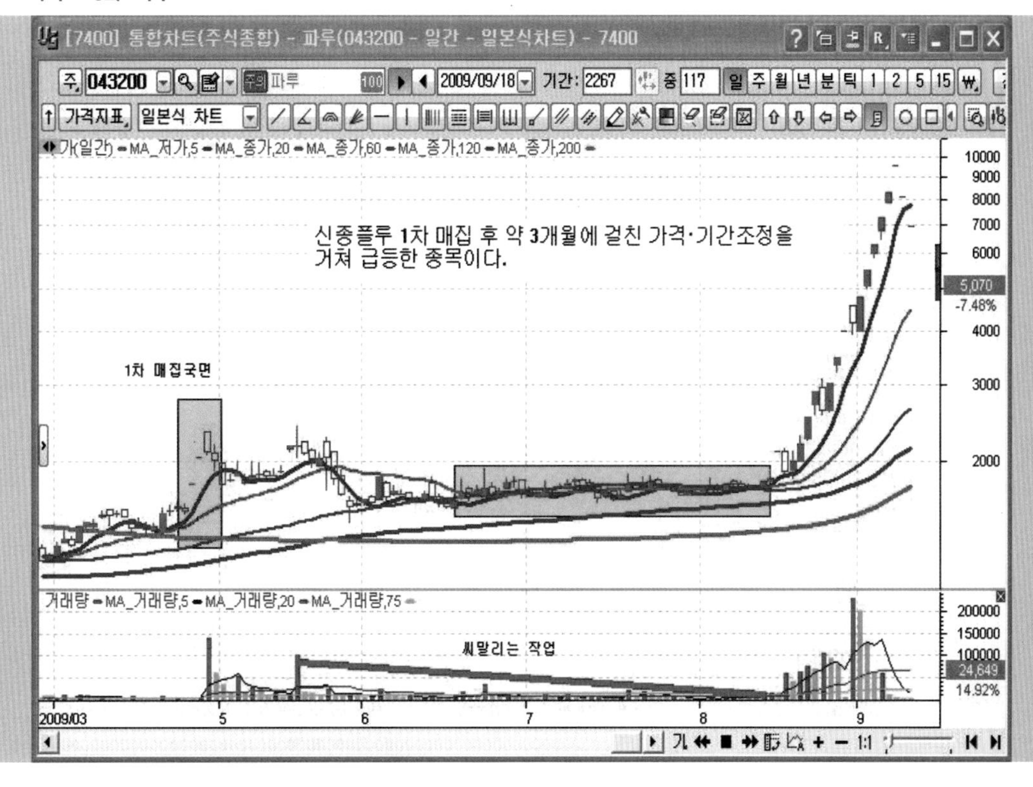

의 힘이 세다는 말이다.

이러한 점을 잘 숙지하고 나서 매수하면 성공할 수 있다. 참고로 나는 1차 세력의 개입을 확인한 후 개미들은 대부분 떨어져나가는 눌림목 구간에서 매수한다. 산성피엔시, 파루 등이 그런 종목에 해당한다.

쩜상한가는 캔들로 말하면 시가, 고가, 저가, 종가가 모두 같은 것을 의미한다.

쩜상한가가 연속으로 나온다는 것은 강한 세력의 개입을 의미한다. 〈차트 32〉에서 보듯이 2009년 4월 말경 쩜상한가로 바람구멍을 내고 1차 세력이 대량 거래로 진입되고 6월~8월 중순까지 거래바닥을 형성한 후 1차 매집을 완료한 상태다.

신종플루 관련주로 급등하기 바로 직전 내가 이데일리TV를 통해

〈차트 33〉 산성피앤씨

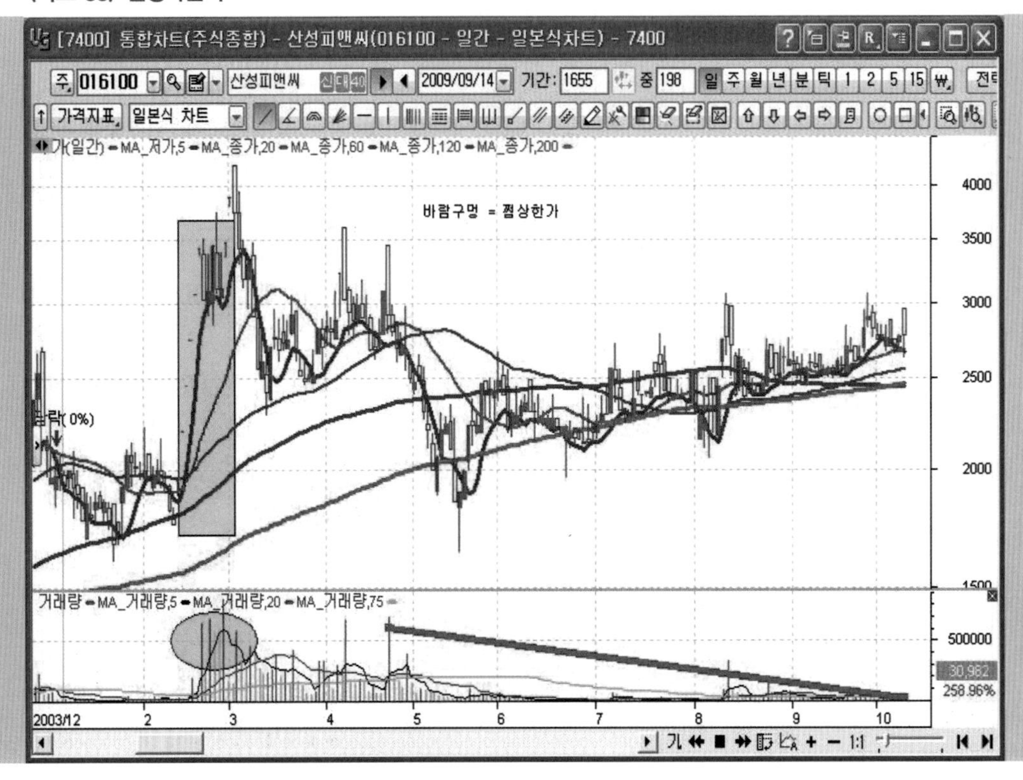

매집 후 플랫폼을 강의하면서 공개 추천한 종목이다. 60일선을 휘감고 있으면서 거래량 감소의 모습을 확인할 수 있다.

〈차트 33〉은 "매집되면 급등된다"는 전형적인 급등의 모습을 보여주는 차트이다.

2003년 2월말 대량 거래를 분출하며 바람구멍을 내며 세력이 진입되고 가격조정과 기간조정을 거치며 개인들을 털어내고 있는 과정을 보여준다. 쩜상한가가 1차 매집국면에서는 보통 3~5개가 좋고 너무 많이 바람구멍이 난 것은 피해야 한다. 바람구멍이 난 후 개인투자자를 털어내는 자리에서 함께 매집해 들어가야 한다.

쩜상한가가 1차 매집 국면에서는 보통 3~5개가 좋고 너무 많이 바람구멍이 난 것은 피해야 한다.

〈차트 34〉 산성피앤씨

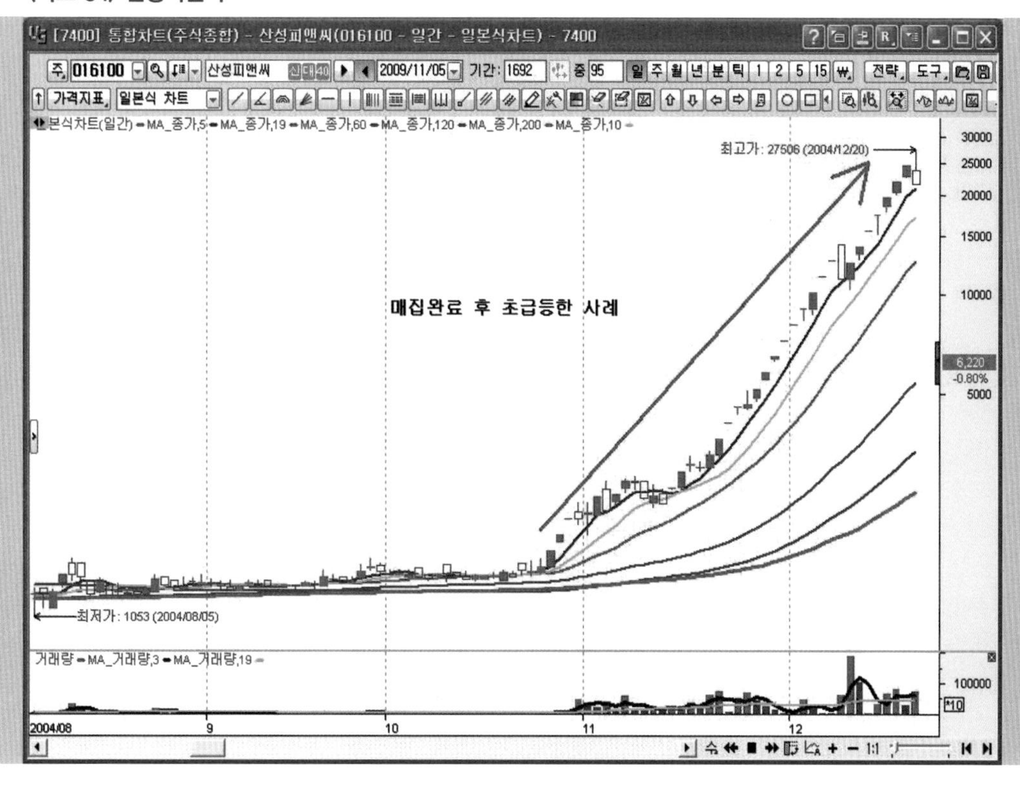

〈차트 34〉는 200일선 위에서 지루한 기간조정을 거쳐 초급등 시세를 형성한 산성피엔씨의 예이다. 1차 세력 진입국면에서 바람구멍이 나고 매집이 완료되고 나면 급등시세가 예고된다. 바람구멍이 난 종목은 특별 관리해야 하며 1차로 보초병을 내보내서 시세를 매일매일 관찰하며 전고점이 돌파되는 시점과 대량 거래가 수반된다면 2차로 매수에 들어가야 한다.

1차 세력 진입 국면에서 바람구멍이 나고 매집이 완료되고 나면 급등시세가 예고된다.

정부정책을 연구하라

"주식은 대통령의 의지이다."

회원들에게 자주 강조하는 말이다. 분명 주식은 대통령을 연구하면 답이 보인다. 그래서 나는 해마다 정부의 연두정책 발표를 꼭 챙긴다. 뉴스는 물론 관련 시사주간지와 신문을 정독하고 스크랩을 해놓으면 투자방향이 잡힌다. 그러니까 철저한 정부정책을 연구하면 업종군의 압축이 가능해지며 이에 근거하여 종목 선별을 할 수 있다. 나는 주로 강연회에서 농담 삼아 질문을 던지곤 한다.

"우리나라에서 주식을 제일 잘하는 사람은 누구일까요?"

실제로 1980~90년대의 주식시장을 아울렀던 사람이 두 분이 있다. 이명박 대통령과 김우중씨이다. 현 대통령은 역대 그 어떤 대통령보다 주식에 대해 잘 알고 있으며, 대통령의 의지는 곧바로 주식과 연결되는 게 너무나 당연하다.

현 MB정부의 정책을 살펴보면 대운하정책, 원자력, 친환경 자전거 정책을 내세운 바 있다. 대운하정책의 수혜주로 이화공영, 특수건설, 삼목정공 등이 있다. 여기에다 원자력 수혜주로 BHI, 모건코리아, 일진에너지 등이 있다. 자전거정책의 수혜주는 삼천리자전거, 참좋은레저, 극동유화 등이 있다. 이 종목들은 하나같이 급등했다. 그래서 정부의 정책을 알면 주도 종목의 테마를 알 수 있고 큰 시세를 형성하고 나면 다른 정책으로의 상승이 이어지게 된다.

KEY POINT

정부의 정책을 알면 주도 종목의 테마를 알 수 있고 큰 시세를 형성하고 나면 다른 정책으로의 상승이 이어지게 된다.

현시장의 정책 테마는 그린에너지 관련주로 2차전지인 삼성SDI, LG화학 등이 시세를 분출하고 있다. 뒤를 이어 LED 관련주인 삼성전기, LG이노텍, 서울반도체 등이 시세를 형성하고 있다. 또한

〈차트 35〉 이화공영

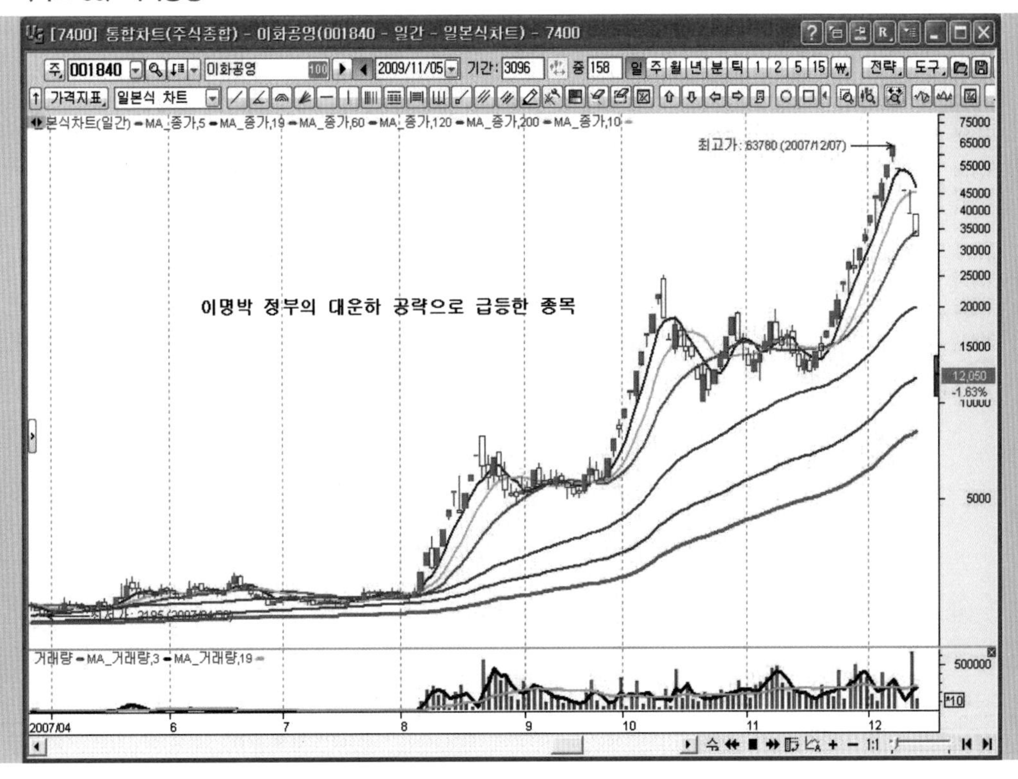

AMOLED 관련주인 덕산하이메탈, 크로바하이텍, 엘디티 등 정책 관련주들의 지속적인 상승이 이어지고 있다.

대운하정책 관련주인 이화공영의 예

〈차트 35〉는 MB정부의 대운하 정책테마로 급등한 사례이다. 매집 구간에서는 다른 건설주들이 상승하는데도 불구하고 잘 움직이지를 않아서 실전매매에서 상당히 어려웠다. 실전매매에서 2007년 6월~8월 사이에 집중 추천하여 큰 시세를 분출했던 종목이다. 그러나 실전에서

〈차트 36〉 서울반도체

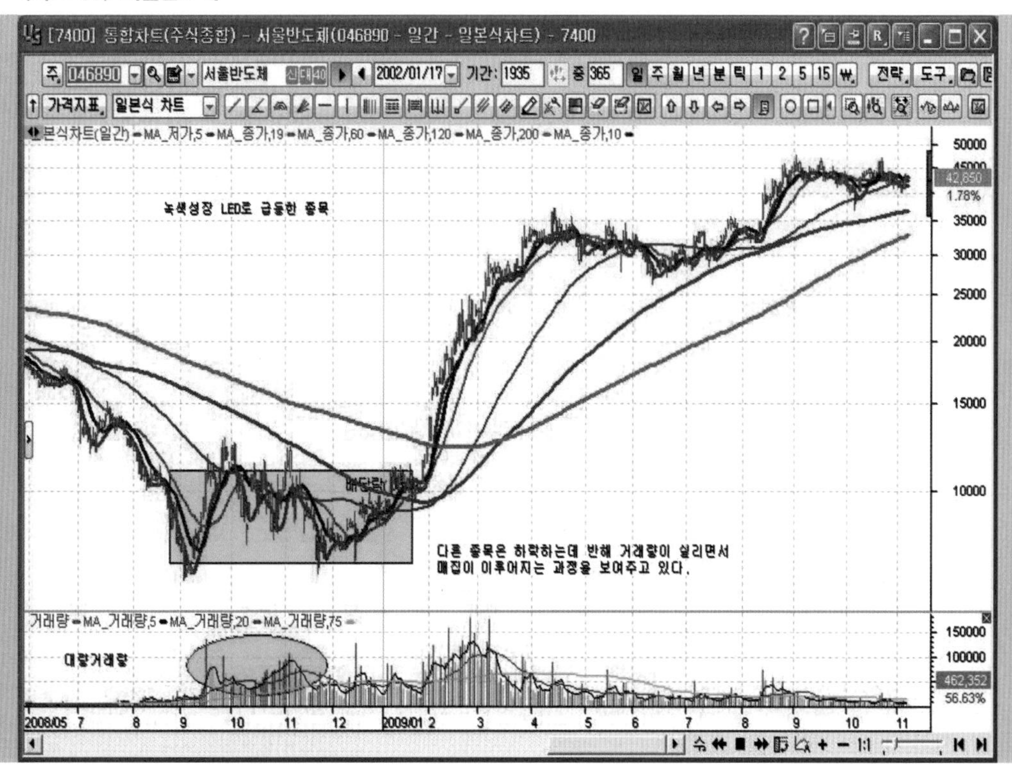

는 많은 수익을 거두지 못했다. 매집기간이 5개월 정도 되다보니 막상 오르는 시점에서 지쳐서 상한가 2번 후 음봉의 눌림목에서 모두 털렸다. 아쉬움이 많은 종목이다.

매도 시에는 1/2 매도 또는 70% 매도하면서 시장에 대응을 해야 한다.

그래서 지금은 꼭 분할매도를 권하고 있다. 매도 시에는 1/2 매도 또는 70% 매도하며 시장에 대응을 해야 한다.

LED 관련주인 서울반도체

〈차트 36〉은 2008년 다른 주식은 급락하는데도 불구하고 거래량을 분

〈차트 37〉 삼천리자전거

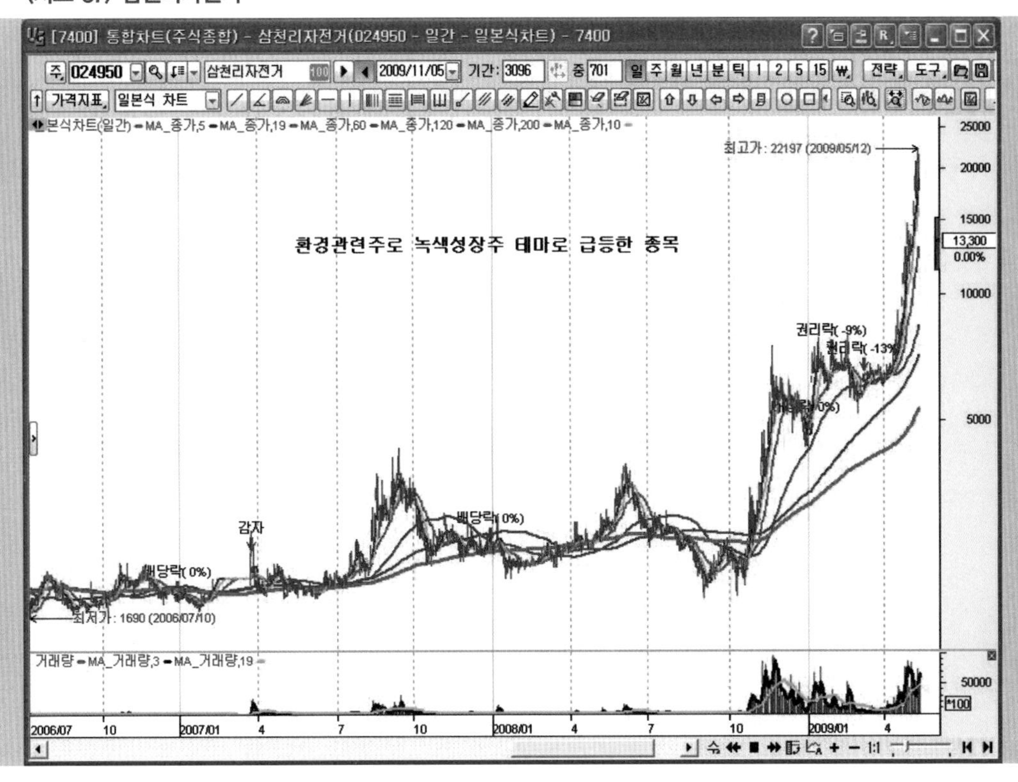

출하며 2008년 9월부터 매집이 이루어지는 국면을 보이고 있다. 이후 타 종목에 비해 월등한 시세를 보이고 있는 모습이다.

친환경 관련 녹색성장주인 삼천리자전거

〈차트 37〉은 수년간에 걸친 매집 후 정부정책 테마를 형성하며 급등한 종목의 예이다. 2008년 모든 주식이 신저가를 내는 국면에서도 상당히 견조한 박스권 흐름을 보여주어 관심을 가지고 계속 지켜보았던 종목이다.

세력들이 2007년 11월~2008년 8월까지 매집을 했다. 하지만 마지막 물량을 털어내기 위해 200일 밑으로 주가를 하락시켜 의도적으로 개인투자자들의 물량을 빼앗고 초급등시킨 종목으로, MB 정부의 녹색성장주 중 하나이다.

실전에서는 매매를 하지 못했고 매일 구경만 했던 종목이다. 지나간 종목이지만 앞으로 다시 이런 유사한 패턴을 지닌 종목을 발굴했을 때는 시세흐름을 놓치지 말고 지속적으로 관찰해야 한다. 공부하기에 좋은 종목이다.

이동평균선의 결집을 눈여겨보라

이동평균선이 한 점으로 모이는 과정을 일명 '블랙홀'이라고 한다. 이동평균선의 결집이 이루어지고 나면 급등 아니면 급락으로 보면 된다.

이동평균선 만으로 급등하는 종목을 찾을 수 있을까?

내 실전매매 경험을 토대로 자신 있게 말할 수 있다. 이동평균선이 한 점으로 모이는 것을 주목하고 이동평균선의 결집이 이루어지고 나면 급등 아니면 급락으로 보면 된다.

이동평균선이 한 점으로 모이는 과정을 일명 '블랙홀'이라고 한다. 이동평균선이 결집된 후 거래량이 분출되는 지점이 상승의 초기 국면으로 대시세를 예고한다. 상승 초기에 매수가 이루어지고 나면 이동평균선이 일정한 간격으로 벌어질 때까지 지속 보유해야 한다. 여기에서 중요한 점은 이동평균선이 정배열 상태를 유지하며 일정한 간격으로 벌어지면 매도타이밍이 찾아오는 징조라는 것이다.

정배열은 주가가 제일 위에 있고 그 아래로 5일, 20일, 60일, 120일선이 차례대로 배열된 상태를 말한다. 반대로 역배열은 주가가 제일

〈차트 38〉 이동평균선 결집 후 급등한 예(차바이오앤)

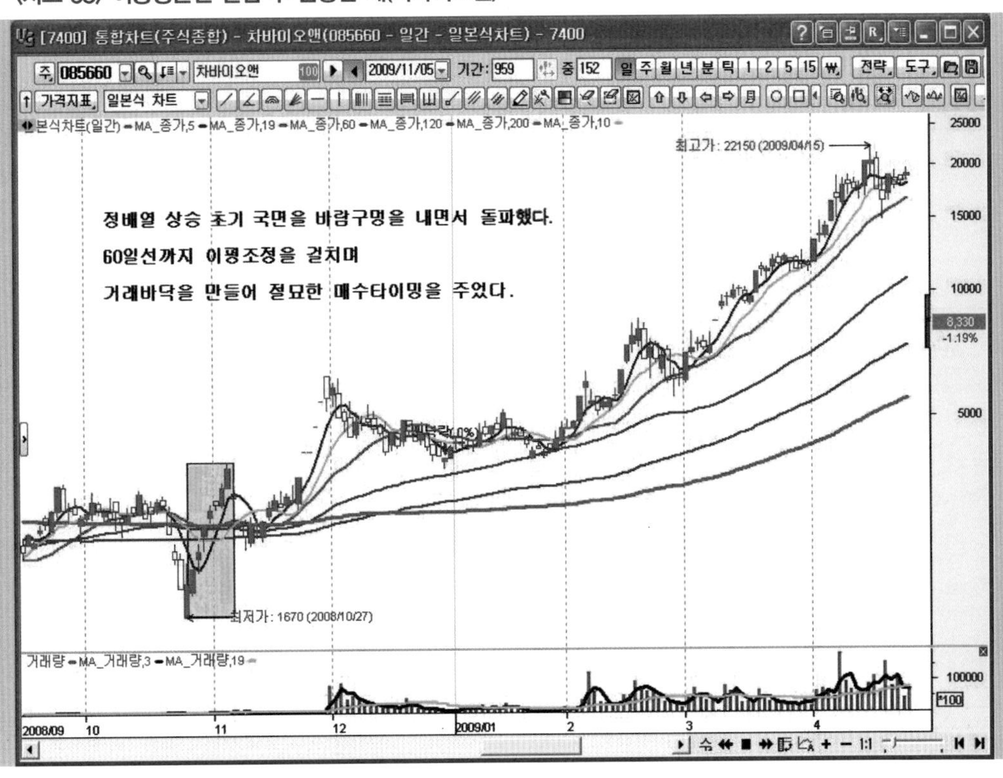

아래 있고 그 위에 5일, 20일, 60일, 120일이 차례대로 배열된 상태로 주가의 추세가 하락시 나타나는 상태이다.

KEY POINT

역배열은 200일 〉 120일 〉 60일 〉 20일 〉 5일 주가가 차례대로 배열된 것을 말한다.

정배열	주가 > 단기이평선 > 중기이평선 > 장기이평선
역배열	장기이평선 > 중기이평선 > 단기이평선 > 주가

〈차트 38〉은 2008년 대부분의 종목들이 역배열 상태를 유지하고 있는데도 불구하고 이 종목은 다른 종목보다 앞서서 이평결집을 시킨 후 시세가 분출된 예이다. 바이오테마를 이루면서 제일 먼저 정배열

〈차트 39〉 이동평균선 결집 후 급등한 실전 종목 예(다날)

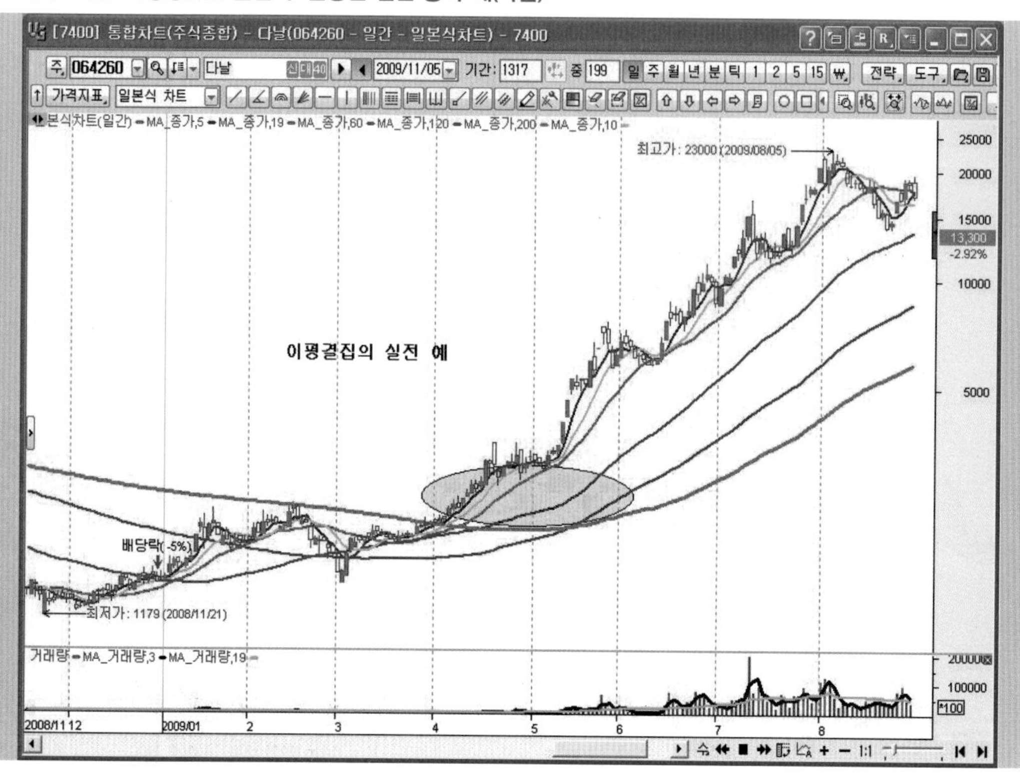

초기 국면을 만들고 연속 쩜상한가를 시현하면서 1차 매집이 완료되고 2차 눌림목 60일선에서 거래량 감소와 함께 절호의 매수맥점을 주었다.

2008년 11월부터 실전매매를 하여 2009년 4월 7일 매도함으로써 큰 수익을 안겨주었던 이평결집의 전형적인 사례이다.

〈차트 39〉는 2009년 3월 말 이평결집이 이루어진 것을 보고 5일선, 20일선 이평결집인 3,000원 부근에서 집중 추천하여 큰 시세를 주었던 실전종목이다. 이와 더불어 모빌리언스도 무선인터넷의 테마를 이루며 실전매매에 큰 시세를 주었다.

〈차트 40〉 이동평균선 정배열 실전종목 예(LG이노텍)

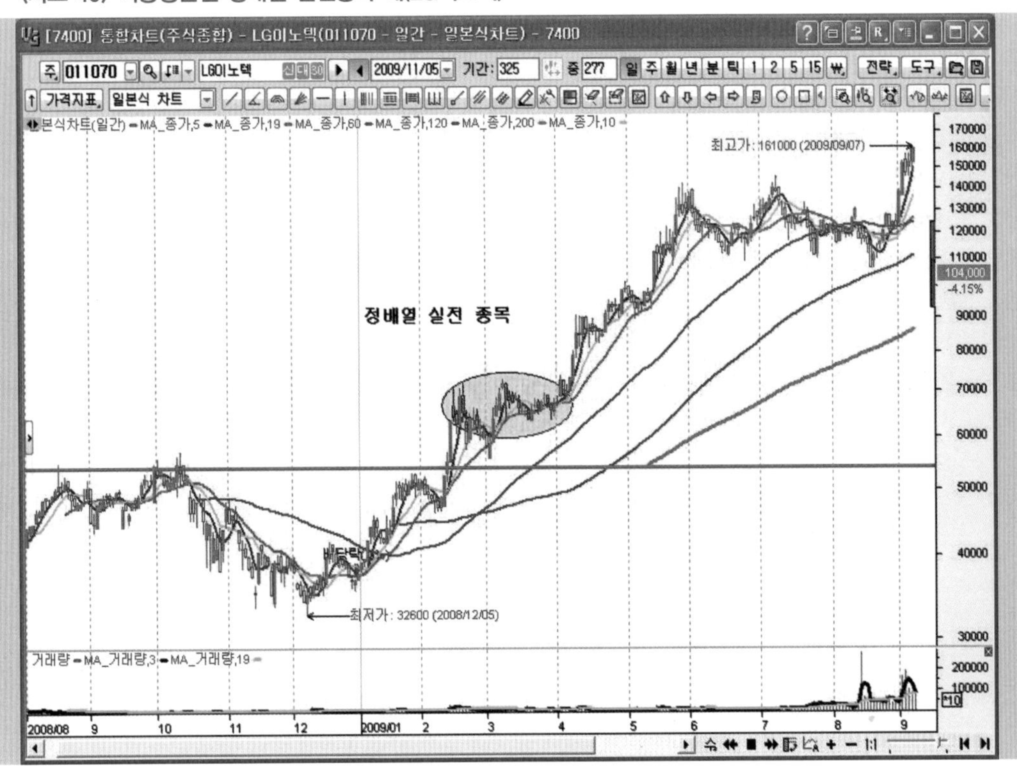

〈차트 40〉은 녹색성장주인 LED 관련 종목으로 LG그룹의 핵심 성장주이다. 이동평균선이 역배열에서 정배열로 전환 후 전고점을 돌파하며 신고가를 낸 종목이다. 정배열로 5일선과 20일선이 결집인 20일선 눌림목에서 65,000원 전후일 때 이데일리TV를 통해 공개 추천했던 종목이다.

신고가나는 종목은 급등을 예고한다

KEY POINT

신고가가 난다는 것은 새로운 시세를 예고한다는 징후이다. 신고가 나는 종목은 대개 5배 이상 급등하는 경우가 많다.

신고가가 난다는 것은 새로운 시세를 예고한다는 말이다. 정부정책의 수혜주이거나 신기술 및 회사 내부에 호재가 있어서 다른 업종과 종목보다 먼저 상승하는 시장의 핵심 주도주이다.

신고가 나는 종목은 대개 5배 이상 급등하는 경우가 많다. 하지만 너무 많이 올라간 신고가를 쫓아가다가는 리스크가 따른다.

대체로 박스권을 대량거래로 돌파하며 신고가 나는 국면에서 매수하는 게 좋다. 또한 세력은 신고가라는 걸 속이려고 음봉을 출현시키는 일이 허다하다. 따라서 초보 투자자들은 선불리 매수를 하지 못한다.

현재 시장을 보면 MB정부의 녹색성장주 정책과 연관된 관련주가 해당된다. 효성, LS산전, 삼성SDI, LG화학, 삼성테크윈, 글로비스, LG이노텍 등등 녹색성장주들이 시장을 주도하며 큰 시세를 냈었다.

〈차트 41〉은 정부정책의 녹색성장주 2차전지 모멘텀으로 삼성SDI와 더불어 신고가 행진을 갱신해 나가고 있는 LG화학의 예이다. 아직 코스피는 저점 대비 70% 정도의 회복을 보이고 있는데 정책수혜주인 종목들은 이미 신고가를 갱신하고 있다. 우량주이면서 개별주처럼 탄력 있게 상승하는 모습을 보여준다.

〈차트 42〉의 글로비스는 현대차, 기아차 그룹의 물류를 맡고 있는 업체다. 자동차와 전기전자의 주도주인 현대차, 기아차의 상승과 더불어 먼저 신고가를 갱신하고 있는 종목으로 실전매매에서 80,000원대에 매수하여 수익을 안겨주었다.

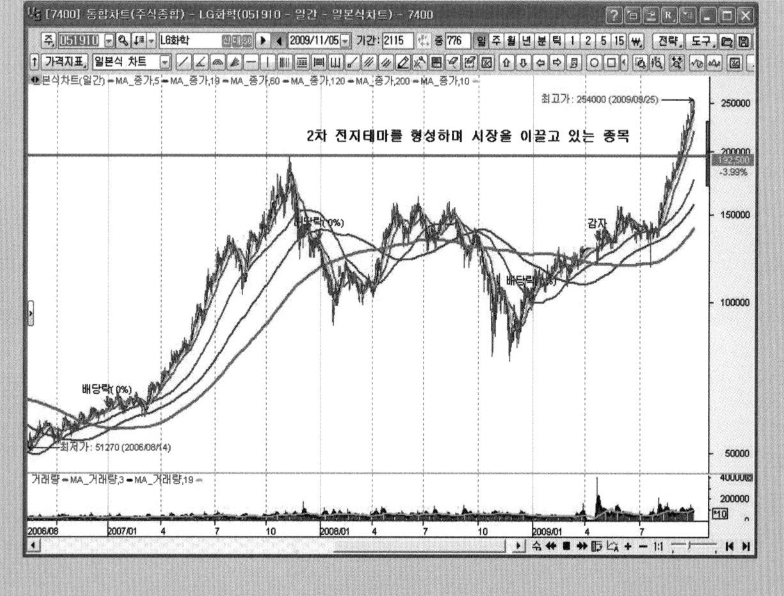

〈차트 41〉 LG화학

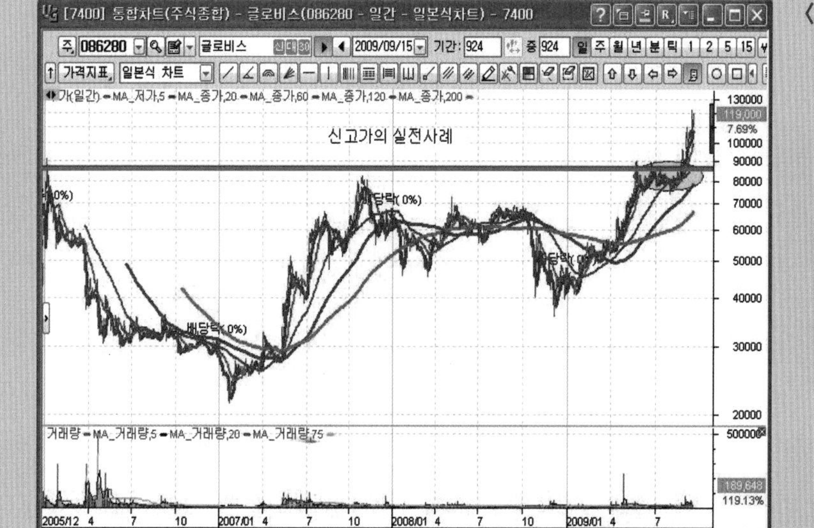

〈차트 42〉 글로비스

KEY POINT

급등시세의 원리

❶ 쩜상한가 2~5번 나온 종목을 주시하라.

쩜상한가가 연속으로 나온다는 것은 강한 세력의 개입을 의미한다.

❷ 정부정책을 연구하라.

정부 정책을 연구하면 업종군의 압축이 가능해지며 이에 근거하여 종목선별을 할 수 있다.

❸ 이동평균선의 결집을 눈여겨보라.

이동평균선의 결집이 이루어지고 나면 급등 아니면 급락이 된다.

❹ 신고가 나는 종목은 급등을 예고한다.

신고가 나는 종목은 대개 5배 이상 급등하는 경우가 많다.

Chapter
5

원금 보전력 강한 종목선별법

"기업은 본연의 가치에 맞게 평가되기 마련이며,
기업의 가치분석 없이 기술적 분석에만 의존해서는
세력의 손아귀에 놀아날 수밖에 없다."

이 장에서는 나의 '신가치투자'에 대해 알아보자. 단기매매의 단점을 극복하여 나를 현재의 위치에 오를 수 있도록 한 것은 앞에서 말했듯이 '신가치투자'이다. 투자자들은 바로 이 장에서 나의 '진가'를 접하게 되리라 본다.

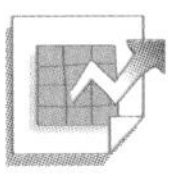

돈이 보이는 저평가 종목 찾기

실제 대부분의 투자자들은 차트에 지나칠 정도로 매달리고 있다. 오로지 차트만이 투자의 바로미터나 되는 것처럼 맹신하는 경우를 종종 보게 된다. 그렇다고 차트가 전혀 소용이 없다는 말은 아니다. 중요한 건 차트를 보더라도 기업의 본질 가치를 파악해야 한다는 점이다

이 장에서는 차트와 기업의 내재가치를 분석하여 저평가 국면의 종목을 발굴하는 방법을 소개한다. 사실, 저평가 국면에 있는 종목들은 시장평균값 이하에서 거래되기 때문에 세력이 개입되어 있을 확률이 매우 높다.

KEY POINT

주가는 기업 실적의 그림자이다. 따라서 주가는 반드시 기업가치를 찾아가게 되어 있다.

주가는 기업 실적의 그림자이다. 따라서 주가는 반드시 기업가치를 찾아가게 되어 있다. 일반 투자자들이 기업의 가치를 알면 어떻게 해야 할까?

첫째, 주가가 기업가치 아래로 떨어졌을 때 매수하고,
둘째, 주가가 기업가치에 비해 지나치게 올라갈 때 매도해야 한다.

기업의 가치는 방향을 잡기 힘든 주식시장에서 판단하기 좋은 기준

이 된다. 그렇다면 어떻게 하면 저평가 종목을 고를 수 있을까? 저평가 종목을 고르는 기준은 여러 가지가 있는데 그것을 다 알려고 할 필요는 없다.

나의 실전매매 경험을 통해 실질적으로 사용가치가 높은 것으로 검증된 것은 여러 가지가 있다. 그러나 압축해서 보자면 투자자들은 다음의 네 가지 투자지표만 확실하게 알아두면 큰 도움이 된다.

> EPS(주당 순이익) = 총이익/총주식수 (지속증가 10~15% 이상)
> PER(주가 수익비율) = 주가/주당순이익 (10배수 이하)
> BPS(주당 자산 가치) = 순자산/총주식수
> PBR(주당 순자산) = 주가/주당자산가치 (1배 미만)

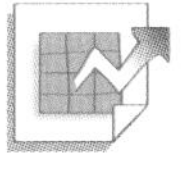

주당순이익(EPS) 활용

> EPS = 순이익/ 총주식수

주당순이익은 주식 1주당 회사가 벌어들인 순이익을 말한다.
EPS = 순이익/ 총주식수

주당순이익은 주식 1주당 회사가 벌어들인 순이익을 말한다. 즉 주당순이익은 우선주를 제외하고 기업이 발행한 보통주 1주에 대한 당기순이익을 말한다. 위의 공식을 보면 분자는 당기순이익이고, 분모는 발행주식수임을 알 수 있다. 그렇다면 EPS(주당순이익)가 커지려면 어떻게 해야 할까?

그렇다. 분자인 당기순이익이 커지고 분모인 발행주식수가 적을수

〈차트 43〉 이랜텍

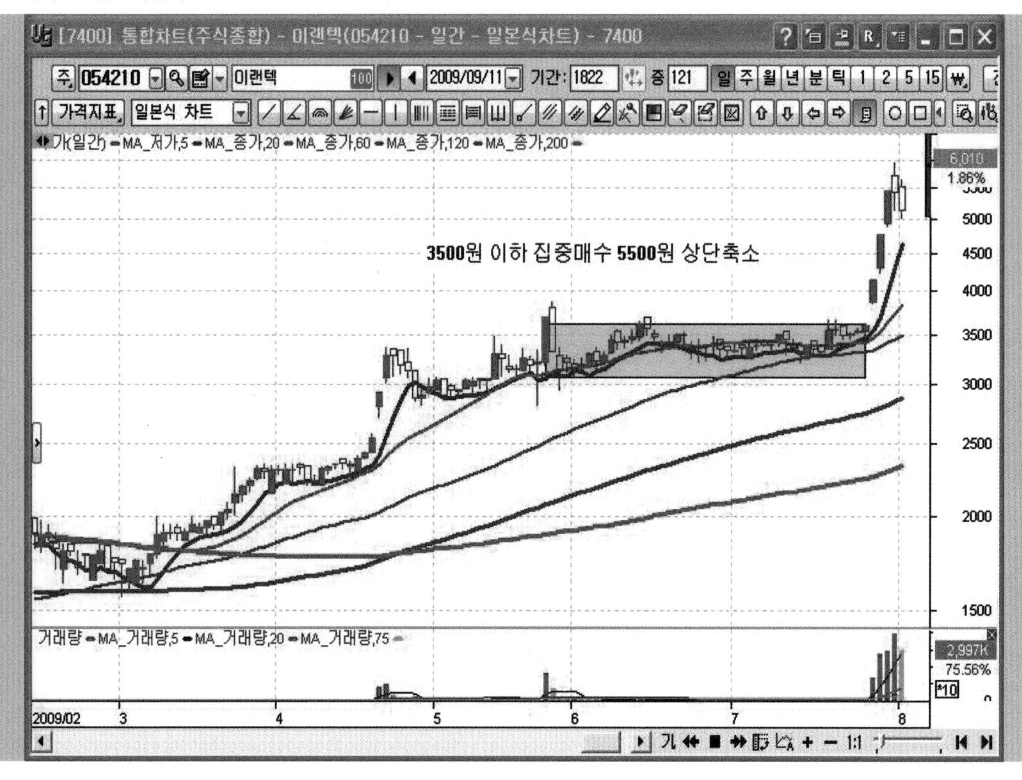

EPS가 높다는 것은 그만큼 경영실적이 양호하고 배당 여력도 많으므로 주가에 긍정적인 영향을 미친다는 의미이다.

록 EPS가 커지게 된다. 그러면 EPS가 커진다는 것은 어떤 의미일까? EPS가 커진다는 것은 그만큼 좋은 회사이며 주식의 투자가치는 높다고 보면 된다. EPS가 높다는 것은 그만큼 경영실적이 양호하고 배당 여력도 많으므로 주가에 긍정적인 영향을 미친다는 의미이다.

그런데 만약 EPS가 같은 기업이 있을 경우는? 이때는 투입된 자본이 적은 기업이 더 효율적으로 회사를 경영했다고 보면 된다. 따라서 주당순이익은 재무제표와 함께 판단하고 사용해야 한다.

삼성전자, LG전자가 신고가 행진을 이어가는 중에 유럽에서 핸드폰이 불티나게 팔린다는 뉴스를 보게 되었다. 이때 대기업에 납품을 하는 〈차트 43〉의 이랜텍 종목을 발굴했다. 1차 상승 후 60일선 눌림목이 진행되는 국면에서 실제 가치 7,000원 정도로 판단되는데 3,500원에서 거래되고 있었다. 매집이 이루어진 종목이라 거래가 미비하여 물량을 모으는데 애를 먹었다. 내가 이데일리TV를 통해 공개 추천한 종목이다.

[그림 6]의 EPS를 보면 마이너스에서 2009년 6월에는 급증되고 있음을 한눈에 볼 수 있다. 주당 매출액 증가율도 꾸준히 증가되고 있고

[그림 6] 이랜텍 기업분석

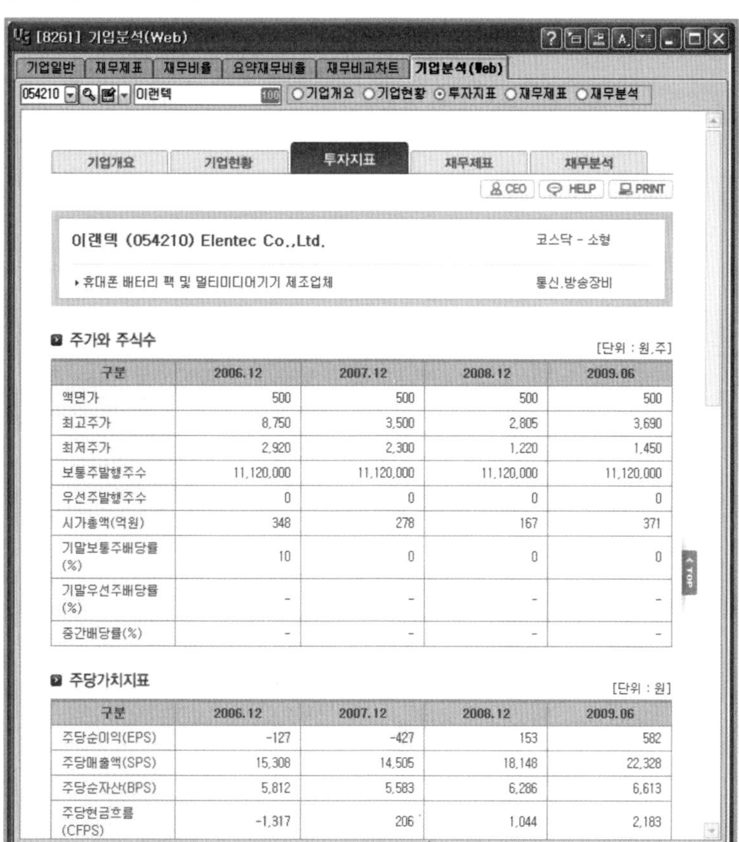
[8261] 기업분석(Web)

기업일반 | 재무제표 | 재무비율 | 요약재무비율 | 재무비교차트 | 기업분석(Web)

054210 이랜텍 ○기업개요 ○기업현황 ⊙투자지표 ○재무제표 ○재무분석

기업개요 | 기업현황 | 투자지표 | 재무제표 | 재무분석

CEO HELP PRINT

이랜텍 (054210) Elentec Co.,Ltd. 코스닥 - 소형

▸휴대폰 배터리 팩 및 멀티미디어기기 제조업체 통신.방송장비

■ 주가와 주식수

[단위 : 원,주]

구분	2006.12	2007.12	2008.12	2009.06
액면가	500	500	500	500
최고주가	8,750	3,500	2,805	3,690
최저주가	2,920	2,300	1,220	1,450
보통주발행주수	11,120,000	11,120,000	11,120,000	11,120,000
우선주발행주수	0	0	0	0
시가총액(억원)	348	278	167	371
기말보통주배당률(%)	10	0	0	0
기말우선주배당률(%)	-	-	-	-
중간배당률(%)	-	-	-	-

■ 주당가치지표

[단위 : 원]

구분	2006.12	2007.12	2008.12	2009.06
주당순이익(EPS)	-127	-427	153	582
주당매출액(SPS)	15,308	14,505	18,148	22,328
주당순자산(BPS)	5,812	5,583	6,286	6,613
주당현금흐름(CFPS)	-1,317	206	1,044	2,183

주당순자산가치가 높아지고 있다. 가치투자의 대가인 워렌 버핏이 보아도 매력을 느낄 만하다. 다행히 나는 가격이 오르지 않은 상태에서 3,500원대에서 적극 추천을 하여 큰 수익을 안겨준 종목이다.

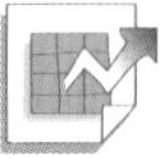

주가수익비율(PER) 활용

PER = 주가/주당순이익

PER는 주가가 주당순이익의 몇 배인가를 나타내는 지표이다. RER = 주가/주당순이익

주가수익비율은 현재의 주가를 주당순이익으로 나눈 것으로 주가가 주당순이익의 몇 배인가를 나타내는 지표이다. 주가 수준을 비교할 수 있는 대표적인 지표이다.

PER의 분모는 앞서 소개한 EPS(주당순이익)라는 걸 잘 아실 줄 믿는다. 따라서 EPS를 알면 PER를 알 수 있게 되고 그와 함께 종목 발굴이 가능하게 된다. 예를 들어 쉽게 이해해보자. 주가가 2,000원이고 EPS가 200이면 PER는 얼마일까? 정답 10이다.

그러면 PER의 수치에 따른 매수 관점을 알아보자. 아래 세 가지는 꼭 기억해두어야 한다.

PER가 10 이하면 저평가 국면으로 매수 관점이고,
PER가 10~20이면 매수 고려,
PER가 20 이상이면 각별한 주의가 필요하다.

〈차트 44〉 PER로 종목을 발굴한 예(내쇼날)

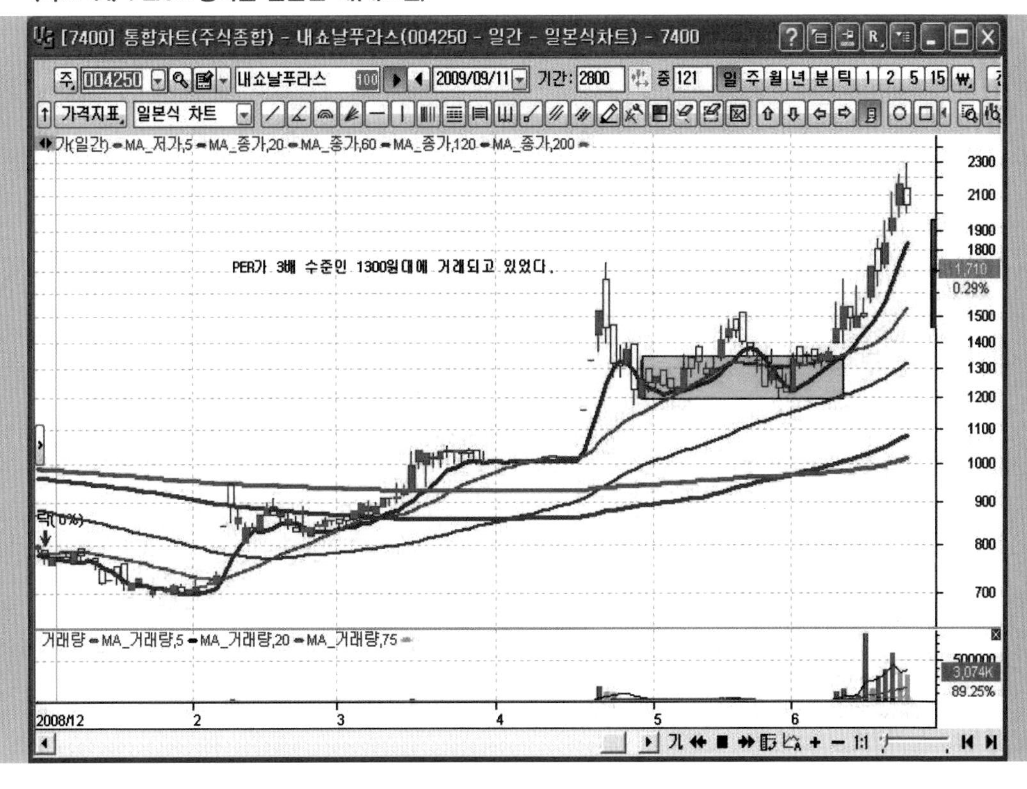

PER 지표가 낮다는 것은 주식이 저평가되었다는 것으로 보면 된다. 하지만 무조건 낮다고 해서 저평가로 보면 안 된다. 무조건 PER가 낮다고 하여 매수하지 말아야 한다.

반드시 시장의 주도주나 주도업종의 종목을 비교해야 한다. 그래서 EPS가 높게 나타날 경우만 매수 고려의 대상이 된다. 따라서 PER가 동종업계의 다른 기업보다 낮으면 저평가되었다고 판단할 수 있다.

흔히, 코스닥의 벤처형 기업들은 PER가 비정상적인 값을 보이는 경우가 많다. 벤처기업은 당장의 이익은 작지만 미래의 성장가치를 미리 반영하기 때문에 고 PER로 나타날 수 있다. 즉, 성장성 위주의 기업이

PER 지표가 낮다는 것은 주식이 저평가되었다는 것으로 보면 된다. PER가 동종업계의 다른 기업보다 낮으면 저평가되었다고 판단할 수 있다.

[그림 7] 내쇼날 기업분석

[8261] 기업분석(Web)

기업일반 | 재무제표 | 재무비율 | 요약재무비율 | 재무비교차트 | 기업분석(Web)

004250 내쇼날푸라스 ○기업개요 ○기업현황 ⊙투자지표 ○재무제표 ○재무분석

주가와 주식수

[단위 : 원,주]

구분	2006.12	2007.12	2008.12	2009.06
액면가	5,000	5,000	5,000	500
최고주가	10,400	14,600	11,950	2,165
최저주가	8,100	9,630	7,100	699
보통주발행주수	3,672,000	3,672,000	3,672,000	36,720,000
우선주발행주수	528,000	528,000	528,000	5,280,000
시가총액(억원)	375	437	284	661
기말보통주배당률(%)	10	10	10	0
기말우선주배당률(%)	11	11	11	0
중간배당률(%)	-	-	-	-

주당가치지표

[단위 : 원]

구분	2006.12	2007.12	2008.12	2009.06
주당순이익(EPS)	1,533	1,660	2,139	420
주당매출액(SPS)	33,990	36,721	47,837	4,172
주당순자산(BPS)	13,698	14,539	16,030	1,960
주당현금흐름(CFPS)	1,824	1,903	1,464	1,138
전년동기대비EPS증가율	18.93	8.28	28.86	-87.17
전년동기대비SPS증가율	14.07	8.03	30.27	-91.21
전년동기대비BPS증가율	5.65	6.14	10.26	-87.34
전년동기대비CFPS증가율	-	4.33	-23.07	-

내재가치지표

[단위 : 배]

구분	2006.12	2007.12	2008.12	2009.06
PER(최고/최저)	6.78/5.28	8.79/5.80	5.58/3.31	5.15/1.66
PSR(최고/최저)	0.30/0.23	0.39/0.26	0.24/0.14	0.51/0.16
PBR(최고/최저)	0.75/0.59	1.00/0.66	0.74/0.44	1.10/0.35
PCR(최고/최저)	5.70/4.44	7.67/5.06	8.16/4.84	1.90/0.61

기 때문에 PER가 높게 나타난다는 말이다.

따라서 PER를 절대적인 기준으로 보면 안 된다. 자산우량주도 그런 경우에 속한다. 이익이나 성장성보다는 현금 같은 재산이나 부동산에 초점을 맞추는 주식이기 때문에 상대적으로 PER가 낮은 편에 속한다.

그러니까 PER에 의해 기업이 적절한 평가를 받고 있는지 알려면 상대적인 검증이 필요하다. 경쟁업체와의 상대 평가, 업체 평균수치와의 비교분석 등이 그것이다. 또한 코스피 PER와 비교해서 낮으면 저평가, 높으면 고평가로 판단을 해도 된다. 따라서 투자자들은 현재 주도주 종목군에서 코스피 PER보다 낮은 종목을 발굴하면 된다.

〈차트 44〉와 [그림 7]에서 보듯이 실제 가치는 2,000원 정도인데 실제 거래는 1,300원에 머물고 있다. 실전매매에서 1,300원 이하 지속 추천하여 많은 물량을 확보할 수 있었다.

EPS가 420원을 가리키고 주가가 1,300원대에서 실제가치보다 절반 이하에서 거래되고 있는 가격이어서 실전매매에서 발굴해 추천한 종목이다.

주당순자산(BPS) 활용

BPS = 순자산/발행주식수

주당순자산은 주식 1주당 순자산이 얼마인지를 나타내는 지표이다. 부채를 빼고 남은 자기자본을 말하는데 이는 기업의 실질적인 재산을 의미한다.
BPS = 순자산/발행주식수

주당순자산은 주식 1주당 순자산이 얼마인지를 나타내는 지표이다. 순자산은 타인자본, 즉 부채를 빼고 남은 자기자본을 말하는데 이는 기업의 실질적인 재산을 의미한다.

실제로 주식시장을 살펴보면 주가는 주당순자산과 비슷하게 움직이는 경향이 있다. 주당순자산이 10만원이면 주가도 10만원 부근에서 가격이 형성된다. 만약 주가가 주당순자산에 비해 지나치게 낮다면

〈차트 45〉 BPS로 종목 발굴한 예(국제약품)

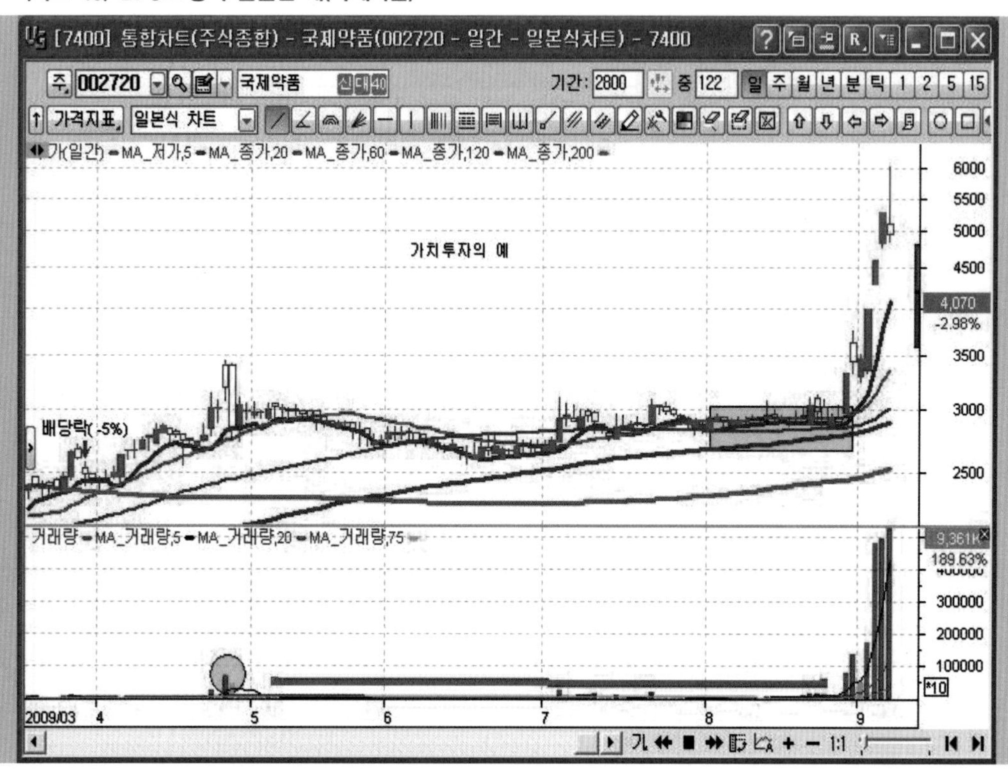

KEY POINT

BPS가 1,000원이라는 의미는 회사가 문을 닫고 모든 자산을 처분했을 경우 1주당 1,000원씩 돌려준다는 청산가치를 말한다.

EPS를 비교하면서 실적이 수반된다면 고려해볼 만하다. BPS가 1,000원이라는 의미는 회사가 문을 닫고 모든 자산을 처분했을 경우 1주당 1,000원씩 돌려준다는 청산가치를 말한다.

결과적으로 BPS는 주주가 보유하는 주식 1주의 실제적인 자산 가치를 나타내는 것이다. 따라서 기업의 순자산이 증가하는 기업이 좋다.

〈차트 45와〉 [그림 8]에서 보듯이 국제약품의 BPS가 약 5,000원 정도를 가리키고 있다. 2009년 8월 주가는 2,800원으로 주당 순자산의 56% 가격에 거래되는 저평가 국면을 지속하고 있었고 9월 PBR이 1배 지점이 넘어간 5,500원 정도에서 매도로 대응했다.

[그림 8] 국제약품 기업분석

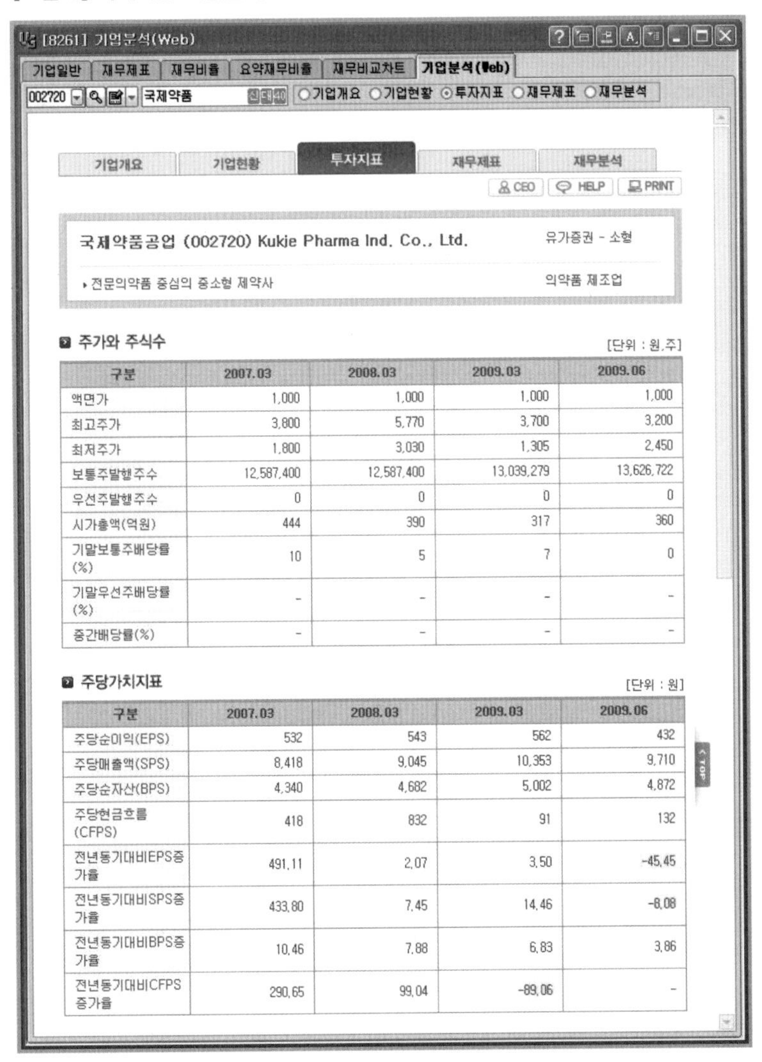

[8261] 기업분석(Web)

기업일반 | 재무제표 | 재무비율 | 요약재무비율 | 재무비교차트 | 기업분석(Web)

002720 국제약품 ○기업개요 ○기업현황 ⊙투자지표 ○재무제표 ○재무분석

기업개요 | 기업현황 | 투자지표 | 재무제표 | 재무분석

CEO | HELP | PRINT

국제약품공업 (002720) Kukje Pharma Ind. Co., Ltd. 유가증권 - 소형

▸전문의약품 중심의 중소형 제약사 의약품 제조업

■ 주가와 주식수 [단위 : 원,주]

구분	2007.03	2008.03	2009.03	2009.06
액면가	1,000	1,000	1,000	1,000
최고주가	3,800	5,770	3,700	3,200
최저주가	1,800	3,030	1,305	2,450
보통주발행주수	12,587,400	12,587,400	13,039,279	13,626,722
우선주발행주수	0	0	0	0
시가총액(억원)	444	390	317	360
기말보통주배당률(%)	10	5	7	0
기말우선주배당률(%)	-	-	-	-
중간배당률(%)	-	-	-	-

■ 주당가치지표 [단위 : 원]

구분	2007.03	2008.03	2009.03	2009.06
주당순이익(EPS)	532	543	562	432
주당매출액(SPS)	8,418	9,045	10,353	9,710
주당순자산(BPS)	4,340	4,682	5,002	4,872
주당현금흐름(CFPS)	418	832	91	132
전년동기대비EPS증가율	491.11	2.07	3.50	-45.45
전년동기대비SPS증가율	433.80	7.45	14.46	-6.08
전년동기대비BPS증가율	10.46	7.88	6.83	3.86
전년동기대비CFPS증가율	290.65	99.04	-89.06	-

주당순자산(EPS)을 보면 2009년 6월 4,872원으로 주가는 당시 3,000원 이하에서 거래되는 저평가 상태였다. 매출 이익으로 인한 수익보다 기업이 가지고 있는 부동산이나 설비자금, 기타 유동자금 등

을 많이 보유한 알짜배기 회사로 투자가치로 보았을 때 매력적인 회사이다.

주당순자산비율(PBR) 활용

KEY POINT

주당순자산비율은 주가가 순자산에 비해 1주당 몇 배로 거래되고 있는지를 나타내는 지표이다.
PBR = 주가/1주당순자산

PBR = 주가/1주당순자산

주당순자산비율은 주가가 순자산에 비해 1주당 몇 배로 거래되고 있는지를 나타내는 지표이다. 여기서 순자산이란 대차대조표의 자산에서 부채를 차감한 후의 자산을 말한다.

주가수익비율(PER)은 주가의 수익성만으로 주가를 판단하는 기준이 된다. 이에 비해 주가순자산비율(PBR)은 기업의 실제적인 자산 면에서 주가를 판단하는 기준이라고 말할 수 있다. 기업의 순자산이 많다는 것은 그만큼 기업의 내실이 탄탄하다는 것을 의미한다.

그러니까 PBR이 1억원이면 주가와 기업의 청산가치가 같다는 뜻이다. PBR이 1 미만이면 주가가 장부상 순자산가치(청산가치)에도 못 미

투자지표 4가지

- EPS(주당 순이익) = 총이익/총주식수 (10~15 이상일 때 매수)
- PER(주가 수익비율) = 주가/주당순이익 (10 이하일 때 매수)
- BPS(주당 자산가치) = 순자산/총주식수
- PBR(주당 순자산) = 주가/BPS (1 미만일 때 매수)

친다는 뜻이다. 그러므로 PBR이 낮을수록 주가는 저평가된 상태를 말한다. PBR이 2라는 의미는 회사가 망했을 때 1,000원을 받을 수 있는 주식이 2,000원에 거래된다는 의미로 고평가된 상태를 뜻한다.

〈차트 45〉의 국제약품 예에서 보듯이 실제로 최근의 주식시장에서는 PBR이 1 이하로 저평가된 종목들이 많다. 통상적으로 주도주 업종이면서 주도주 종목의 PBR이 1 이하에서 거래되면 우선 매수선정의 대상이 된다.

통상적으로 주도주 업종이면서 주도주 종목의 PBR이 1 이하에서 거래되면 우선 매수선정의 대상이 된다.

지금까지 설명한 〈투자지표 4가지〉를 꼭 명심하기 바란다.

재무제표 쉽게 들여다보기

재무제표는 기업의 살림살이를 꼼꼼히 보여주는 지표이다. 가치투자자인 워렌 버핏이 크게 의지하고 신뢰하는 게 바로 재무제표이다. 팔순에 가까운 나이에도 쉼 없이 공부에 몰두하는 워렌 버핏이 대부분의 시간을 할애하는 것이 재무제표이다.

워렌 버핏은 제무제표에 드러난 실적만 제대로 읽어도 성공적인 투자를 할 수 있다고 충고했다. 재무제표에서 투자자들이 꼭 알아야 할 수익성, 안정성, 성장성, 활동성 지표에 대해 살펴보자.

수익성지표

> ROE(자기자본이익률)
> ROE = 당기순이익/자기자본×100

KEY POINT

ROE는 경영자가 기업에 투자된 자본을 사용해 어느 정도의 이익을 올리고 있는지를 나타내는 지표이다. 이는 기업의 이익창출 능력으로 자기자본수익률이라고도 한다.

ROE는 경영자가 기업에 투자된 자본을 사용해 어느 정도의 이익을 올리고 있는지를 나타내는 지표이다. 이는 기업의 이익창출 능력으로 자기자본수익률이라고도 한다.

기업의 자금은 자기자본과 차입금으로 나눌 수 있다. 이 중에서 차입금은 이자 비용을 부담해야 하고, 자기자본에 대해서는 배당금과 자본이득(주가상승, 유 · 무상 증자)을 제공해야 한다.

주주의 입장에서는 부채를 포함한 총자산수익률(ROE)보다 자기자본의 순수투자자금에 대한 이익률이 중요하다. 투자한 회사가 얼마나 수익을 내고 있는지 알아보는 것이 더욱 중요하다는 말이다.

자기자본은 쉽게 말해 기업의 청산가치와도 같다고 볼 수 있다. 기업이 해산하지 않고 계속해서 영업을 한다는 것은 기업이 소유한 자기자본을 현금화하여 무위험 금융상품에 맡기는 것보다 영업활동을 통해 더 벌어들일 자신이 있다는 말과 같다. 바꾸어 말해 시장금리보다는 더 나은 이익률을 낼 수 있다는 뜻이다.

그러므로 ROE가 은행이자율보다 높은 기업이 투자할 가치가 있다. ROE가 은행이자보다 낮다면 누가 주식에 투자하겠는가? ROE는 내가 투자한 돈으로 회사가 얼마나 벌고 있는지를 나타내는 지표이다. 따라서 높으면 높을수록 좋다.

중요한 것은 1년의 ROE가 아니라 연속적인 ROE라는 점이다. 어느 해에는 ROE가 20%였다가 다음해에는 −10%라면 아무런 의미가 없다. 즉, 지속적으로 ROE가 유지될 수 있는 기업을 찾아 투자해야 한다. 자기자본이 1,000원이고 당기순이익이 100원이라면 ROE는 10%가 된다. 쉽게 말해 주주들이 1,000원을 투자한 회사에서 100원을 벌었다는 의미이다.

총자산이익률
ROA = 당기순이익/총자산×100 (5~10% 이상이 좋다)

ROA는 기업의 수익성이 어느 정도인가를 측정하는 대표적인 지표이다. 기업에게 주어진 총자산을 얼마나 효율적으로 이용했는지를 나타낸 것을 말한다. 쉽게 말해 주주의 돈과 은행에서 빌린 차입금을 모두 이용해 얼마나 벌었는지를 나타내는 값이라고 할 수 있다.

이 지표는 순이익을 총자산으로 나눈 값이다. 따라서 ROA가 높을수록 기업은 더 효율적인 운영으로 수익성이 향상되었다고 볼 수 있다. 반대로 ROA가 낮아지면 영업이 비효율적인 상태인 것으로 볼 수 있다. 하지만 이익이 증가하는데도 ROA가 감소한다면 자산의 크기가 이익의 크기보다 커진 것이므로 기업이 자산을 효율적으로 관리했다고 볼 수 있다.

안정성지표

부채비율
= 타인자본/자기자본×100

부채비율은 자본구성의 건전성 여부를 판단하는 대표적인 지표이다. 일반적으로 100% 이하를 이상적인 표준비율로 보고 있다.

부채비율은 자본구성의 건전성 여부를 판단하는 대표적인 지표이다. 기업의 소유재산 중에서 부채가 어느 정도인지를 나타내는 것을 말한다. 일반적으로 100% 이하를 이상적인 표준비율로 보고 있으나 업종에 따라서 다소 차이가 있다. 이 비율이 높을수록 재무구조가 불

건전하므로 지불능력이 문제가 된다는 뜻이다.

유보율 = 자본잉여금+이익잉여금/납입자본금×100

유보율은 기업이 동원할 수 있는 자금량을 측정하는 지표이다. 영업활동에서 생긴 이익인 이익잉여금과 자본거래 등 영업활동이 아닌 특수거래에서 생긴 이익인 자본잉여금을 합한 금액을 납입자본금으로 나눈 비율이다.

기업의 설비 확장 또는 재무구조의 안정성을 위해 유보율이 높을수록 좋다고 볼 수 있다.

기업의 설비 확장 또는 재무구조의 안정성을 위해 유보율이 높을수록 좋다고 볼 수 있다. 재무구조가 탄탄하고 불황에 대한 적응력이 높고 무상증자 가능성도 높은 것을 의미한다. 하지만 투자에는 보수적인 상태임을 기억해야 한다.

성장성 지표

대표적으로 매출액 증가율, 영업이익 증가율, 총자산 증가율을 나타내는 지표이다. 이것이 지속적으로 증가하는 기업이 좋다.

활동성 지표

활동성은 자산의 활용이 어느 정도 되고 있는지를 나타내는 지표이다. 그러니까 기업의 경영관리 활동인 구매, 생산, 판매 활동 등이 어느 정도 활발하게 움직이고 있는지를 나타내는 것을 말한다.

1) 총자산회전율

총자산을 활용하여 어느 정도 매출을 올렸는지를 측정하는 지표다.

기업이 매출활동을 벌일 때 보유하고 있는 모든 자산을 몇 번이나 활용했는지를 파악하는 데 사용한다.

총자산회전율 = 매출액/총자산

2) 고정자산 회전율

기업활동에서 고정자산의 활용도를 알아보는 지표로 영업 상태를 판단하는데 쓰인다. 고정자산회전율이 낮으면 조업도가 낮은 것을 의미한다. 따라서 제품 단위당 감가상각비, 수선비 등의 고정비 비중이 높아져 제조원가가 상승하게 된다. 고정자산 회전율이 높을수록 우량한 회사이며 업종에 따라 평균율에는 차이가 있다.

고정자산 회전율 = 매출액/고정자산×100

3) 재고자산 회전율

기업이 판매를 목적으로 보유하고 있는 자산으로 생산한 상품(혹은 구입한 상품)이 어느 정도 팔리고 있는가를 나타내는 지표이다. 재고자산 회전율이 높으면 재고로 남겨두는 시간이 짧고, 판매가 빨리 이루어짐을 의미한다. 재고자산 회전율이 낮으면 판매활동에 문제가 있는 것으로 판단한다.

재고자산 회전율 = 매출액/재고자산×100

KEY POINT

원금 보전력 강한 종목선별법

수익성 지표

- 총자산이익률(ROA) = 당기순이익/총자산×100 (5~10% 이상)
- 자기자본이익률(ROE) = 당기순이익/자기자본×100 (15% 이상)
- 매출액순이익률 = 순이익/매출액×100 (10% 이상)

안정성 지표

- 유동비율 = 유동자산/유동부채×100 (100 이상 잘 나가는 기업은 150~200%)
- 부채비율 = 타인자본/자기자본×100 (100% 이하가 좋다)
- 당좌비율 (100% 이상)
- 자기자본비율 (50% 이상)

성장성지표

- 매출액증가율
- 영업이익증가율
- 총자산증가율 (지속적 증가)

활동성지표

- 총자산 회전율 = 매출액/총자산×100 (1보다 크면 된다. 보통 2회전)
- 고정자산 회전율 = 매출액/고정자산×100
- 재고자산 회전율 = 매출액/재고자산×100

〈차트 46〉 화신

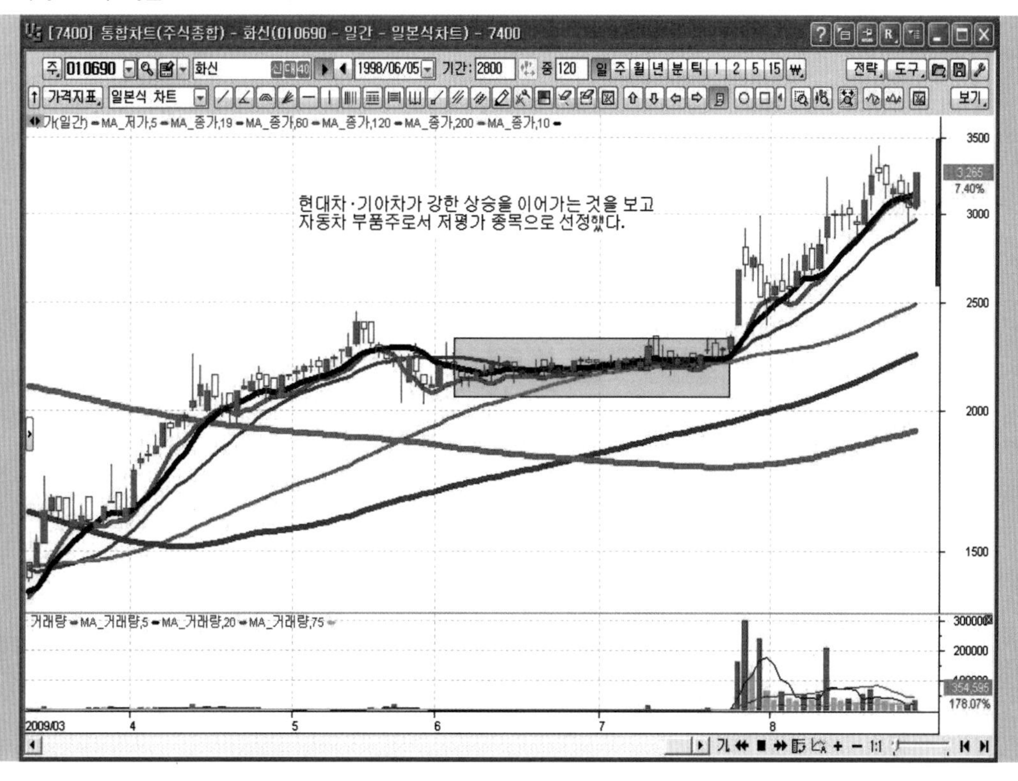

이제까지 설명한 것을 바탕으로 투자기법을 살펴보자.

〈차트 46〉은 ROE가 18%로 자기자본이익률이 급증을 보이고 부채비율이 낮으며 유보율이 1,000%가 넘는 우량한 회사이다([그림 10] 참조).

EPS가 급증되고 주당 매출액은 정체되어 있는데도 불구하고 주당 자산가치가 증가되고 있다. 추천할 당시 2,500원 이하였기 때문에 청산가치의 1/2 가격에 거래되는 아주 매력 있는 회사였다. 매수 후 바로 급등하는 모습이다.

[그림 9] 화신 기업분석

[8261] 기업분석(Web)

기업일반 | 재무제표 | 재무비율 | 요약재무비율 | 재무비교차트 | 기업분석(Web)

010690 화신 ○기업개요 ○기업현황 ⊙투자지표 ○재무제표 ○재무분석

기업개요 | 기업현황 | 투자지표 | 재무제표 | 재무분석

CEO | HELP | PRINT

화신 (010690) Hwashin — 유가증권 - 소형

▸ 서스펜션 모듈 등을 생산하는 자동차 부품업체 — 자동차부품

■ 주가와 주식수 [단위 : 원, 주]

구분	2006.12	2007.12	2008.12	2009.06
액면가	500	500	500	500
최고주가	3,530	3,860	3,280	2,400
최저주가	2,410	2,260	1,260	1,300
보통주발행주수	28,000,000	28,000,000	28,000,000	28,000,000
우선주발행주수	0	0	0	0
시가총액(억원)	680	839	374	619
기말보통주배당률(%)	18	18	15	0
기말우선주배당률(%)	-	-	-	-
중간배당률(%)	-	-	-	-

■ 주당가치지표 [단위 : 원]

구분	2006.12	2007.12	2008.12	2009.06
주당순이익(EPS)	576	566	351	990
주당매출액(SPS)	11,147	10,984	10,579	9,565
주당순자산(BPS)	3,832	4,438	5,036	5,500
주당현금흐름(CFPS)	1,108	651	688	45
전년동기대비EPS증가율	326.67	-1.74	-37.99	27.25
전년동기대비SPS증가율	7.31	-1.46	-3.69	-19.14
전년동기대비BPS증가율	12.41	15.81	13.47	12.84
전년동기대비CFPS증가율	-	-41.25	5.68	-94.16

■ 내재가치지표 [단위 : 배]

구분	2006.12	2007.12	2008.12	2009.06
PER(최고/최저)	6.12/4.18	6.81/3.99	9.34/3.58	2.42/1.31
PSR(최고/최저)	0.31/0.21	0.35/0.20	0.31/0.11	0.25/0.13
PBR(최고/최저)	0.92/0.62	0.86/0.50	0.65/0.25	0.43/0.23
PCR(최고/최저)	3.18/2.17	5.92/3.47	4.76/1.83	53.76/29.12

■ 베타와 변동성 [당사/운수장비]

구분	2008.06	2009.06
베타(β)	0.61 / 1.22	0.91 / 1.32
변동성(σ)	30.11 / 36.21	55.44 / 59.28

■ EVA 지표 [단위 : 억원, %]

구분	2005.12.31		2006.12.31		2007.12.31		2008.12.31	
	당사	업종평균	당사	업종평균	당사	업종평균	당사	업종평균
평균투자자본(IC)	778	662	957	651	1,000	635	1,083	796
세후영업이익(NOPLAT)	77	58	109	46	113	49	62	65
투자자본수익률(ROIC)	9.93	8.76	11.35	7.01	11.26	7.79	5.76	8.11

[그림 10] 화신 재무분석

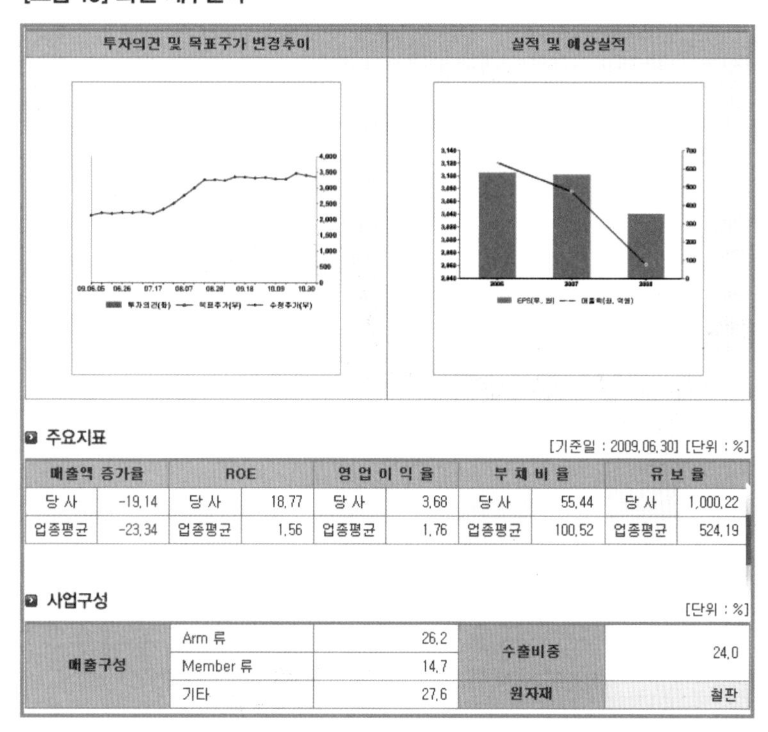

투자의견 및 목표주가 변경추이	실적 및 예상실적

주요지표

[기준일 : 2009.06.30] [단위 : %]

매출액 증가율		ROE		영 업 이 익 율		부 채 비 율		유 보 율	
당 사	-19.14	당 사	18.77	당 사	3.68	당 사	55.44	당 사	1,000.22
업종평균	-23.34	업종평균	1.56	업종평균	1.76	업종평균	100.52	업종평균	524.19

사업구성

[단위 : %]

매출구성	Arm 류	26.2	수출비중	24.0
	Member 류	14.7		
	기타	27.6	원자재	철판

[그림 9]는 화신의 재무분석 도표이며 [그림 10]은 주요 지표를 보여준다.

〈차트 47〉 케이엠

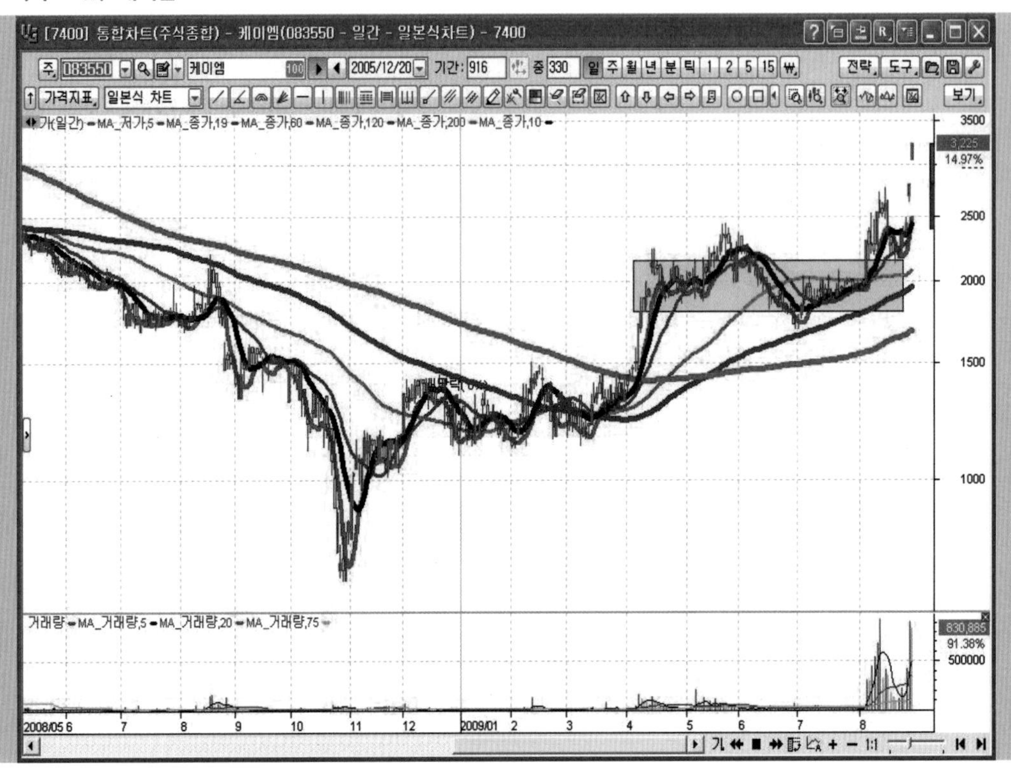

〈차트 47〉을 확인해보면 2006년에 업황이 좋았다. [그림 12]를 보면 2007~ 2008년에 어려움을 겪다가 2009년에 EPS가 증가되고 매출액이 늘어나면서 자산가치가 증가함을 보여주고 있다. 나는 기본 가치를 확인하고 2,000원 이하에서부터 3개월에 걸친 지속적인 매수 추천을 하여 보유하게 함으로써 수익을 창출시켰다.

[그림 11]을 보면 매출액증가율이 업종평균 대비 10배에 이르는 40%의 대폭 증가이다. 또한 부채비율이 낮으며 유보율이 1,055%로 매우 우량한 재무구조를 가지고 있는 종목이다.

[그림 11] 케이엠 기업분석

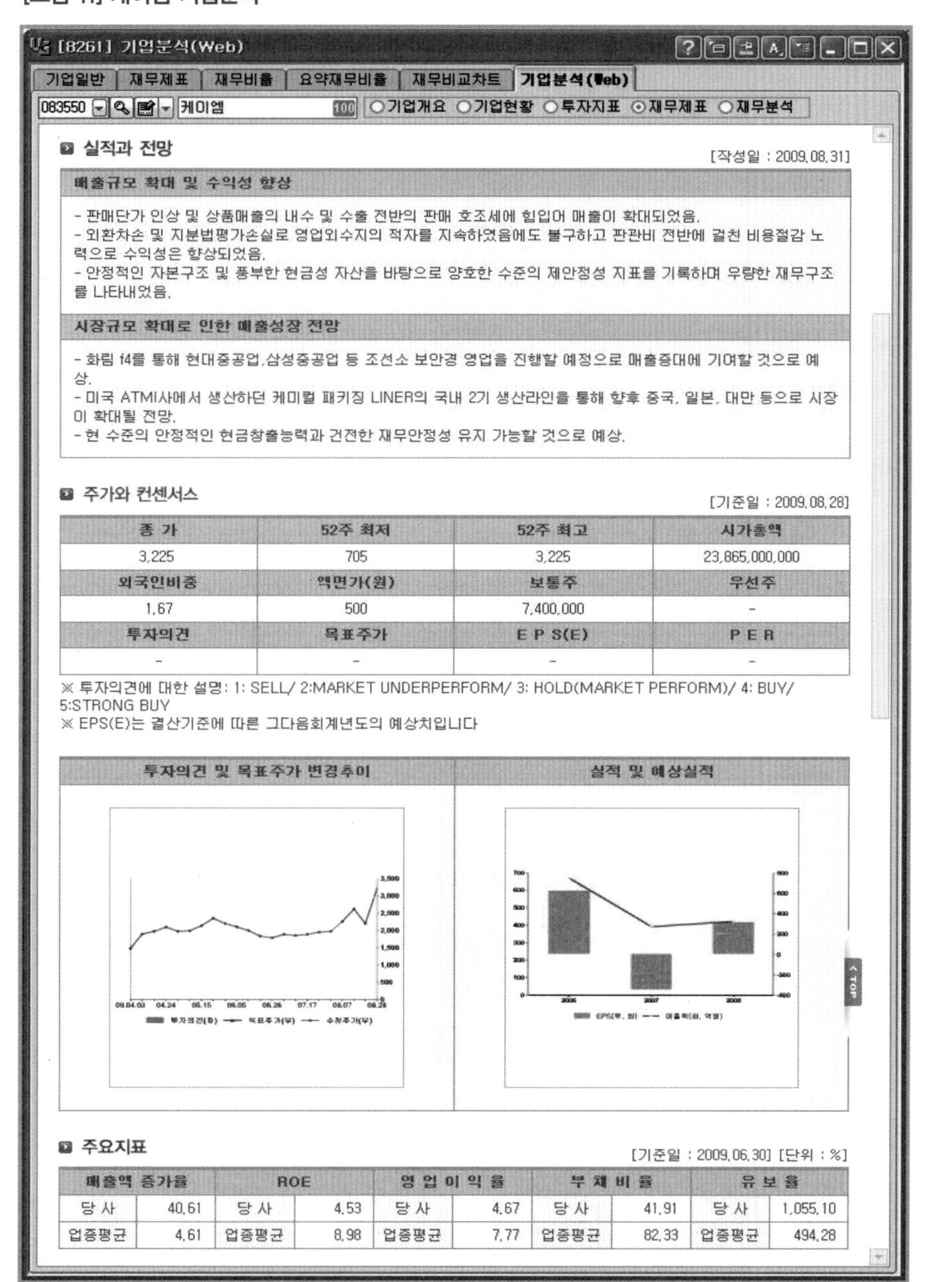

[8261] 기업분석(Web)

기업일반 | 재무제표 | 재무비율 | 요약재무비율 | 재무비교차트 | 기업분석(Web)

083550 케이엠 ○기업개요 ○기업현황 ○투자지표 ⊙재무제표 ○재무분석

■ 실적과 전망

[작성일 : 2009.08.31]

매출규모 확대 및 수익성 향상

- 판매단가 인상 및 상품매출의 내수 및 수출 전반의 판매 호조세에 힘입어 매출이 확대되었음.
- 외환차손 및 지분법평가손실로 영업외수지의 적자를 지속하였음에도 불구하고 판관비 전반에 걸친 비용절감 노력으로 수익성은 향상되었음.
- 안정적인 자본구조 및 풍부한 현금성 자산을 바탕으로 양호한 수준의 제안정성 지표를 기록하며 우량한 재무구조를 나타내었음.

시장규모 확대로 인한 매출성장 전망

- 화림 f4를 통해 현대중공업,삼성중공업 등 조선소 보안경 영업을 진행할 예정으로 매출증대에 기여할 것으로 예상.
- 미국 ATMI사에서 생산하던 케미컬 패키징 LINER의 국내 2기 생산라인을 통해 향후 중국, 일본, 대만 등으로 시장이 확대될 전망.
- 현 수준의 안정적인 현금창출능력과 건전한 재무안정성 유지 가능할 것으로 예상.

■ 주가와 컨센서스

[기준일 : 2009.08.28]

종 가	52주 최저	52주 최고	시가총액
3,225	705	3,225	23,865,000,000
외국인비중	**액면가(원)**	**보통주**	**우선주**
1.67	500	7,400,000	-
투자의견	**목표주가**	**E P S(E)**	**P E R**
-	-	-	-

※ 투자의견에 대한 설명: 1: SELL/ 2:MARKET UNDERPERFORM/ 3: HOLD(MARKET PERFORM)/ 4: BUY/ 5:STRONG BUY
※ EPS(E)는 결산기준에 따른 그다음회계년도의 예상치입니다

투자의견 및 목표주가 변경추이	실적 및 예상실적

■ 주요지표

[기준일 : 2009.06.30] [단위 : %]

매출액 증가율		ROE		영업이익율		부채비율		유보율	
당 사	40.61	당 사	4.53	당 사	4.67	당 사	41.91	당 사	1,055.10
업종평균	4.61	업종평균	8.98	업종평균	7.77	업종평균	82.33	업종평균	494.28

[그림 12] 케이엠 기업분석

[8261] 기업분석(Web)

기업일반 | 재무제표 | 재무비율 | 요약재무비율 | 재무비교차트 | 기업분석(Web)

083550 케이엠 ○기업개요 ○기업현황 ○투자지표 ⊙재무제표 ○재무분석

주당가치지표

[단위 : 원]

구분	2006.12	2007.12	2008.12	2009.06
주당순이익(EPS)	618	-346	377	256
주당매출액(SPS)	9,068	5,532	5,998	7,270
주당순자산(BPS)	5,080	4,613	5,381	5,461
주당현금흐름(CFPS)	883	155	-145	-8
전년동기대비EPS증가율	-26.69	-	-	30.61
전년동기대비SPS증가율	-12.78	-38.99	8.42	40.62
전년동기대비BPS증가율	8.57	-9.19	16.65	12.00
전년동기대비CFPS증가율	-4.13	-82.45	-	-

내재가치지표

[단위 : 배]

구분	2006.12	2007.12	2008.12	2009.06
PER(최고/최저)	14.40/8.91	-/-	7.51/1.93	9.19/4.41
PSR(최고/최저)	0.98/0.60	1.07/0.40	0.47/0.12	0.32/0.15
PBR(최고/최저)	1.75/1.08	1.29/0.49	0.52/0.13	0.43/0.20
PCR(최고/최저)	10.07/6.23	38.43/14.60	-/-	-/-

[그림 12]는 EPS가 2007년 12월 –345에서 서서히 증가되는 모습이다. 주목해야 할 부분은 주당매출액이 증가되고 있으며 주당순자산가치가 높아지고 있다는 점이다. 매수할 당시 주가가 2,000원이었으니 상당히 저평가된 종목이다.

〈차트 48〉은 1차 파동에서 바람구멍으로 매집이 이루어지고 60일선까지 거래감소에 이은 기간과 가격조정이 완료된 지점인 2,000원 이하에서 매수가 이루어져 거래도 없이 지속 상승을 보이는 종목이다. 보기 드물게 앞 국면의 모든 물량이 잠긴 상태이다. 대량 거래 없이 음봉이 나오지 않는다면 지속 보유 관점이 좋다.

〈차트 48〉 화풍집단

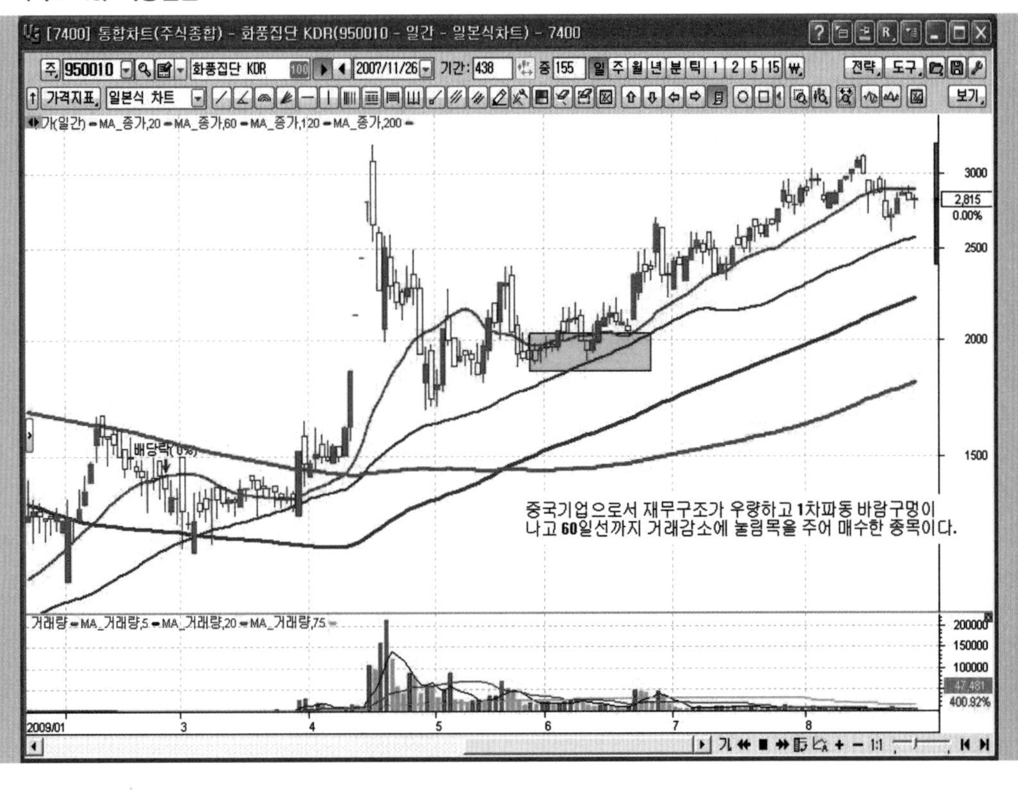

〈차트 48〉은 1차 상승이 강한 상승을 이루어서 재무구조를 조사했으나 중국 관련 주식이었기에 신규상장으로 인해 재무구조를 알 수 없었다. 증권사에 문의를 해보니 상당한 우량주식이라는 것을 알 수 있었다. 2009년 6월 거래감소를 확인하고 2,000원 이하에서 지속 추천을 한 종목이다. 이후 재무구조를 통해 안정된 회사임을 확인하고 적극 보유전략 중인 종목이다. 재무구조를 살펴보면 매출액 증가율이 39%, 부채비율이 57%의 건전한 재무구조를 가진 회사임을 알 수 있다.

중국기업으로서 재무구조가 우량하고 1차파동 바람구멍이 나고 60일선까지 거래감소에 눌림목을 주어 매수한 종목이다.

[그림 13] 화풍집단 기업분석 1

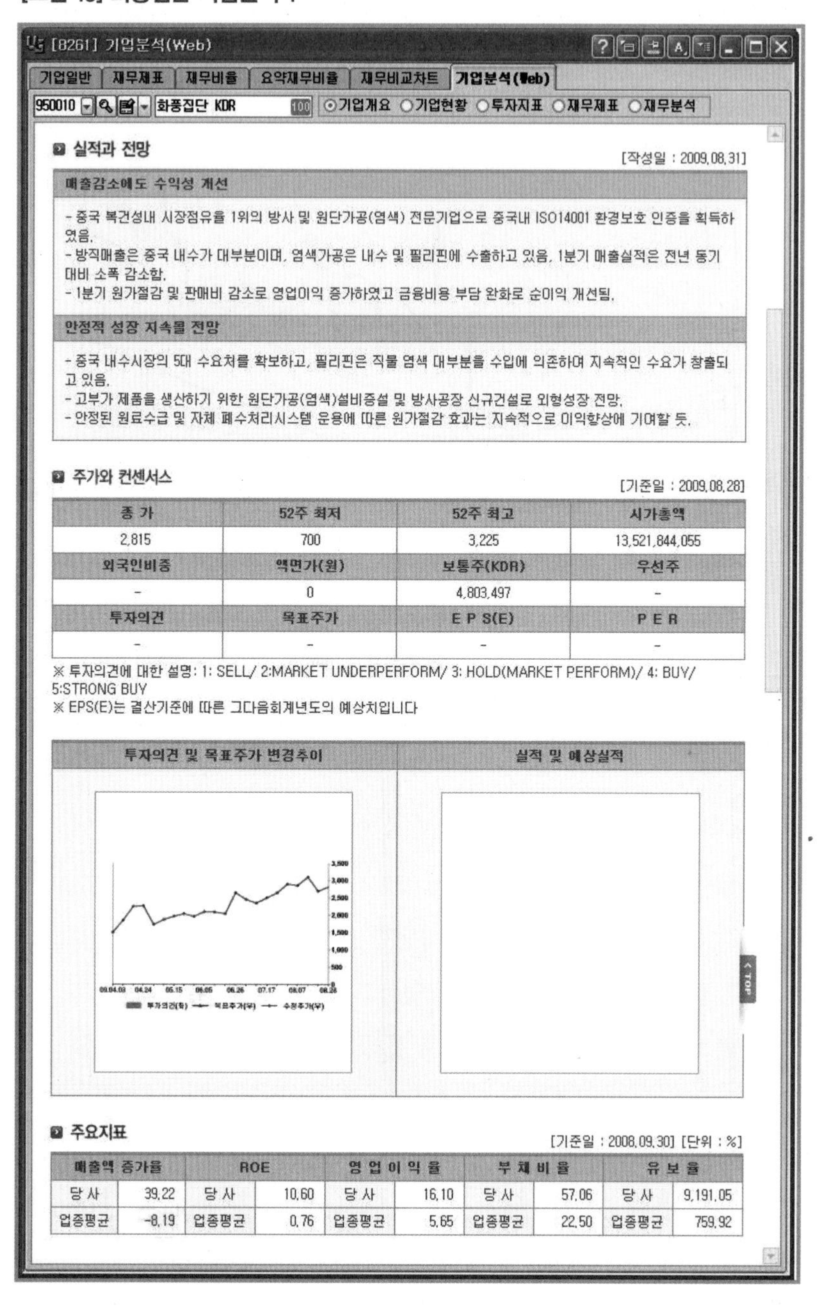

[8261] 기업분석(Web)

기업일반 | 재무제표 | 재무비율 | 요약재무비율 | 재무비교차트 | 기업분석(Web)

950010 화풍집단 KDR ⊙기업개요 ○기업현황 ○투자지표 ○재무제표 ○재무분석

실적과 전망

[작성일 : 2009.08.31]

매출감소에도 수익성 개선

- 중국 복건성내 시장점유율 1위의 방사 및 원단가공(염색) 전문기업으로 중국내 ISO14001 환경보호 인증을 획득하였음.
- 방직매출은 중국 내수가 대부분이며, 염색가공은 내수 및 필리핀에 수출하고 있음. 1분기 매출실적은 전년 동기 대비 소폭 감소함.
- 1분기 원가절감 및 판매비 감소로 영업이익 증가하였고 금융비용 부담 완화로 순이익 개선됨.

안정적 성장 지속될 전망

- 중국 내수시장의 5대 수요처를 확보하고, 필리핀은 직물 염색 대부분을 수입에 의존하여 지속적인 수요가 창출되고 있음.
- 고부가 제품을 생산하기 위한 원단가공(염색)설비증설 및 방사공장 신규건설로 외형성장 전망.
- 안정된 원료수급 및 자체 폐수처리시스템 운용에 따른 원가절감 효과는 지속적으로 이익향상에 기여할 듯.

주가와 컨센서스

[기준일 : 2009.08.28]

종 가	52주 최저	52주 최고	시가총액
2,815	700	3,225	13,521,844,055
외국인비중	액면가(원)	보통주(KDR)	우선주
-	0	4,803,497	-
투자의견	목표주가	E P S(E)	P E R
-	-	-	-

※ 투자의견에 대한 설명: 1: SELL/ 2:MARKET UNDERPERFORM/ 3: HOLD(MARKET PERFORM)/ 4: BUY/ 5:STRONG BUY
※ EPS(E)는 결산기준에 따른 그다음회계년도의 예상치입니다

투자의견 및 목표주가 변경추이	실적 및 예상실적

주요지표

[기준일 : 2008.09.30] [단위 : %]

매출액 증가율		ROE		영 업 이 익 율		부 채 비 율		유 보 율	
당 사	39.22	당 사	10.60	당 사	16.10	당 사	57.06	당 사	9,191.05
업종평균	-8.19	업종평균	0.76	업종평균	5.65	업종평균	22.50	업종평균	759.92

[그림 14] 화풍집단 기업분석 2

[8261] 기업분석(Web)

기업일반 | 재무제표 | 재무비율 | 요약재무비율 | 재무비교차트 | 기업분석(Web)

950010 화풍집단 KDR ○기업개요 ○기업현황 ○투자지표 ⊙재무제표 ○재무분석

대차대조표

(연결재무제표) [단위 : 억원,%]

항 목	-	-	-	2007.09.30	2008.09.30	전년동기대비 증감률
현금및현금등가물	-	-	-	272.1	772.1	183.7
단기금융상품	-	-	-	-	-	-
단기투자증권	-	-	-	-	-	-
매출채권	-	-	-	216.1	311.6	44.2
당좌자산계	-	-	-	543.6	1,271.9	134.0
재고자산계	-	-	-	126.1	139.3	10.5
유동자산계	-	-	-	669.7	1,411.2	110.7
투자자산계	-	-	-	82.2	73.3	-10.8
유형자산계	-	-	-	686.5	1,018.7	48.4
무형자산계	-	-	-	48.6	62.2	27.9
기타비유동자산계	-	-	-	67.6	206.7	205.7
비유동자산계	-	-	-	884.9	1,360.9	53.8
자산총계	-	-	-	1,554.7	2,772.1	78.3
매입채무	-	-	-	61.1	84.3	38.1
단기차입금	-	-	-	201.5	237.1	17.7
유동성장기부채	-	-	-	-	-	-
유동부채계	-	-	-	452.5	774.2	71.1
장기사채계	-	-	-	-	-	-
장기차입금계	-	-	-	222.0	198.0	-10.8
비유동부채계	-	-	-	239.4	232.9	-2.7
부채총계	-	-	-	692.0	1,007.1	45.5
자본금	-	-	-	10.4	19.0	81.5
자본잉여금	-	-	-	-	-	-
이익잉여금	-	-	-	850.2	1,743.0	105.0
자본총계	-	-	-	862.7	1,765.0	104.6

[그림 14]를 보면 자산이 2,772억원이고 부채가 1,007억원, 자본은 1,765억원으로 상당히 규모가 큰 회사임을 알 수 있다.

[그림 13]과 [그림 14]는 화풍집단의 기업분석표로 실적과 전망, 재무구조 등을 알 수 있다.

〈차트 49〉 풍강

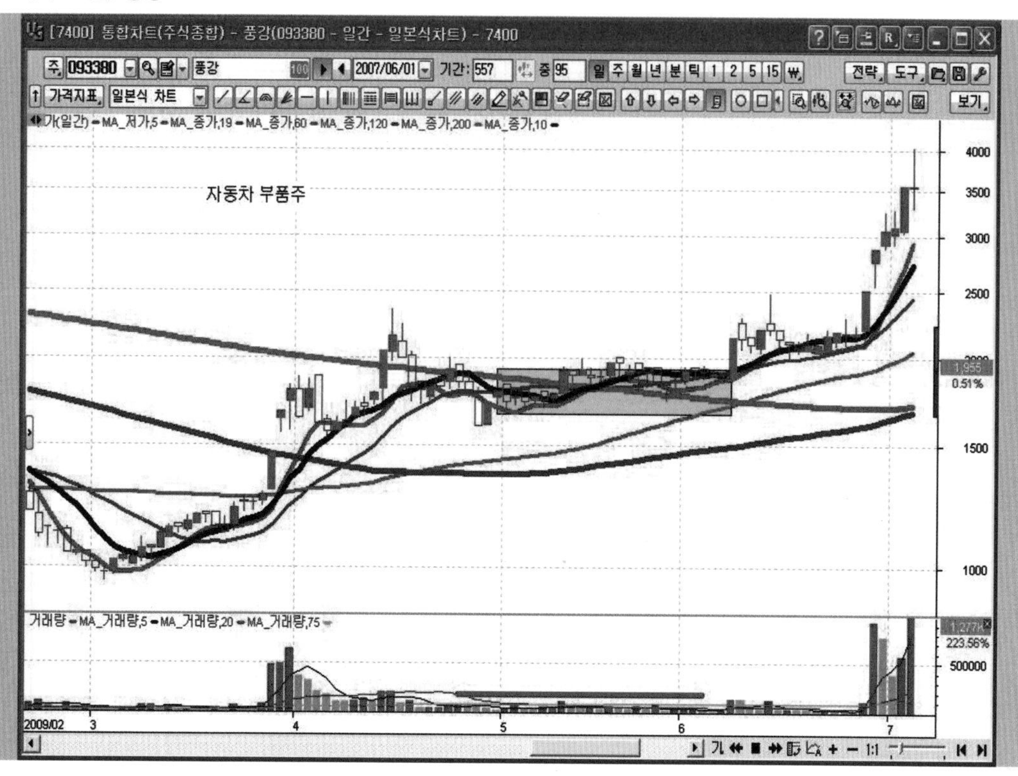

매수 지점을 보게 되면 모든 이평선을 뚫어놓고 캔들차트가 협띠를 이루고 있는 모습으로 절호의 매수맥점이었다.

〈차트 49〉는 현대차, 기아차가 주도하고 있는 점을 착안하고 부품주의 상승을 예견해 발굴한 종목이다. 그러던 중에 1차 매집이 이루어지고 거래바닥 국면인 2009년 5월 2,000원 이하에서 지속 추천을 했다. 매수 지점을 보게 되면 모든 이평선을 뚫어놓고 캔들차트가 협띠를 이루고 있는 모습으로 절호의 매수맥점이었다.

[그림 15]를 보면 이 종목의 재무구조를 보면 아직 매출액 증가율이 마이너스를 기록하고 있고 ROE도 낮지만 부채비율과 유보율이 양호한 상태를 유지하고 있다.

[그림 16]을 보면 경기가 2007년 이후 어려워졌음을 주당순이익의

[그림 15] 풍강 기업분석 1

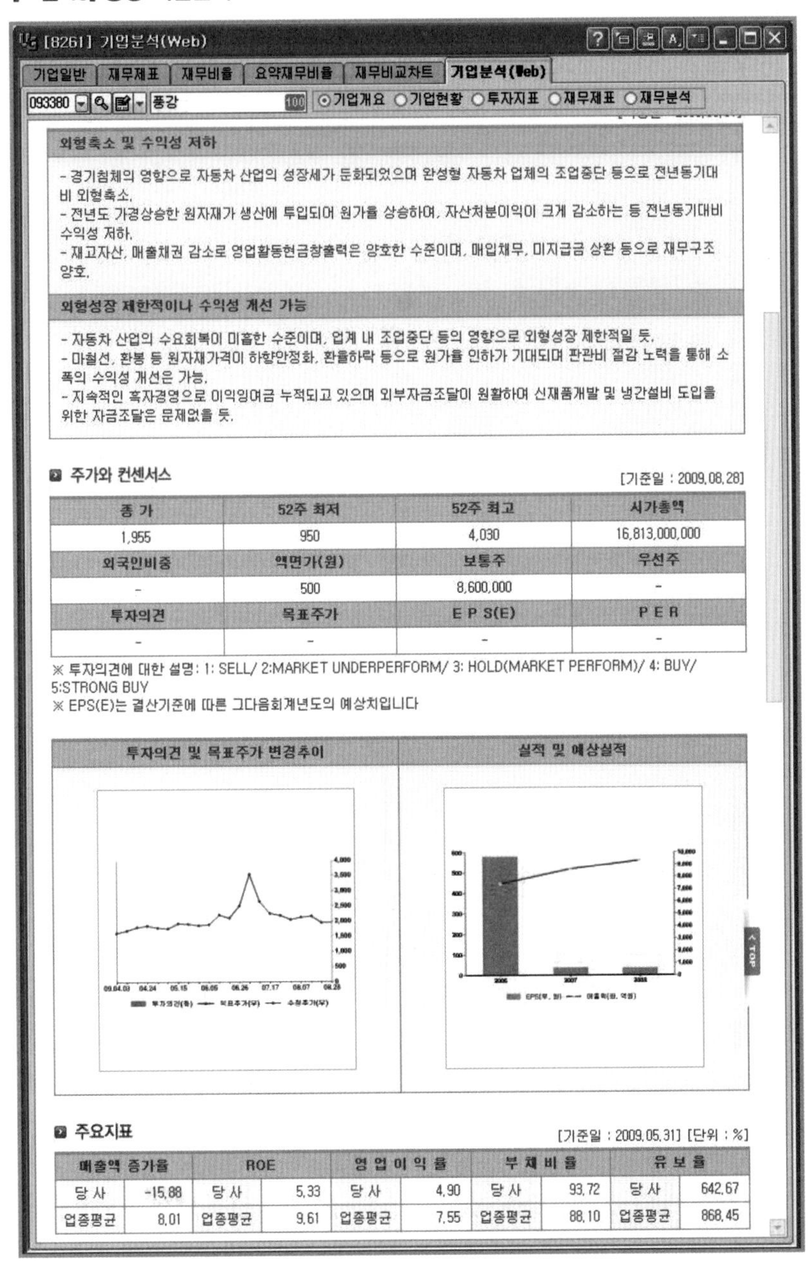

종가	52주 최저	52주 최고	시가총액
1,955	950	4,030	16,813,000,000
외국인비중	액면가(원)	보통주	우선주
-	500	8,600,000	-
투자의견	목표주가	E P S(E)	P E R
-	-	-	-

매출액 증가율		ROE		영업이익률		부채비율		유보율	
당사	-15.88	당사	5.33	당사	4.90	당사	93.72	당사	642.67
업종평균	8.01	업종평균	9.61	업종평균	7.55	업종평균	88.10	업종평균	868.45

[그림 16] 풍강 기업분석 2

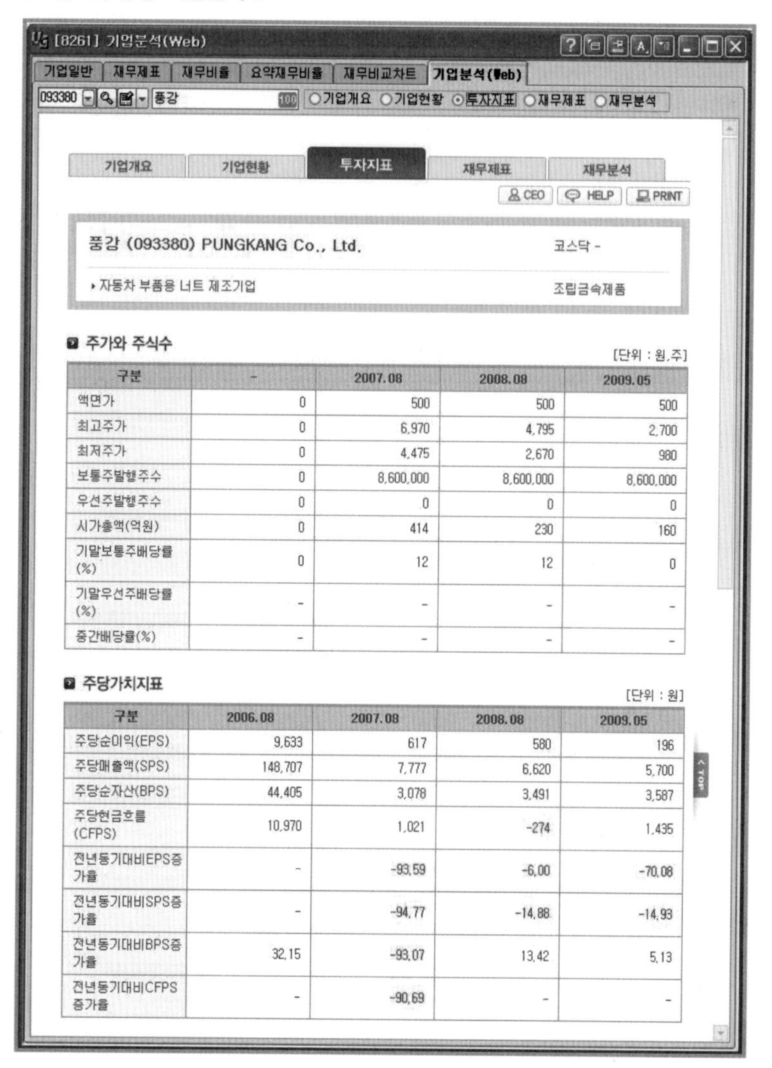

풍강 (093380) PUNGKANG Co., Ltd. 코스닥 -

▸자동차 부품용 너트 제조기업 조립금속제품

주가와 주식수

[단위 : 원,주]

구분	-	2007.08	2008.08	2009.05
액면가	0	500	500	500
최고주가	0	6,970	4,795	2,700
최저주가	0	4,475	2,670	980
보통주발행주수	0	8,600,000	8,600,000	8,600,000
우선주발행주수	0	0	0	0
시가총액(억원)	0	414	230	160
기말보통주배당률(%)	0	12	12	0
기말우선주배당률(%)	-	-	-	-
중간배당률(%)	-	-	-	-

주당가치지표

[단위 : 원]

구분	2006.08	2007.08	2008.08	2009.05
주당순이익(EPS)	9,633	617	580	196
주당매출액(SPS)	148,707	7,777	6,620	5,700
주당순자산(BPS)	44,405	3,078	3,491	3,587
주당현금흐름(CFPS)	10,970	1,021	-274	1,435
전년동기대비EPS증가율	-	-93.59	-6.00	-70.08
전년동기대비SPS증가율	-	-94.77	-14.88	-14.93
전년동기대비BPS증가율	32.15	-93.07	13.42	5.13
전년동기대비CFPS증가율	-	-90.69	-	-

감소에서 확인할 수 있다. 그러나 기아차, 현대차가 신고가를 나가고 있었기 때문에 부품주에 대한 관심을 기울였다. 추천 당시의 재무구조를 살펴보면 주당순자산 가치에 훨씬 못 미치는 2,000원에 거래되고

〈차트 50〉 화승인더

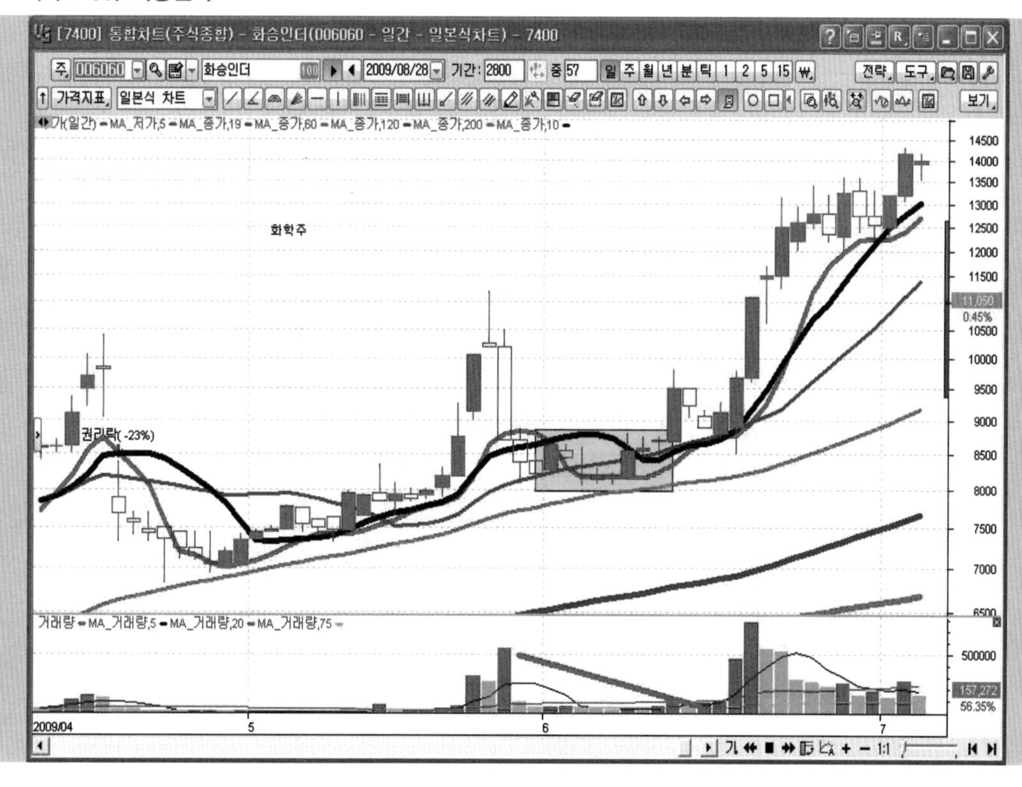

있어서 좋았다.

〈차트 50〉은 우량한 재무구조를 가지고 있으면서 유상증자 실패라는 악재와 더불어 주가가 급락했다. 2009년 5월 27일 하한가부터 매집을 시작하여 평균 9,000원 이하에서 매수를 한 종목이다. 이 종목의 재무구조를 본 결과 너무나 저평가 국면을 지속하고 있었다. 우량주는 악재가 나올 때만 주가가 싸기 때문에 역발상투자법으로 접근한 종목이다.

우량주는 악재가 나올 때만 주가가 싸기 때문에 역발상투자법으로 접근한다.

[그림 17]의 재무구조를 보면 우량주임에도 불구하고 매출액증가율이 상당하고 ROE가 14%를 가리키고 있으며 부채비율 또한 낮고 유보

[그림 17] 화승인더 기업분석 1

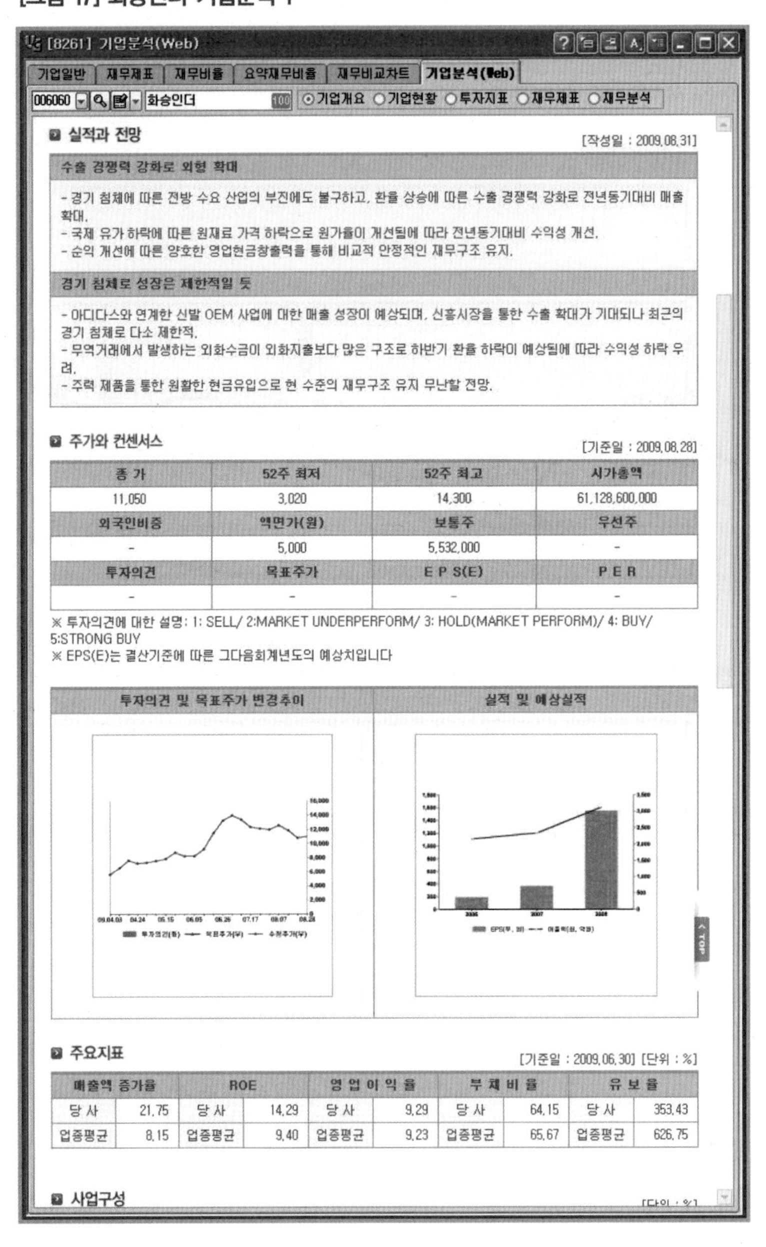

[8261] 기업분석(Web)

기업일반 | 재무제표 | 재무비율 | 요약재무비율 | 재무비교차트 | 기업분석(Web)

006060 화승인더 ⊙기업개요 ○기업현황 ○투자지표 ○재무제표 ○재무분석

실적과 전망 [작성일 : 2009.08.31]

수출 경쟁력 강화로 외형 확대

- 경기 침체에 따른 전방 수요 산업의 부진에도 불구하고, 환율 상승에 따른 수출 경쟁력 강화로 전년동기대비 매출 확대.
- 국제 유가 하락에 따른 원재료 가격 하락으로 원가율이 개선됨에 따라 전년동기대비 수익성 개선.
- 순익 개선에 따른 양호한 영업현금창출력을 통해 비교적 안정적인 재무구조 유지.

경기 침체로 성장은 제한적일 듯

- 아디다스와 연계한 신발 OEM 사업에 대한 매출 성장이 예상되며, 신흥시장을 통한 수출 확대가 기대되나 최근의 경기 침체로 다소 제한적.
- 무역거래에서 발생하는 외화수금이 외화지출보다 많은 구조로 하반기 환율 하락이 예상됨에 따라 수익성 하락 우려.
- 주력 제품을 통한 원활한 현금유입으로 현 수준의 재무구조 유지 무난할 전망.

주가와 컨센서스 [기준일 : 2009.08.28]

종 가	52주 최저	52주 최고	시가총액
11,050	3,020	14,300	61,128,600,000
외국인비중	액면가(원)	보통주	우선주
-	5,000	5,532,000	-
투자의견	목표주가	E P S(E)	P E R
-	-	-	-

※ 투자의견에 대한 설명: 1: SELL/ 2:MARKET UNDERPERFORM/ 3: HOLD(MARKET PERFORM)/ 4: BUY/ 5:STRONG BUY
※ EPS(E)는 결산기준에 따른 그다음회계년도의 예상치입니다

투자의견 및 목표주가 변경추이	실적 및 예상실적

주요지표 [기준일 : 2009.06.30] [단위 : %]

매출액 증가율		ROE		영업이익율		부채비율		유보율	
당 사	21.75	당 사	14.29	당 사	9.29	당 사	64.15	당 사	353.43
업종평균	8.15	업종평균	9.40	업종평균	9.23	업종평균	65.67	업종평균	626.75

사업구성 [단위 : %]

[그림 18] 화승인더 기업분석 2

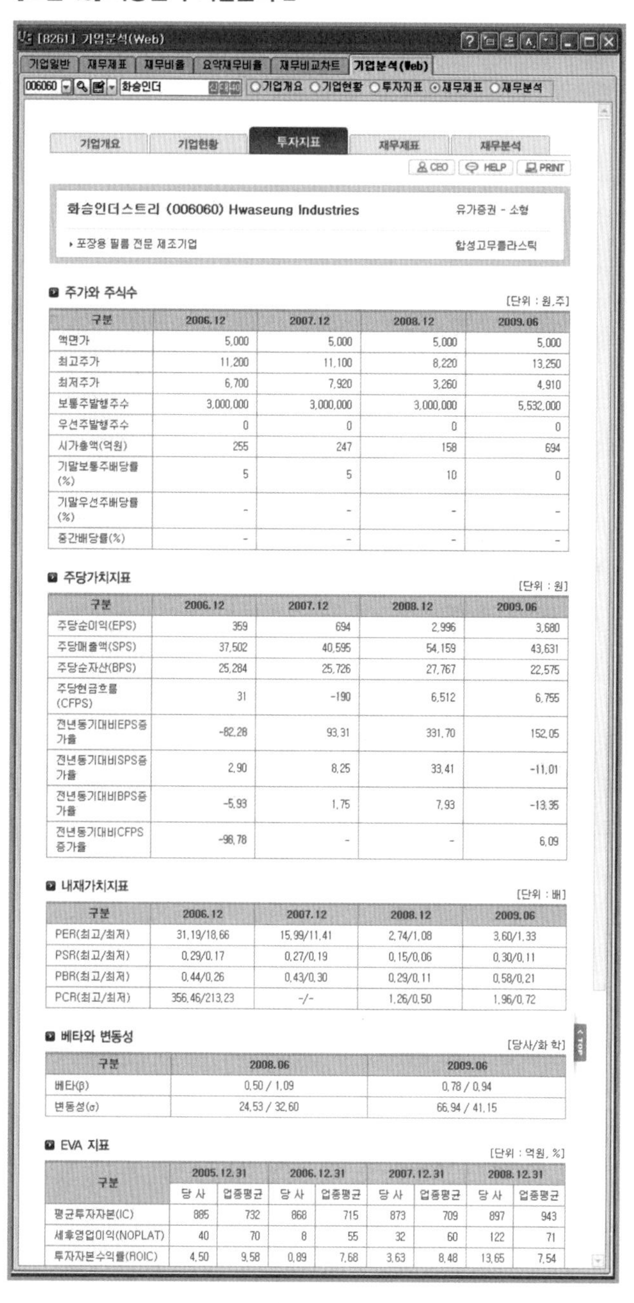

[8261] 기업분석(Web)

기업일반 | 재무제표 | 재무비율 | 요약재무비율 | 재무비교차트 | 기업분석(Web)

006060 화승인더 ○기업개요 ○기업현황 ○투자지표 ⊙재무제표 ○재무분석

기업개요 | 기업현황 | 투자지표 | 재무제표 | 재무분석

CEO | HELP | PRINT

화승인더스트리 (006060) Hwaseung Industries — 유가증권 - 소형

▸ 포장용 필름 전문 제조기업 — 합성고무플라스틱

주가와 주식수 [단위 : 원,주]

구분	2006.12	2007.12	2008.12	2009.06
액면가	5,000	5,000	5,000	5,000
최고주가	11,200	11,100	8,220	13,250
최저주가	6,700	7,920	3,260	4,910
보통주발행주수	3,000,000	3,000,000	3,000,000	5,532,000
우선주발행주수	0	0	0	0
시가총액(억원)	255	247	158	694
기말보통주배당률(%)	5	5	10	0
기말우선주배당률(%)	-	-	-	-
중간배당률(%)	-	-	-	-

주당가치지표 [단위 : 원]

구분	2006.12	2007.12	2008.12	2009.06
주당순이익(EPS)	359	694	2,996	3,680
주당매출액(SPS)	37,502	40,595	54,159	43,631
주당순자산(BPS)	25,284	25,726	27,767	22,575
주당현금흐름(CFPS)	31	-190	6,512	6,755
전년동기대비EPS증가율	-82.28	93.31	331.70	152.05
전년동기대비SPS증가율	2.90	8.25	33.41	-11.01
전년동기대비BPS증가율	-5.93	1.75	7.93	-13.35
전년동기대비CFPS증가율	-98.78	-	-	6.09

내재가치지표 [단위 : 배]

구분	2006.12	2007.12	2008.12	2009.06
PER(최고/최저)	31.19/18.66	15.99/11.41	2.74/1.08	3.60/1.33
PSR(최고/최저)	0.29/0.17	0.27/0.19	0.15/0.06	0.30/0.11
PBR(최고/최저)	0.44/0.26	0.43/0.30	0.29/0.11	0.58/0.21
PCR(최고/최저)	356.46/213.23	-/-	1.26/0.50	1.96/0.72

베타와 변동성 [당사/화 학]

구분	2008.06	2009.06
베타(β)	0.50 / 1.09	0.78 / 0.94
변동성(σ)	24.53 / 32.60	66.94 / 41.15

EVA 지표 [단위 : 억원, %]

구분	2005.12.31		2006.12.31		2007.12.31		2008.12.31	
	당 사	업종평균	당 사	업종평균	당 사	업종평균	당 사	업종평균
평균투자자본(IC)	885	732	868	715	873	709	897	943
세후영업이익(NOPLAT)	40	70	8	55	32	60	122	71
투자자본수익률(ROIC)	4.50	9.58	0.89	7.68	3.63	8.48	13.65	7.54

율도 상당히 높은 회사이다. 소비재 제품인 신발 고무를 생산하므로 다리를 건너는 통행세를 받는 것처럼 독점기업에 해당이 된다. 향후에도 성장성이 지속될 것으로 보이며 주가가 하락하면 관심을 가져보는 것이 좋다.

[그림 18]의 현 주가 수준은 자산가치의 1/2에 해당하는 가격에 거래되고 있으며 EPS가 지속 증가되어 회사가 날로 성장하고 있음을 보여주고 있다. 관심을 가지고 지켜보아야 할 종목이다.

기업가치 평가법

다음의 6가지를 바탕으로 기업가치를 평가한다.

1. 투자지표로 돈이 보이는 저평가 주식 고르기
   - 기업의 내재가치를 분석하여 저평가 국면의 종목을 발굴해야 한다.
2. EPS(주당 순이익) = 총이익/총주식수 (지속증가 10~15% 이상)
3. PER(주가 수익비율) = 주가/주당순이익 (10배수 이하)
4. BPS(주당 자산 가치) = 순자산/총주식수
5. PBR(주당 순자산) = 주가/주당자산가치 (1배 미만)
6. 꼭 알아야 할 재무제표
   - 수익성 지표
   - 안정성 지표
   - 성장성 지표
   - 활동성 지표

KEY POINT

절대 피해야 할 주식

❶ 회사명을 자주 바꾸는 종목

사회의 모든 분야에서 적용되는 얘기다. 간판을 자주 바꾸는 회사, 식당, 단체치고 잘된다는 얘기를 들어본 적이 없을 것이다. 주식에서도 마찬가지다. 회사명을 자주 바꾼다는 건 투자자를 현혹시키고 새로운 종목인 줄로 착각하게 만드는 유혹이다. 전에 안 좋았던 회사의 이미지를 가리려고 하는 방편이라는 말이다. 이 방법은 주로 코스닥에서 비우량회사들이 주식으로 시세 차익을 노려 머니게임을 진행하기 위해 많이 사용하므로 주의해야 한다.

❷ 1,000원 이하의 저가주

주식의 가격이 싼 데는 분명 이유가 있다. 우리가 물건을 고를 때에도 비싼 물건은 품질이 좋고 싼 물건은 품질이 안 좋듯이 주식도 마찬가지다. 회사의 실적이 수반되는 우량한 회사는 주가가 높을 수밖에 없는 반면에 부실한 재무구조를 가진 회사는 주가가 낮을 수밖에 없다. 그러나 이렇게 너무나 당연하고 단순한 원리를 개인투자자들이 간과하는 경우를 종종 보게 된다. 참으로 안타까울 따름이다.

개인투자자들은 같은 자금으로 10주보다는 100주, 200주를 매수하는 것이 심리적으로 만족감이 높다고 생각하기에 저가주를 선호한다. 연령대에 따라 살펴보면 나이가 많고 투자자금이 많은 사람은 고가주를 선호하고, 반면 젊고 투자 경력이 짧으며 투자자금이 작은 사람은 저가주를 매매하는 경향이 있다.

저가주는 최악의 경우에는 상장폐지될 뿐만 아니라 대주주의 변경이 잦고 또 대주주가 투기를 노리고 급등락시킨다. 따라서 저가주를 매매해서는 절대 부자가 될 수 없다. 싼 게 비지떡이란 사실을 명심하기 바란다.

❸ 테마를 형성하며 급등한 종목

'자전거주, 원자력주, 항공우주주' 이들의 공통점은 무엇일까? 투자자치고 이것을 모르면 자격 미달이다. 정답은 이들은 2009년 한해 증시에 화려하게 등장했던 테마주라는 것이다.

대체 테마주는 어떤 속성을 가진 걸까? 테마주는 특정한 이슈나 재료에 따라 관련된 여러 종목들이 무리를 지어 주가의 등락을 함께 한다. 한번 테마가 형성되고 큰 시세가 난 종목들의 경우 세력이 빠져나가면 제자리로 돌아가는 것이 테마주들의 말로다.

그런데 개인투자자들이 테마주의 화려한 급등만 기억한다는 거다. 그래서 또 예전처럼 화려하게 급등할 거라고 예견하다 손실을 입게 된다. 그러니까 개인투자자들은 세력들이 팔아먹은 지역인 8부 능선에서 주로 매수하는데 이때 주가가 내려오면 물타기 및 홀딩전략으로 큰 손실을 입게 된다.

따라서 테마를 형성하며 급등하는 종목들은 단기간에 시세 급등이 이루어졌으므로 단기관점으로 접근해야 한다. 또한 재무구조 대비 월등히 고평가 국면을 지속하며 많은 개인투자자들에게 큰 손실을 안겨준다는 사실을 잊지 말아야 한다.

❹ 200일선 밑에 있는 주식

"200일선 밑에 있는 주식은 종목 선정시 배제해야 합니다." 늘 자신감 있게 주장해온 말이다. 종목을 선정할 때 200일선 밑에 있는 주식은 아직 불황기의 주식으로서 시장에서 관심 대상이 아니다. 조셉 그린빌의 경기선인 200일선 위에서 주가가 형성되는 종목들로 압축해 선정하는 기준점을 만들어야 한다.

200일선은 경기선이며 200일선 밑에 주가가 형성되어 있다는 것은 재무구조가 불량하거나 실적이 저조하다는 말이다. 시장에서 관심의 대상이 되지 못하여 중기적인 상승흐름이 아직 준비되지 못한 신호로 보면 된다.

그러므로 200일선이 우상향으로 상승 진행 중이고 또 200일선 위에서 주가가 협띠를 형성하거나 정배열 초기 상승 국면에 있는 종목으로 압축하여 선정해야 한다.

❺ 전 정권에서 대시세난 주식

주식은 시대의 흐름을 반영한다. 특히 정부의 정책과 과제에 편승하여 최고권력자의 의지에 따라 움직이는 경향을 보인다.

과거 정부의 정책들을 보면 DJ 정부 시절에는 벤처기업이, 노무현 정부 시절에는 조선주, 중공업, 철강주들이 정부의 정책에 편승하여 급등했다. 그런데 문제는 차기 정부는 앞 정권에서 일궈놓은 종목들은 관심의 대상이 아니라는 거다.

차기 정부는 새로운 정책을 내세우는데 그러면 그에 맞는 업종과 종목이 새롭게 등장하게 된다. 그러므로 앞 정권에서 상승했던 종목은 배제하고 현 정권의 정책을 연구하여야 한다.

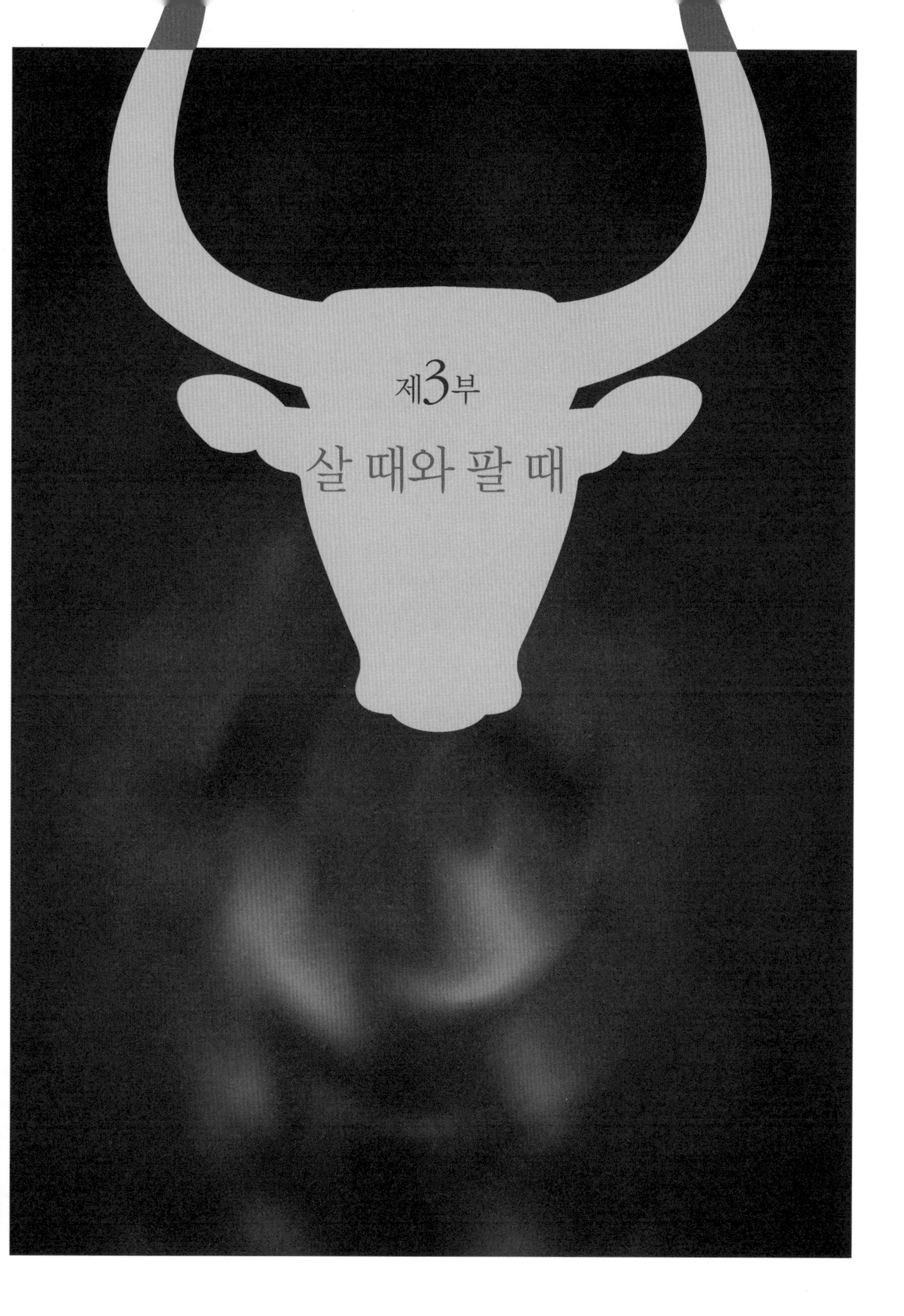

제3부
살 때와 팔 때

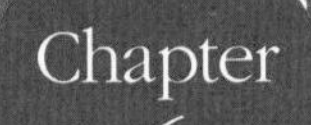

Chapter 6

매수 · 매도 타이밍

"주식투자에서 매수 · 매도의 타이밍은
곧바로 수익으로 직결된다."

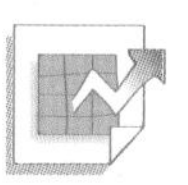

천장에 사지 않고 바닥에서 팔지 않는다

보통 일반투자자들은 바닥이 오면 공포가 극에 달해 조금만 흔들어도 팔게 된다. 하지만 그러면 안 된다. 아무리 악재가 나와도 주가가 안 빠지면 매수지점이라는 점을 명심해야 한다. 여기다가 천장일 경우에는 종종 좋은 정보가 나와 일반투자자들이 매수하지만 이내 물리고 만다.

KEY POINT

세력이 개입된 것을 확인하고 무릎에서 사서 꼭대기를 확인한 후 8부 능선에서 팔아라.

보통 천장에서는 매스컴이 창사 이래 최대실적이라고 대서특필이 나오고, 반면 바닥에서는 기업에 대한 안 좋은 기사가 연일 쏟아져 나온다. 바로 이러한 정보들이 하나같이 일반투자자들에게 수익을 안겨주기보다는 손실을 준다는 점이다. 나는 항상 이렇게 강조해왔다.

"세력이 개입된 것을 확인하고 무릎에서 사서 꼭대기를 확인한 후 8부 능선에서 파세요."

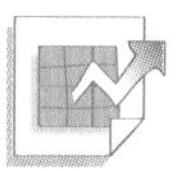

매수 원칙 : 언제 사야 하나?

❶ 저평가된 종목을 발굴해 이동평균선 정배열 상태에서 5일선, 20일선 위에 주가가 위치해 있을 때 매수한다.

〈차트 51〉은 1,900원 이하에서 강력매수를 하여 큰 시세를 주었던 종목이다. 반도체 장비관련 주로서 하이닉스 상승을 보면서 발굴한 종목으로 실제로는 반도체의 테마를 타고 상승하기보다는 청정용품 업체로 상승했다. 병원의료용품부터 클린용품 등을 생산하며 온라인 쇼

〈차트 51〉 케이엠

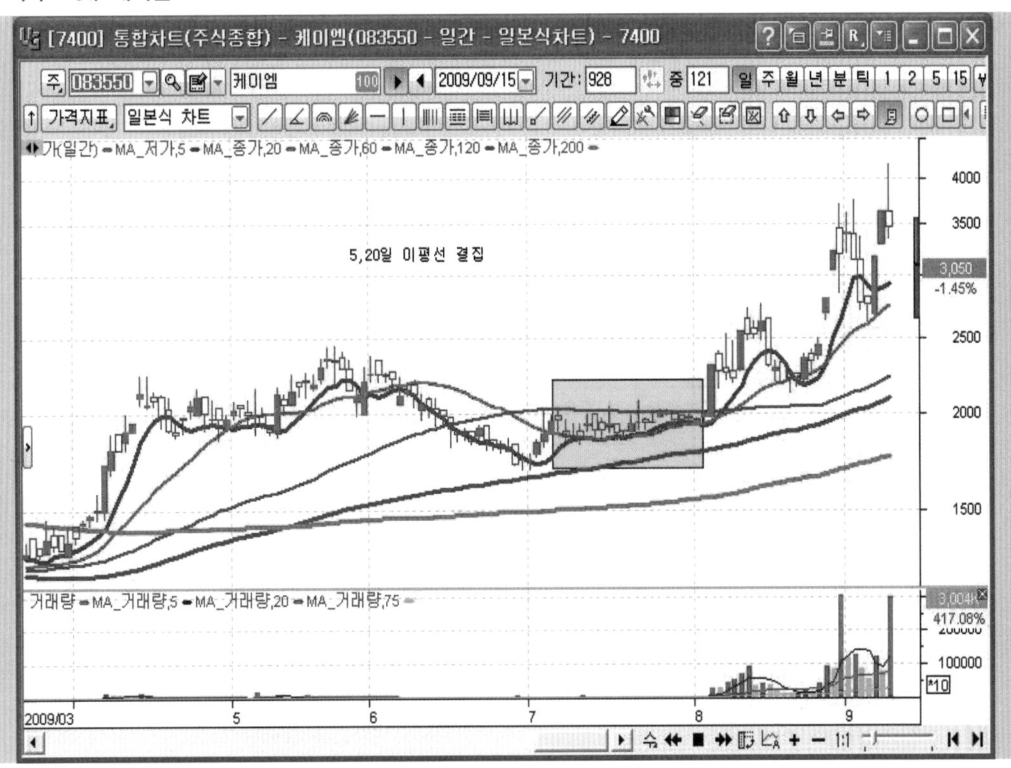

핑몰 케이엠e숍을 통해 마스크를 판매하고 있다. 쇼핑몰에서 마스크가 품절됐다는 뉴스가 전해지자 신종플루의 테마를 타고 급등한 종목이다.

저평가된 종목을 발굴해 이동평균선 정배열 상태에서 5일선, 20일선 위에 주가가 위치해 있을 때 매수한다.

〈차트 52〉 한화석화

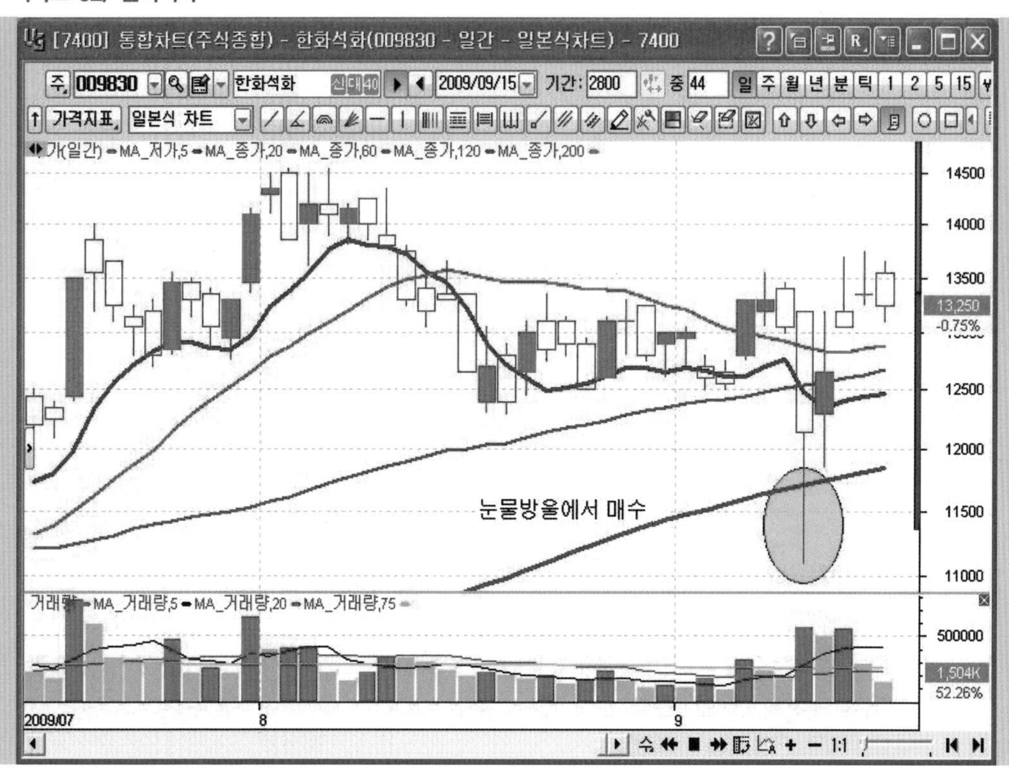

KEY POINT

우량한 종목이 단기 악재에 의해 낙폭이 심화될 때, 일명 '눈물방울' 흘릴 때 매수한다.

❷ 우량한 종목이 단기 악재에 의해 낙폭이 심화될 때, 일명 '눈물방울' 흘릴 때 매수한다.

〈차트 52〉 종목은 2009년 9월 9일 대우건설 인수루머에 의해 −14.94 낙폭시 실전매매에서 매수했다.

〈차트 53〉 네오위즈

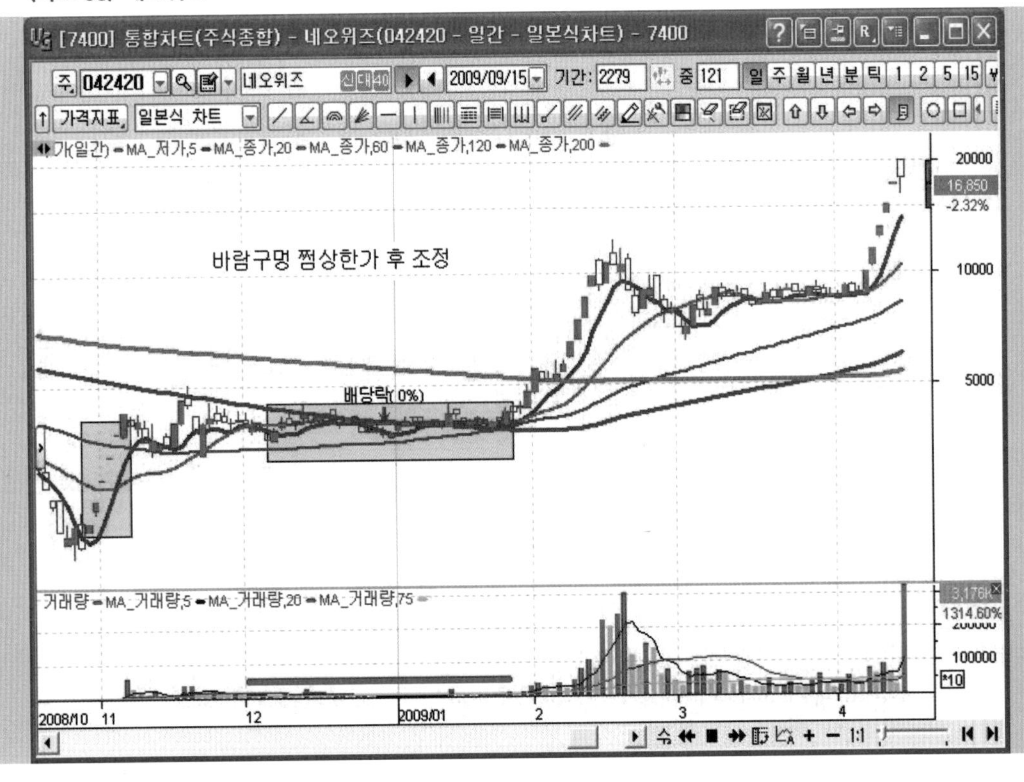

❸ 바람구멍 나며 찜상한가로 급등한 후 가격과 기간조정이 이루어지며 거래량 감소될 때 매수한다.

KEY POINT

바람구멍 나며 찜상한가로 급등한 후 가격과 기간조정이 이루어지며 거래량이 감소될 때 매수한다.

〈차트 53〉은 2008년 11월 초 찜상한가로 바람구멍을 낸 후 3달간 기간조정과 거래량 감소를 보고 부자클럽 증권대학 6기에서 추천한 종목이다.

비관론이 극에 달할 때가 매수시점이다

"대표님, 엘지이노텍 8% 넘게 급락인데, 더 떨어지기 전에 매도해야 하지 않을까요?"

요즘 들어 부쩍 자주 듣는 문의이다. 우량주이자 시장의 주도주로 내가 적극 추천했던 엘지이노텍 주가가 예상과 달리 떨어졌다. 엘지이노텍은 3분기에 매출액 9,601억원, 영업이익 603억원을 거두었다. 예상에 못 미치는 부진한 성과였다.

매스컴을 통해 보면 주가가 3분기는 물론 4분기와 내년 초까지 계속 하락할 것으로 점쳐지고 있다.

"회원님, 우량주는 이렇게 매매해야 한다고 자주 말했는데 기억나십니까?"

"우량주는 악재, 폭락이 나올 때 매수하라고 했지요."

"지금 바로 그 말을 명심하고 지켜야 합니다. 지금 주식은 투자자들을 시험하고 있습니다. 자신과 함께 오래 갈 사람이냐, 아니냐를 체크하는 것이죠. 이럴 때일수록 가치분석에 따른 기본분석에 확신을 가져야 합니다."

그러면서 나는 그에게 엘지이노텍에 대해 자세히 알려주었다. 엘지이노텍은 한마디로 LG전자의 종합전자부품업체이다. LED, LCD, PCB, 휴대전화 카메라 모듈, 와이어리스 모뎀과 튜너와 같은 네트워크 장비, 자동차 부품 등을 만들고 있다. 엘지이노텍은 쉽게 말해 LG전자의 하청업체로 보면 된다.

따라서 엘지이노텍의 매출액은 LG전자의 매출액에 의해 좌지우지될 수밖에 없다. 실제로 엘지이노텍의 매출 70%는 LG전자에 납품하면서 생긴다. 현재 LG의 실적 저하가 곧바로 엘지이노텍으로 직결되고 있는 거다.

"그러니까 지금 주가 급락은 일시적인 현상으로 볼 수 있습니다. 중요한 건 엘지이노텍에 대한 기본분석입니다. 내 분석에 의하면 현재 엘지이노텍은 현금성 자산이 2천억원 정도입니다. 여기다 LCD 모듈 사업 부문을 매각하여 약 3,000~5,000억원의 현금성 자산을 확보할 예정입니다. 거기다가 매년 영업이익으로 4,000억원이 생깁니다."

계속해서 나는 여러 가지 투자지표와 재무제표를 분석해 보이면서 엘지이노텍이 아주 내실 있는 기업이라는 걸 알려주었다. 그러고 나서 템플턴의 말을 강조해주었다.

"주식의 세계에선 남과 같이 해서는 절대 돈을 벌 수 없습니다."

템플턴의 투자원칙을 살펴보면,

"비관론이 팽배할 때 투자하라. 강세장은 비관론 속에서 싹이 트고 회의론 속에서 자라나 낙관론과 함께 성숙하며 행복감이 최고조에 달했을 때 사라진다. 비관론이 최고조에 달했을 때가 바로 주식 매수의 적기이며 반대로 낙관론이 최고조에 이르렀을 때가 주식매도의 적기이다."

KEY POINT

"강세장은 비관론 속에서 싹이 트고 회의론 속에서 자라나 낙관론과 함께 성숙하며 행복감이 최고조에 달했을 때 사라진다." – 존 템플턴

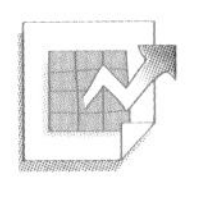

분할매수, 맘에 쏙 들더라도 한 번에 다 사지 않는다

"3 · 3 · 4원칙을 반드시 지켜야 한다!"

부자클럽의 회원 중에 '3 · 3 · 4원칙' 을 모르는 사람은 없다. 돌다리도 두드려보고 건너라는 옛말이 있듯이 주식은 신중에 신중을 기해야 한다. 오랜 투자 생활을 해오면서 깨닫게 되는 것이, 과욕은 언제나 화를 불러온다는 사실이다.

보통 실패하는 '개미투자자의 일생' 은 이렇다. 다 그렇다는 건 아니라는 단서를 단다.

'자신만의 변변한 투자 원칙도 없이 단기매매로 주식을 시작해 처음엔 돈 버는 재미를 알게 된다. 그 다음부터는 벌고 잃고를 반복 → 이후 야금야금 돈을 까먹기 시작 → 단숨에 원금회수하려는 욕심 발동 → 몰빵을 하다가 돈을 잃게 된다.'

여기서 우리 일반투자자들은 이러한 실패를 피하기 위해서 어떻게 하면 될까? 물론 방안은 한두 가지가 아니다. 여기서는 매수의 원칙을 정립하는 것만으로도 실패를 피하고 성공투자의 길로 나아갈 수 있다.

그러므로 한 번에 매수하지 말고 분할매수하라는 것이다. 그래서 나온 것이 나의 '3 · 3 · 4원칙' 이다. 간단하게 설명하면 다음과 같다.

'처음에는 30% 매수, 그 다음 주가 추이 보면서 생각한대로 이루어지면 30% 매수, 마지막으로 확실하면 40% 추가 매수'

이렇게 분할매수를 하면 확실하지 않은 정보로 인한 큰 손실을 줄일 수 있게 된다. 예를 들어보자.

11월 1일에 모 BT회사에서 세계적인 신기술 발표가 있다는 유력한 내부 정보를 입수했다고 하자. 그럴 경우 무턱대고 몰빵할 것이 아니라 우선 30% 매수를 한다. 그런 다음 당일날 신기술 발표와 주가 추이를 지켜본다. 예상대로 주가가 올라가면 다시 30% 매수이지만 전혀 아니면 손절매가 좋다.

이후 시간이 지남에 따라 주가가 가파르게 올라가는 것을 확신하면 나머지 40%를 배팅하면 된다. 이렇게 하면 확실하지 않은 정보로 인한 손해를 줄일 수 있다. 이와 더불어 분할매수의 이점이 한 가지 더 있다. 앞에서 말한 대로 상당히 많은 분량의 주식을 일정 기간 점차로 매수해 나가면, 주식의 가격 상승을 막을 수 있다. 즉, 자기가 원하는 가격대에서 마음껏 사 모을 수 있는 것이다.

일반투자자들은 항상 거래량을 주시하고 있다. 그러다가 어느 종목에 많은 거래량이 실리면 그 기회를 놓치지 않고 몰려든다. 그렇게 되면 주가가 저절로 올라갈 수밖에 없는 법이다.

이제, 분할매수에 대해 정리해보자.

> 분할매수의 이점 1: 분할매수함으로써 심리 안정화를 가질 수 있다.
> 분할매수의 이점 2: 원하는 종목을 세력에 거스르지 않고 매집할 수 있다.

〈차트 54〉 차바이오앤

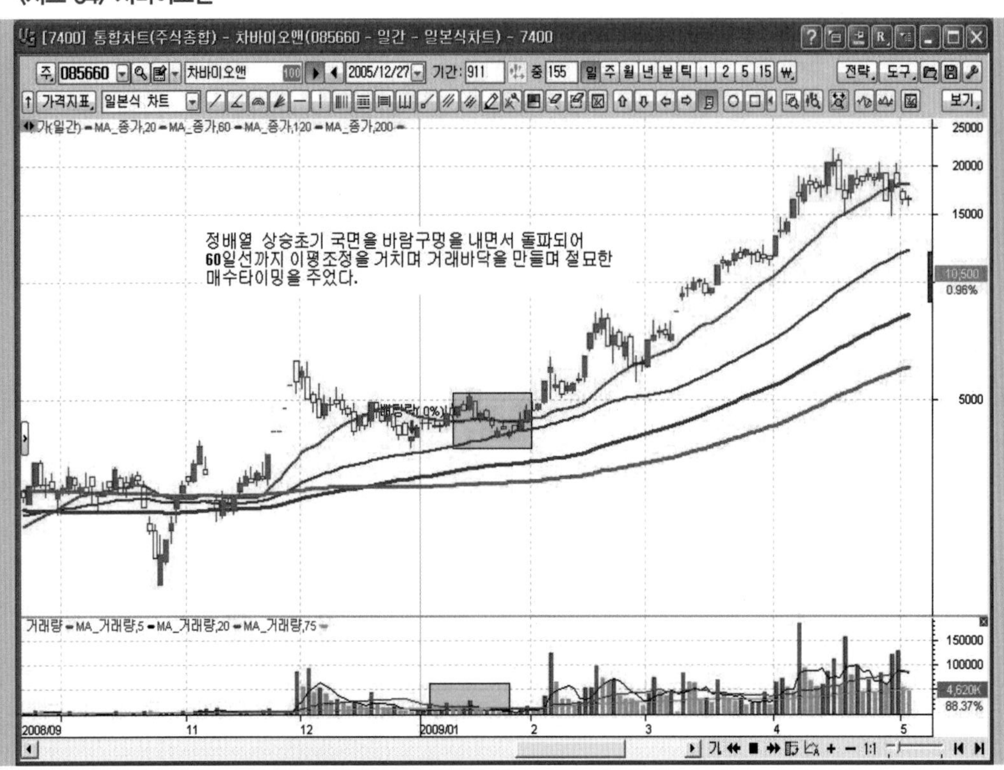

KEY POINT

주가 고점의 징후를 보면 이동평균선이 정배열 상태로 간격이 일정하게 벌어진다. 등 간격이 일정하게 벌어질 때 매도한다.

매도의 원칙

❶ 주가 고점의 징후를 보면 이동평균선이 정배열 상태로 간격이 일정하게 벌어진다. 등 간격이 일정하게 벌어질 때 매도한다

〈차트 54〉는 정배열 상승 초기 국면을 바람구멍을 내면서 돌파되어 60일선까지 이평조정을 거치며 거래바닥을 만들며 절묘한 매수타이밍을 주었다.

〈차트 55〉 국제약품

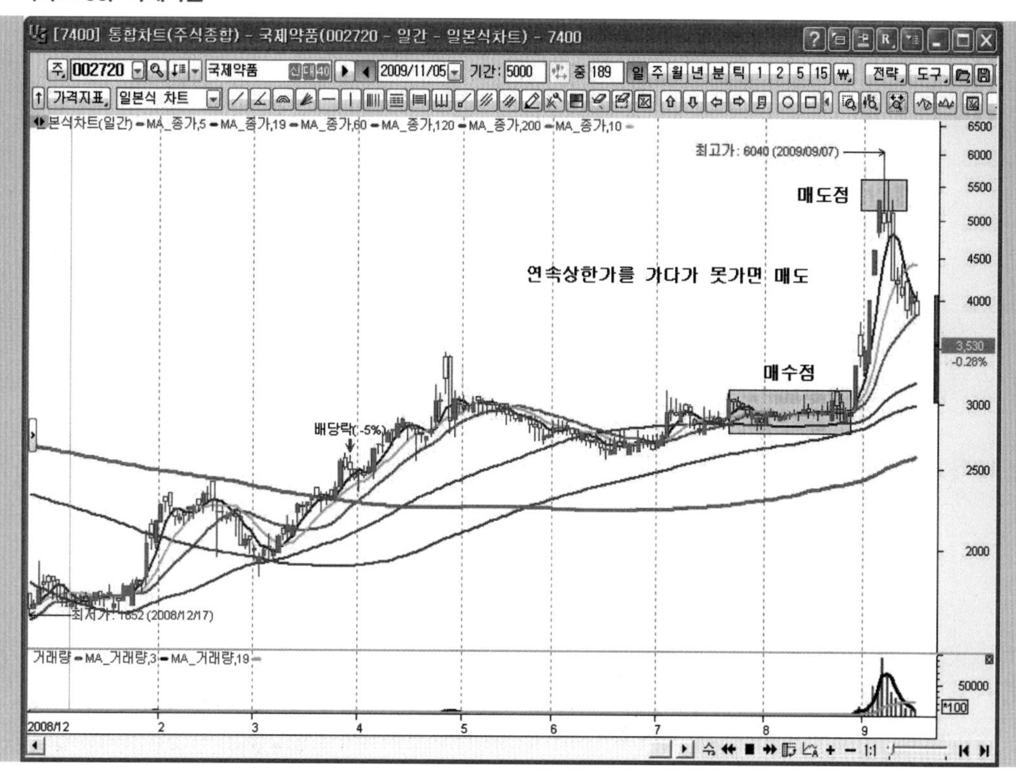

❷ 연속상한가를 가던 종목이 상한가를 못가면 일단 매도한다

연속상한가를 가던 종목이 상한가를 못가면 일단 매도한다.

〈차트 55〉는 실전매매에서 3,000원 이하에서 매수하여 세 번 상한가 후에 상한가를 못가 5,500원에 매도한 종목이다.

〈차트 56〉 코리아에스이

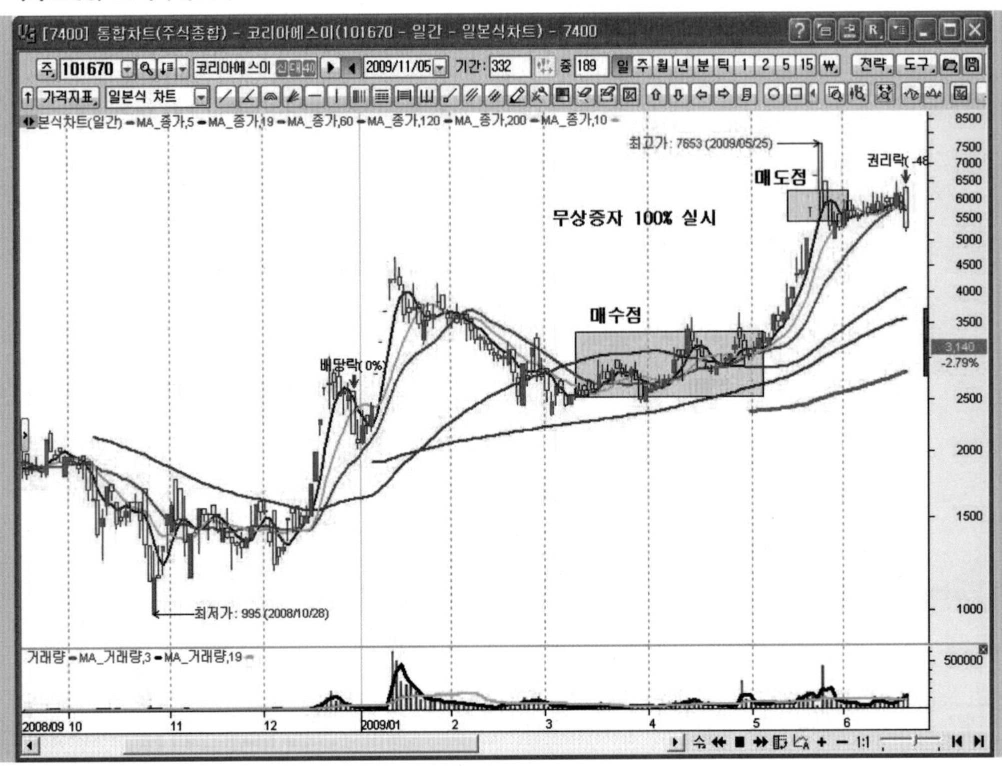

주가가 고점에서 무상증자 발표 시 매도한다.

❸ 주가가 고점에서 무상증자 발표 시 매도한다

〈차트 56〉의 코리아에스이스를 보자. 실전매매에서 2009년 4월 한 달 동안 5,000~5,500원 사이에 매수해 보유했다. 그러다가 무상증자 100% 실시한다는 내용을 듣고 1만원 대에서 분할매도한 종목이다. 현재 차트에서 보는 가격은 무상증자 100% 해서 권리락이 된 가격이다.

〈차트 57〉 이랜텍

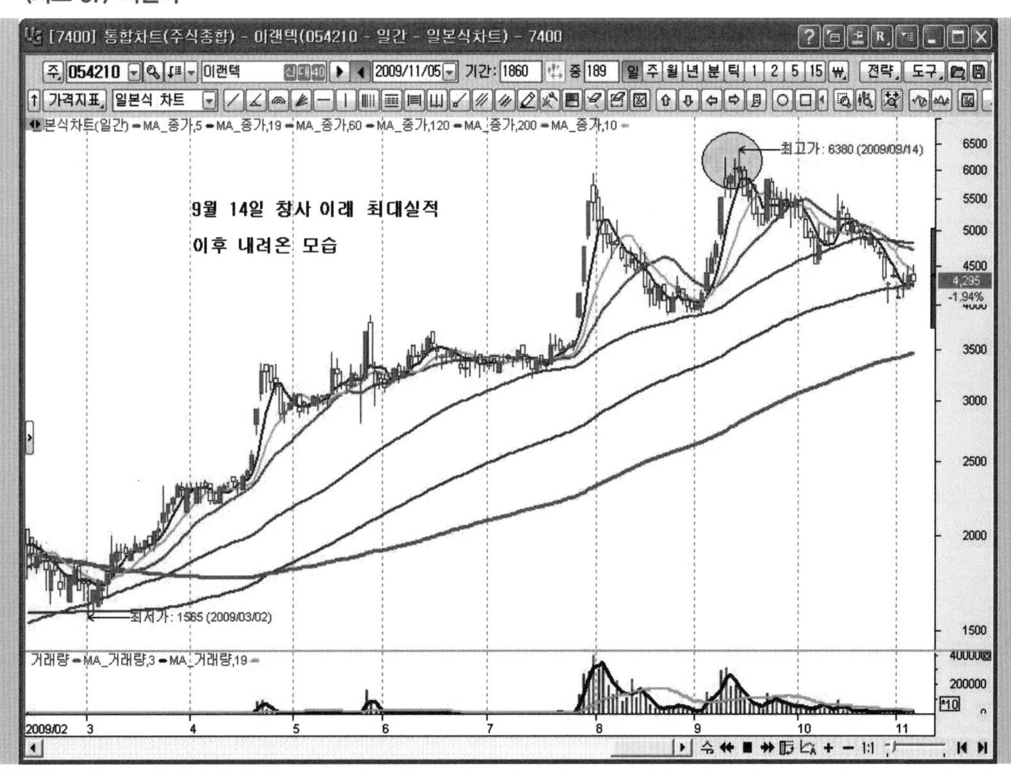

❹ 창사 이래 최대실적, 기타 호재성 재료가 나오는데도 불구하고 주가가 더 이상 오르지 못하면 매도한다

창사 이래 최대실적, 기타 호재성 재료가 나오는데도 불구하고 주가가 더 이상 오르지 못하면 매도한다.

부국증권은 14일 이랜텍에 대해 올해 사상 최대 실적이 예상되며 신성장 동력으로 성장성이 부각될 전망이라며 투자의견 매수와 목표주가 9,000원을 신규 제시했다. 하지만 〈차트 57〉에서 보듯이 증권사의 호재성 재료가 나옴에도 불구하고 주가는 더 이상 추가 상승하지 못하고 내려오는 모습을 보여주고 있다.

〈차트 58〉 보락

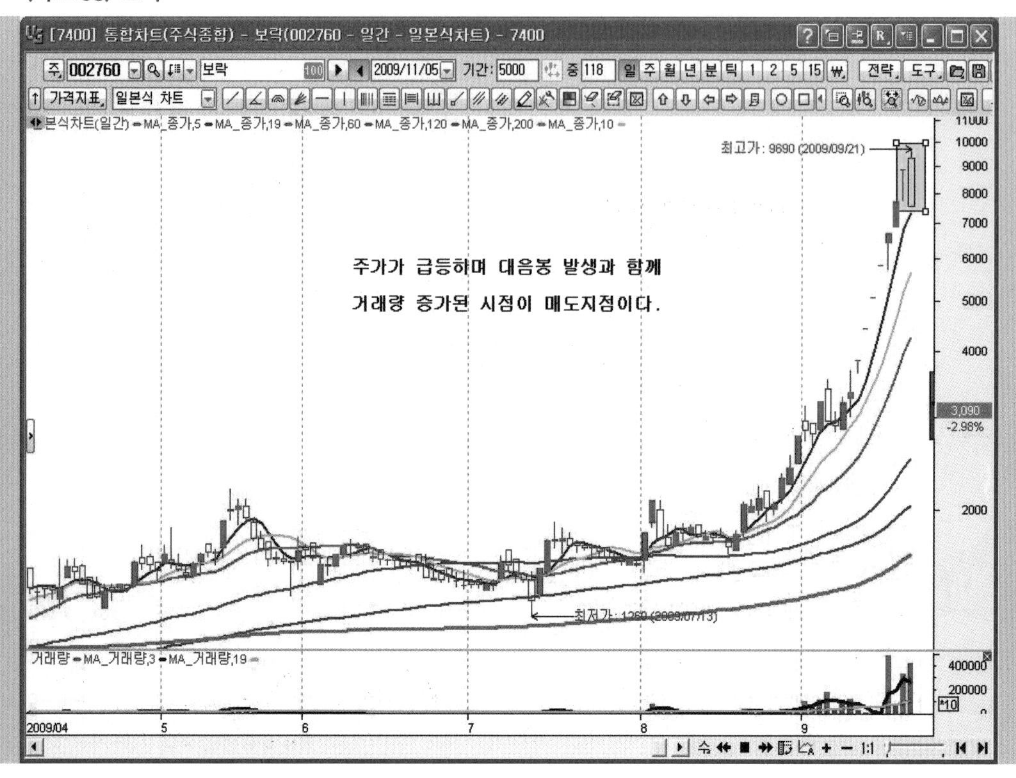

주가가 고점에서 대음봉 캔들이 출현하며 대량의 거래량이 분출될 때 매도한다.

❺ 주가가 고점에서 대음봉 캔들이 출현하며 대량의 거래량이 분출될 때 매도한다

〈차트 58〉은 연속 쩜상한가로 급등하면서 단기간에 큰 시세가 난 보락의 차트이다. 이평선의 이격도가 많이 벌어진 상태에서 일곱 번의 연속상한가에 이어 다음날 고점에서 음봉과 함께 대량의 거래량이 분출될 때 매도시점으로 잡아야 된다.

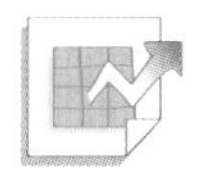

최고로 낙관적일 때가 가장 좋은 매도시점이다

상황이 매우 비관적일 때가 매수 시점이고, 장미빛 상황에 모든 것이 낙관적일 때가 매도 시점이다.

"상황이 매우 비관적일 때가 매수 시점이고, 장미빛 상황에 모든 것이 낙관적일 때가 매도 시점이다."

주식을 하는 사람이라면 기본적으로 알아야 하는 문구이다. 주식 격언은 오랫동안 시장에서 고군분투해온 주식투자자들의 지혜가 담겨 있다. 동양에서는 장수가 전쟁에 나가기 전에 반드시 손자병법을 읽는 게 기본자세이다. 마찬가지로 주식을 하려는 사람은 틈틈이 주식 격언의 의미를 곱씹어야 한다.

사실, 많은 투자 실패는 이 간단한 주식 격언에만 따라서 했더라도 피할 수 있었으리라 본다. 주식을 시작한 지 얼마 안 됐던 한 초보 회원은 위의 격언의 의미를 잘 새기지 않았고 실천하지 못했던 경우이다. 그는 알 만한 종목 여러 개를 보유하고 있었다. 헌데 그에게는 안 좋은 습관이 있었다. 상승하는 주식을 추격매수를 하다가 번번이 손실을 보는 것이었다.

위의 주식 격언을 아느냐고 물으니 그는 잘 안다고는 하면서 실전에서는 적용이 안 된다며 어려움을 토로했다.

"주식의 매도 시점에 관한 한 위의 격언만큼 확실한 게 없습니다. 주식으로 최고의 투자 차익을 남기려면 사는 시점과 파는 시점의 선택이 매우 중요합니다. 이 가운데에서 파는 시점, 즉 매도 시점의 선택이 더욱 중요하지요."

그러면서 내 실전매매의 경험담을 들려주었다. 실전매매에서 리딩을 하면서 보유종목인 알앤엘바이오를 2009년 3월 3,500원에 매수 추천을 했고, 4월에 1만원대에 매도 사인을 하여 대부분의 회원들은 매도했다. 하지만 한 회원은 주변에서 정보를 접하고 계속 상승이 가능할 것 같다며 보유를 주장하다가 매도 시점을 놓쳤다. 그는 그때 팔지 못한 것을 후회하고 있다.

매도 시점 당시 줄기세포화장품 개발 확대와 세계시장 진출을 위한 법인설립 공시가 나오면서 좋은 뉴스가 나왔었다.

이처럼 단언하건대 주식은 사는 것도 중요하지만 파는 것이 더욱 중요하다. 그런데 대부분의 투자자는 주식 격언에는 아랑곳하지 않는다. 불안해서 너무 일찍 팔아버리는 경우가 있고, 욕심 때문에 너무 끝까지 이익을 고집한다. 이러다가 큰 이익은 보지 못하고 오히려 손실을 본다.

따라서 "상황이 매우 비관적일 때가 매수 시점이고, 장미빛 상황에 모든 것이 낙관적일 때가 매도 시점이다." 이 격언 하나쯤은 꼭 기억하라. 그리고 소녀처럼 왔다가, 토끼처럼 달아나는 기회를 꼭 낚으라.

살 때 헤어짐을 준비하라

'회자정리(會者定離)' 라는 말이 있다. 만난 사람은 반드시 헤어지기 마련이라는 뜻이다. 이와 같은 인간사의 법칙이 주식투자에도 어김없이 통한다. 주식을 매수하면 이익이든 손해든 언젠가 매도해야 하는 이치가 그것이다.

다시 인간사로 돌아가서, 인간사의 만남이 곧 헤어짐의 의미를 가지고 있다면 그 이유가 있지 않을까? 연인 사이에, 부부 사이에, 친구 사이에, 기업 사이에 만남이 이별이 되기 위해선 분명한 이유가 있기 마련이다.

연인 사이 하나만 예로 들어보자. 연인들이 서로 불붙을 때 그 이유가 있다. 서로의 외모면 외모, 경제력이면 경제력, 성격이면 성격 등 여러 가지 이유가 있다. 그러다가 이 이유가 없어지게 되면 비로소 회자정리의 법칙에 따르게 된다. 남남이 된다는 말이다.

주식 또한 이와 흡사하다. 매수한 주식이 다시 매도되기 위해선 분명한 이유가 있어야 한다. 그 이유가 사라질 때 비로소 매도를 한다. 그래야 인간사의 회자정리 법칙에 근거해 아주 자연스러운 일이 된다. 쉽게 말해 그렇게 해야 손해 보는 일이 없다는 뜻이다.

역으로 분명한 이유 없이 매수한 주식을 보유하는 건 잘못된 일로 볼 수 있다. 고로 손해 보는 일이다. 여기까지의 내 말에 이해가 되지 않는 분을 위해 다음의 예를 들어본다.

투자자가 A 주식을 매수했는데 이때 가치투자에 입각해 장기투자를 염두에 두었다. 그런데 현재 A 주식이 고점 돌파 후 하락진행 중이라고 가정해보자. 기술적 차트 분석을 해보면 매출이 답보 상태이고 추가 하락 징후가 보인다. 여기에 덧붙여 국내외로부터 경기 악화 뉴스가 계속 나온다.

그러면 이때 어떻게 해야 할까? 보통의 투자자들은 10% 정도까지는 견딘다. 하지만 20%까지 하락하면 견디지 못하고 매도하고 만다. 이런 매매는 옳지 못한 매매이다. 되풀이 말하면 주식을 애초에 샀을 때 장기투자가 이유라면 끝까지 보유하고 있어야 한다. A 주식을 팔려면 주식을 매수했을 때 가치투자에 입각해 장기투자의 이유가 사라져야 한다는 말이다. 그래야 투자 성공을 보장할 수 있다.

주식을 매수했을 때의 이유가 소멸되면 그때 팔아야 할 이유가 된다. 매수 때의 이유가 사라지지 않는 한 매도하지 말아야 한다.

KEY POINT

매수 · 매도 타이밍

❶ 천장에 사지 않고 바닥에서 팔지 않는다.

세력이 개입된 것을 확인하고 무릎에서 사서 꼭대기를 확인하고 8부능선에서 팔아야 한다.

❷ [매수 원칙] 언제 사야 하나?

- 저평가된 종목을 발굴하여 이동평균선 정배열 상태에서 5일선, 20일선 위에 주가가 위치해 있을 때 매수한다.
- 우량한 종목이 단기 악재에 의해 낙폭이 심화될 때, 일명 '눈물방울'을 흘릴 때 매수한다.
- 바람구멍 나며 쩜상한가로 급등한 후 가격과 기간조정이 이루어지며 거래량이 감소될 때 매수한다.

❸ 비관론이 극에 달할 때가 매수시점이다.

우량주는 악재, 폭락이 나올 때 매수해야 한다.

❹ 분할매수, 맘에 쏙 들더라도 한번에 다 사지 않는다.

처음에는 30% 매수, 그 다음 주가 추이를 보면서 생각한대로 이루어지면 30% 매수, 마지막으로 확실하면 40% 추가 매수한다.

❺ [매도 원칙] 언제 팔아야 하나?

- 이동평균선이 정배열 상태로 간격이 일정하게 벌어질 때 매도한다.
- 연속상한가를 가던 종목이 상한가를 못가면 일단 매도한다.
- 주가가 고점에서 무상증자 발표 시 매도한다.
- 창사 이래 최대실적, 기타 호재성 재료가 나오는데도 불구하고 주가가 더 이상 오르지 못하면 매도한다.
- 주가가 고점에서 대음봉 캔들이 출현하며 대량의 거래량이 분출될 때 매도한다.

❻ 최고로 낙관적일 때가 가장 좋은 매도시점이다.

상황이 매우 비관적일 때가 매수 시점이고, 장미빛 상황에 모든 것이 낙관적일 때가 매도 시점이다.

❼ [매도 이유] 살 때 헤어짐을 준비하라.

매수 때의 이유가 사라지지 않는 한 매도하지 말아야 한다.

Chapter 7

주식 급등은 매집에 있다

"주식의 급등은 매집에 있다.
매집을 알면 급등이 보인다."

매집을 알면 돈이 보인다

KEY POINT

매집은 세력(거래량)+가치(저평가)+차트(정배열)+정보(대주주, 내부자) 등을 규합하여 분석한다.

매집은 세력(거래량)+가치(저평가)+차트(정배열)+정보(대주주, 내부자) 등을 규합하여 분석한다. 주식에서 매집은 주도세력이 기업의 내재가치나 호재성 재료를 미리 알고 차트를 만들어가는 과정이다.

그러니까, 세력이 일정 기간 매집을 한 후에 시세분출 과정을 거쳐 8부능선에서 분할매도 함으로써 한 사이클이 끝난다.

통상적으로 매집은 내부 정보를 미리 알고 있는 대주주나 관련 세력에 의해서 이루어진다. 이들은 가치분석에 의한 저평가 국면의 종목 가운데 시장 패션에 맞는 종목군들을 매집하기 시작한다. 이때 세력이 원하는 건 무엇일까? 간단하다. 세력은 정해진 투자자금으로 많은 물량을 저가에 매수하길 바란다. 그러므로 주가가 올라가는 것을 싫어한다. 주가가 상승하면 비싸게 매수해야 하므로 주가가 상승하면 하락시켜 재매수하는 과정을 반복한다. 이렇게 해서 개인투자자들의 접근을 어렵게 하며 물량을 모아나간다.

보통 개인투자자는 주가의 변동과 차트에 민감하게 반응한다. 하지만 세력은 다르다. 괜히 세력이겠는가? 세력은 추세를 따르면서 일반투자자의 입맛에 맞게 맞춰주기도 하고 속이기도 하면서 차트를 만들어나간다. 세력은 매물을 줄이는 과정을 반복하면서 계속해서 매집한다. 주가가 상승하여 일반투자자들이 추격하면 일부를 팔아서 주가를 고의로 하락시키고, 또 어느 정도 하락하면 재매수하면서 하락을 멈추게 만든다.

이렇게 해서 우상향하면서 박스권 장세가 연출된다. 정리해서 말하면 다음과 같다. 중요하므로 잘 기억해두기 바란다.

- 주가가 상승하면 일반은 매수하고, 세력은 일부 매도하고
- 주가가 하락하면 일반은 고점에서 매도하고, 세력은 저점에서 매수한다.
- 세력은 고점매도, 저점매수를 마음대로 할 수 있다.

궁극적으로 세력은 많이 매집한 주식 물량을 가장 비싸게 매도하는 것이 목적이다. 그러므로 매집이 끝난 후 주가가 모멘텀을 타고 상승을 하면 기다렸다는 듯이 언론이나 유명 애널리스트들이 한 목소리로 외친다.

"매수하세요~! 절호의 기회입니다."

온 나라가 매수하라고 난리법석이 되다시피 한다. 그러면 개인투자자들은 어떻게 할까? 그건 너무나 뻔하다. 이때 개인투자자들은 확신을 갖고 적극적인 매수에 가담한다. 반면에 주도세력은 최고의 가격으로 대량의 매물을 처분한다.

이제 매집의 패턴을 보자. 매집은 바닥국면에서 바람구멍(쩜상한가 4~5개가 좋다)을 내며 1차 상승을 한다. 그러므로 일단 강한 상승을 하는 종목을 발견하면 기업의 정보를 검색해 1차 상승이 왜 이루어졌는지를 파악해야 한다. 이때 추가 상승할 수 있는 신기술, 신약 개발, 그 외 호재성 재료가 있으면 이미 세력이 진입되었다고 봐야 한다.

따라서 눌림목 조정시 많은 물량을 한 번에 매수하면 세력에 노출되기 때문에 분할로 매수해나가는 매매전략이 좋다.

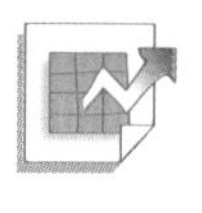

이동평균선은 주가흐름을 파악할 수 있는 지표다

투자자들이 귀에 닳도록 들어온 이동평균선. 이것의 의미를 다시금 복습하고 지나가자. 네이버 국어사전은 다음처럼 밝히고 있다.

"주식시세의 예측 지표. 주가나 매매대금, 매매량 따위의 과거 평균 수준과 현재를 비교하여 장래의 움직임을 미리 알아보는 데 쓴다."

KEY POINT

이동평균선은 일정 기간의 평균적인 주가흐름을 파악할 수 있는 지표이다.

주가의 움직임은 매일매일 불규칙하게 움직인다. 이동평균선은 과거 며칠간의 주가를 평균하여 그래프로 나타냄으로써 일정 기간의 평균적인 주가흐름을 파악할 수 있는 지표이다. 이뿐만 아니라 미래를 예측하는데 쓰이기도 한다.

이동평균선은 며칠간의 주가를 평균했느냐에 따라 단기, 중기, 장기 이동평균선으로 구분한다. 단기, 중기, 장기의 구분은 투자자들마다 다르다. 내 나름의 구분법을 소개한다.

> 단기 이동평균선으로 5일 이동평균선,
> 중기 이동평균선으로 20일 이동평균선,
> 장기 이동평균선으로 60일, 120일 이동평균선을 이용한다.
> 이평선을 파악해 장기 투자하는 경우에는 200일 이동평균선으로 흐름을 보는 것이 중요하다.

강세시장에서는 주가가 이동평균선 위에서 파동을 그리며 상승하고, 약세시장에서는 주가가 이동평균선 아래에서 파동을 그리며 하락한다. 보합국면에서는 주가가 이동평균선과 밀착되어 있을 때 파동을 그리면서 방향을 결정하며 이탈하는 특징이 있다.

이동평균선에 의한 매집에서 중요한 것은 두 가지이다. 첫 번째는 정배열로 주가가 이동평균선 위에 존재해야 한다는 것이며, 두 번째는 이동평균선이 우상향으로 상승해야 한다는 것이다.

이동평균선에 의한 매집에서 중요한 것은 두 가지이다.

첫 번째는 정배열로 주가가 이동평균선 위에 존재해야 한다는 것이며, 두 번째는 이동평균선이 우상향으로 상승해야 한다는 것이다.

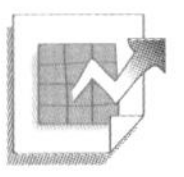 20일 이동평균선의 매집

20일 이평선은 1개월간의 중기 이동평균선으로 흔히 추세선, 세력선이라 부른다.

20일 이평선은 1개월간의 중기 이동평균선으로 흔히 추세선, 세력선이라 부른다.

〈차트 59〉를 보면 2008년 12월 1차 상승 후에 협띠를 형성하면서 20일선 매집이 이루어지며 거래량 감소가 나타난다. 이와 함께 일반인들을 털어내는 2달여의 기간조정을 거쳐 3배 상승한 종목이다. 통상적으로 1차 상승을 한 후 가격조정 없이 기간조정으로 이루어지는 종목들은 강한 시세를 분출하고 상승을 오래 지속하는 경향이 있다.

차트 분석을 하다가 20일선을 지지선으로 주가를 관리하는 종목을 발견하게 된다면 거래량을 체크해야 한다. 이때 가격조정이 이루어지지 않으면 물량을 모아가는 전략으로 대응하면 큰 수익을 거둘 수 있다. 동 종목은 스마트그리드 관련주로 분류되면서 미리 매집을 해놓고 테마에 편승시키면서 상승을 한 종목이다.

〈차트 60〉은 바이오테마를 타고 있으면서 20일선에서 두 번의 눌림목 조정을 준 종목이다. 전형적인 20일선 매집 종목으로 거래량이 감소되면서 주가가 횡보조정을 보이는 지점이 정확한 매수시점이다.

〈차트 59〉 일진전기

〈차트 60〉
오리엔트바이오

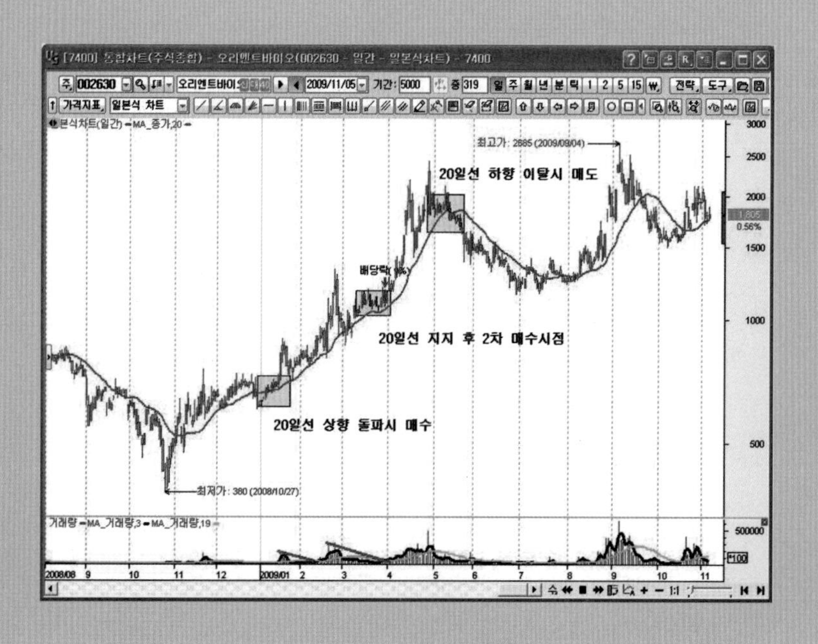

〈차트 61〉 울트라건설

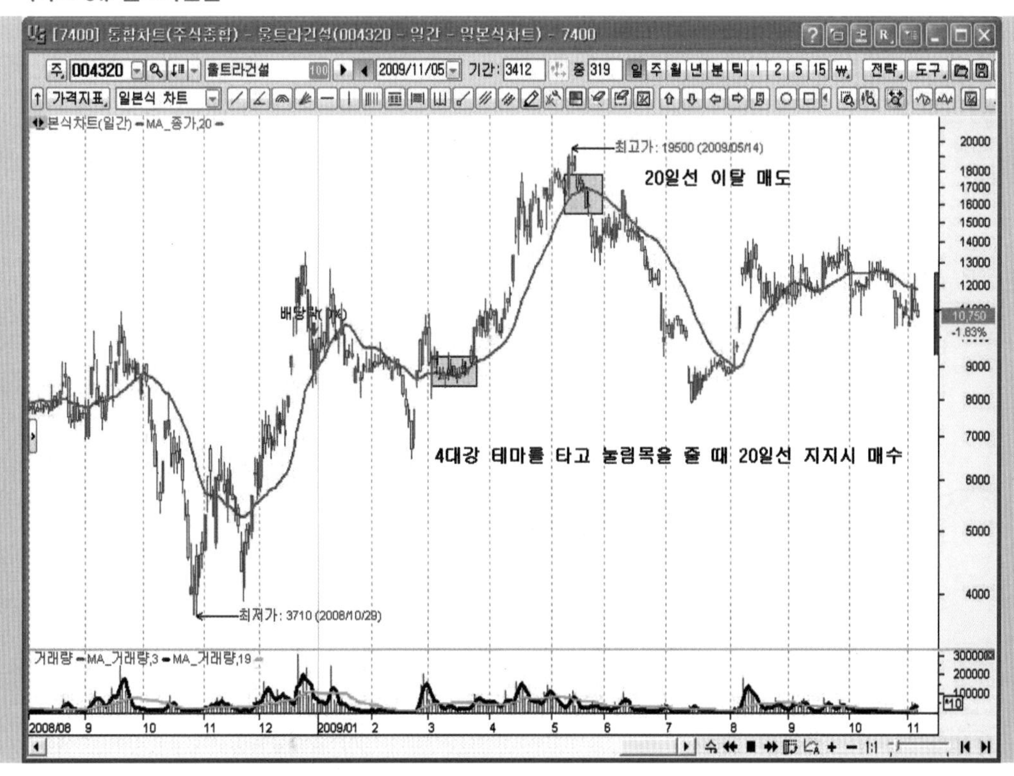

〈차트 61〉은 4대 강 테마의 종목이다. 2008년 12월 세력의 진입을 확인한 후 거래량이 감소하며 재차 매집이 이루어지는 20일선이 1만 원일 때 매수하여 18,000원 상단에서 전량 매도한 종목이다. 매수 포인트의 지점을 살펴보면 모든 이평선이 상승 초기 국면을 알려주고 있는 시점이다.

〈차트 62〉 알앤엘바이오

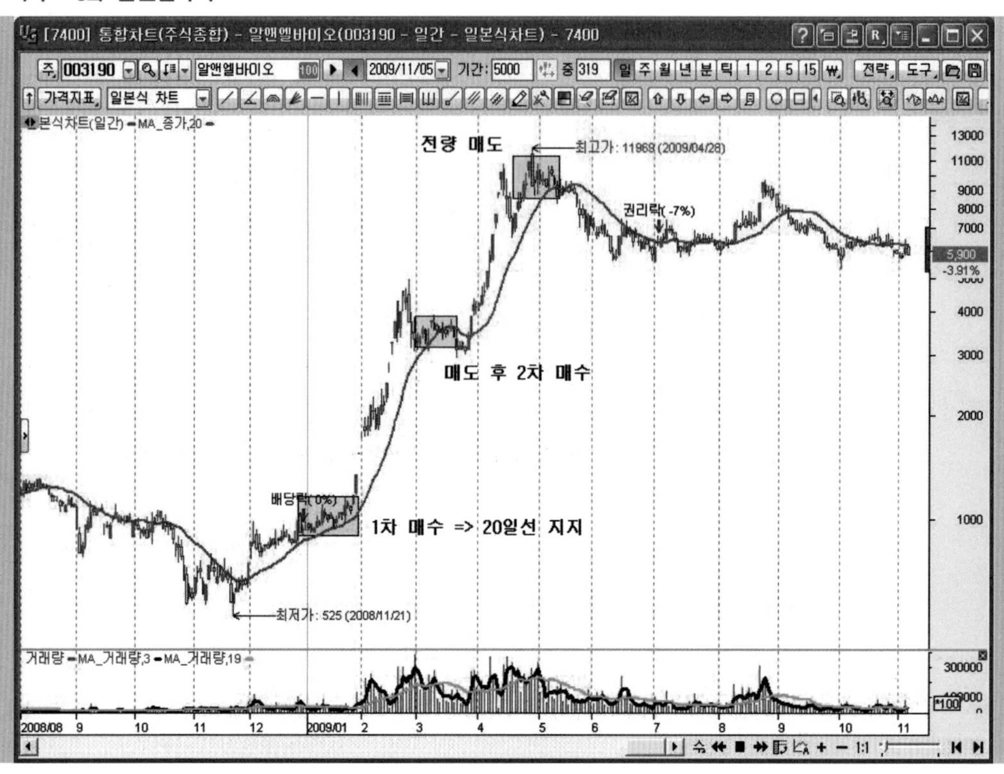

KEY POINT

바람구멍을 내며 급등한 뒤 20일선 눌림목을 거치며 상승한 종목이다.

〈차트 62〉는 시장을 분석하던 중에 눈에 뜨인 종목이었다. 거의 모든 종목들이 역배열 상태의 하락국면이었는데 이 종목만은 이평 결집 속에 주가가 200일선을 돌파하며 정배열의 상승 초기 국면이다. 포인트별 거래량이 감소하는 지역에서 2,000원대부터 실전매매를 했으며 2009년에 큰 수익을 안겨주었다.

〈차트 63〉 바른손

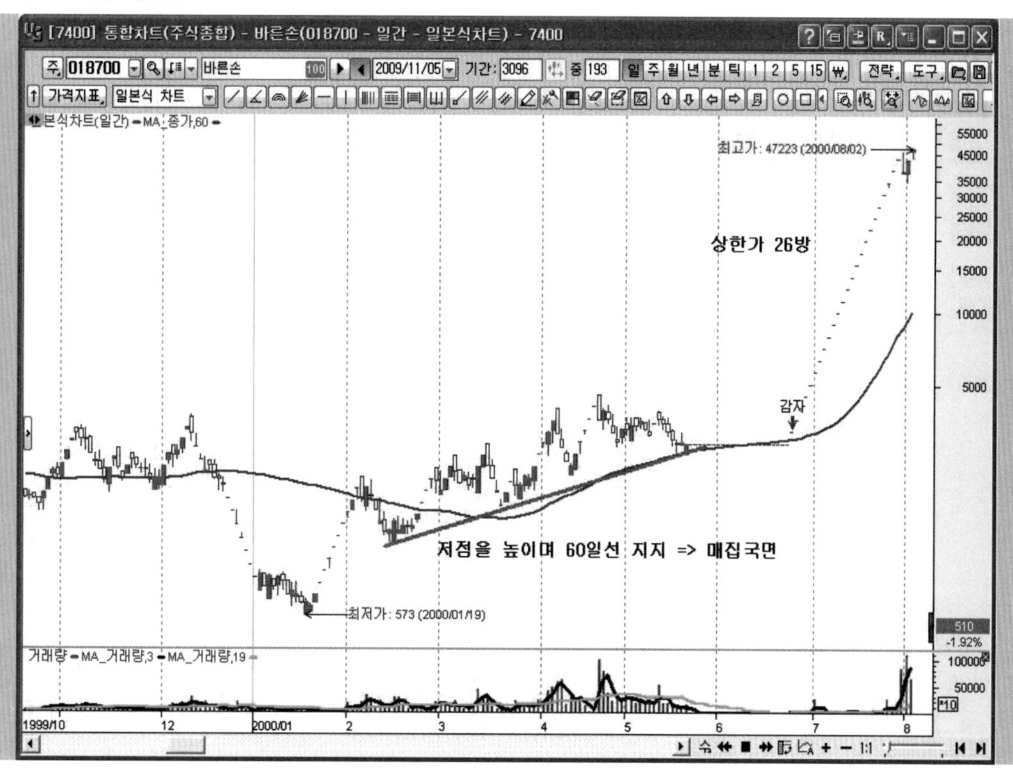

60일 이동평균선의 매집

60일 이동평균선은 3개월간의 중기 이동평균선을 말하며 중기적 추세선, 수급선이라 부른다.

60일 이동평균선은 3개월간의 중기 이동평균선으로 중기적 추세선, 수급선이라 부른다.

〈차트 63〉은 2000년 당시에 개인투자자로 실전매매를 했던 종목이다. 바람구멍을 내며 급등락하면서 저점이 높아지는 전형적인 세력매집의 패턴으로 매집이 이루어진 것을 확인하고 매수를 했다. 그러나 급등하기 바로 직전에 회사가 망할지 모르니 빨리 매도하라는 객장 직원의 정보를 듣고 곧바로 전량 매도한 종목이다. 하지만 거래정지 후

〈차트 64〉 다사로봇

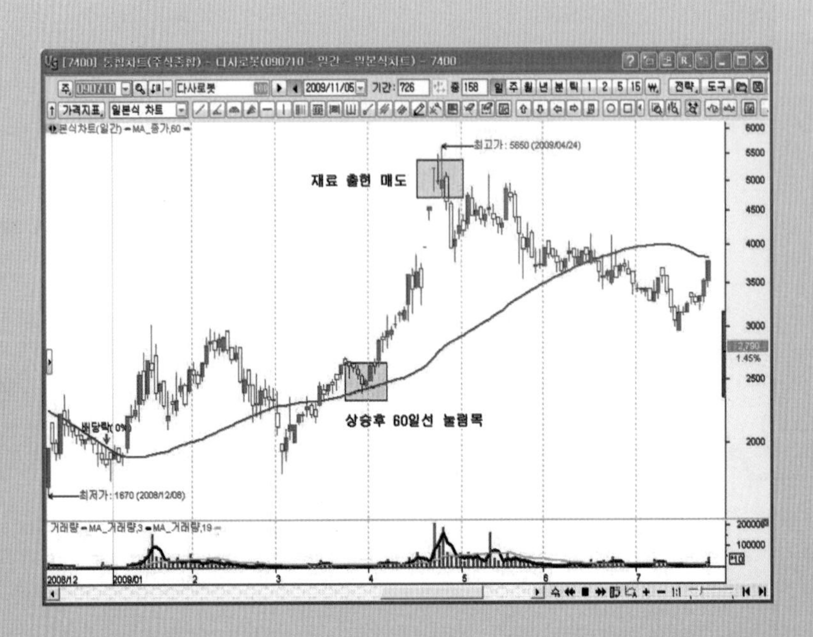

〈차트 65〉 이수앱지스

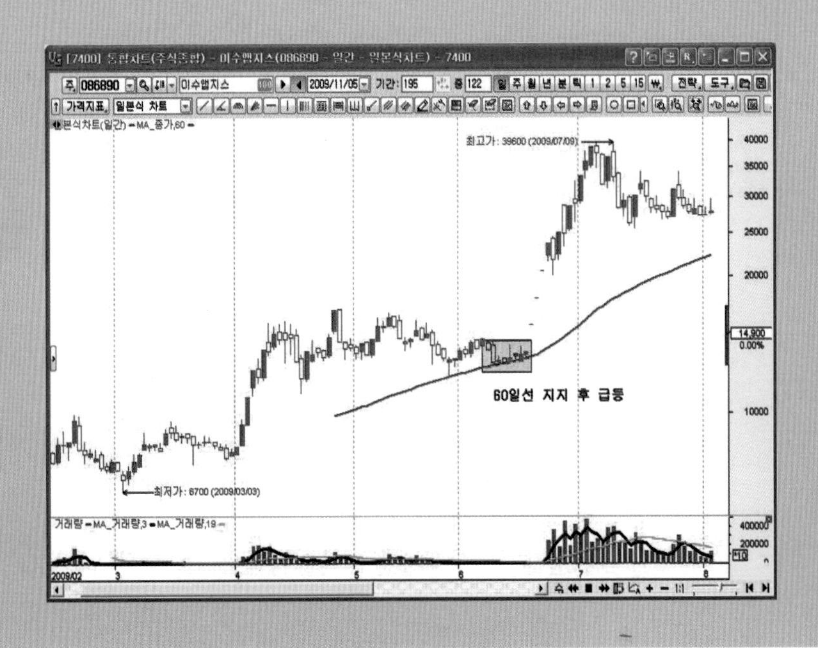

바로 26개의 쩜상한가를 연속 시현했으며 개인투자자들을 털어내기 위해서 세력들은 온갖 수단과 방법을 가리지 않았다. 실전매매에서 많은 아쉬움이 남았던 종목이다.

2000년 1월 연속상한가가 나오면서 1차로 세력이 진입한 후 저점을 높이는 6개월의 매집과정을 거친 후, 감자를 핑계로 모든 주식을 털어내게 하고 26개의 연속 쩜상한가를 시현하며 급등한 사례이다. 급등하기 위해서는 바람구멍을 내며 저점을 높이는 급등락이 진행되다가 일정 시간이 지나면 초급등하는 매집주의 특성을 잘 보여준다.

KEY POINT

급등하기 위해서는 바람구멍을 내며 저점을 높이는 급등락이 진행되다가 일정 시간이 지나면 초급등하는 매집주의 특성을 잘 보여준다.

〈차트 64〉는 눌림목의 조건인 거래량 감소가 이루어지는 것을 보고 2009년 3월말경 60일선 눌림목인 2,500원 전후에 추천하여 4월 22일에 2번의 상한가 이후에 다음날 거래가 터지면서 상한가에서 무너져 매도하여 수익을 낸 종목이다.

정부의 로봇산업 육성정책에 의해 앞으로도 관심을 가져야 할 테마군이다. 앞으로 나노기술과 바이오기술의 융합에 의한 로봇산업은 획기적인 발전을 이룰 필수 산업으로 보인다.

〈차트 65〉는 1차 매집이 이루어지고 2차 눌림목에서 매수를 노리던 중에 하루 사이로 매수 추천을 놓친 아까운 종목이다. 현 재무구조는 상당히 좋지 않으나 삼성그룹과 바이오시밀러 산업을 협약함으로써 미래의 성장가치를 반영하며 단기간에 주가가 급등했다.

〈차트 66〉 우리금융

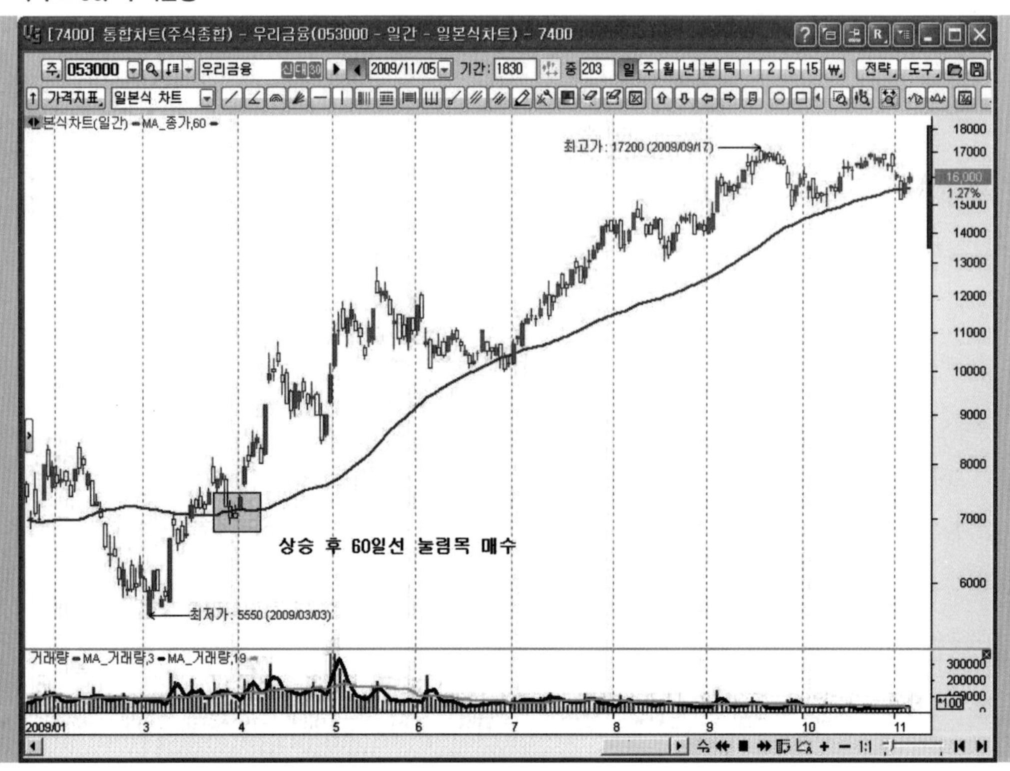

KEY POINT

조셉 그린빌의 법칙에 의하면 그 시대에 가장 불황기를 겪은 종목이 회복시에는 큰 수익을 가져다준다.

〈차트 66〉은 2009년 환란에 직접적인 타격을 받음으로써 본 가치보다 크게 낙폭이 되어 저점매수를 할 수 있는 절호의 기회였다. 기본가치인 15,000원에도 못 미치는 7,000원의 가격이어서 이데일리TV에서 적극 추천한 종목이다. 조셉 그린빌의 법칙에 의하면 그 시대에 가장 불황기를 겪은 종목이 회복시에는 큰 수익을 가져다준다고 했는데 이 종목이 그 경우라 할 수 있다.

〈차트 67〉 삼성SDI

〈차트 67〉은 2007년 10월 대량거래가 솟으면서 매집이 이루어지고 시세를 주는 듯했으나 시장의 급락과 함께 낙폭을 이루었다. 약 6개월에 걸친 박스권에서 대량매집을 하고 녹색성장주인 2차전지 모멘텀으로 시장을 선도하며 주도주의 역할을 하고 있는 종목이다. 2차전지 모멘텀으로 신고가 행진을 한 후 현재는 조정 중에 있다.

이데일리TV를 통해 2009년 8월에 10만원 근처에서 적극 매수해야 한다고 강조를 했던 종목이다. 역시 주도주다운 시세를 분출하고 있다.

〈차트 68〉 명문제약

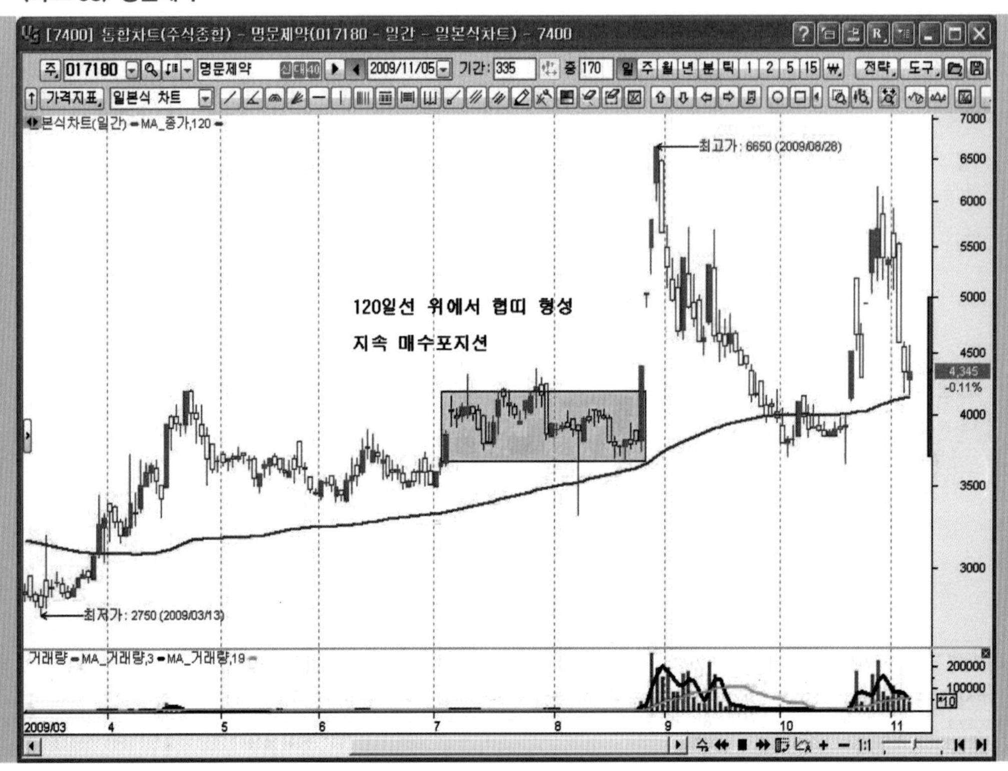

KEY POINT

120일 이동평균선은 6개월간의 중·장기 이동평균선으로 중·장기적 추세선, 경기선이라 부른다.

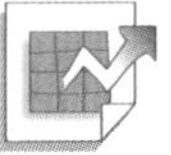

120일 이동평균선의 매집

120일 이동평균선은 6개월간의 중 · 장기 이동평균선으로 중 · 장기적 추세선, 경기선이라 부른다.

〈차트 68〉은 120일선 위에서 지속적인 매집이 이루어진 형태로서 저평가 국면을 지속하고 있는데 신종플루 테마를 이루면서 저평가 국면을 탈출하는 모습을 보여주고 있다. 4월과 7월의 고점을 갭으로 돌파하면서 상한가로 강한 상승을 이룬 후 단기 조정을 받는 모습이다. 이후 갭 지점의 지지 여부를 관찰하며 계속 시세가 이루어지는지 관찰

〈차트 69〉 SK증권

해야 할 종목이다.

〈차트 69〉의 SK증권은 2009년 3월 이전에는 상당히 시장이 어려웠는데도 불구하고 대량 거래가 수반되면서 120일선에 안착했다. 120일선 위인 1,600원대에서 실전매매를 했던 종목이다. 특징을 살펴보면 모든 종목들이 120일선 아래에서 힘겨운 모습을 보였으나 이 종목은 대량거래가 수반되면서 증권업종 중에서 제일 먼저 120일선을 복귀한 종목이다. 실전에서 강력 추천하여 수익을 거두었다.

〈차트 70〉 기업은행

KEY POINT

모기지론 사태로 인해 제일 큰 영향을 받고 많이 하락한 업종이 은행주이다. 상승이 이루어질 때는 그 시대의 가장 큰 불황을 많이 겪은 종목이 우선순위가 된다.

모기지론 사태로 인해 제일 큰 영향을 받고 많이 하락한 업종이 은행주이다. 상승이 이루어질 때는 그 시대의 가장 큰 불황을 많이 겪은 종목이 우선순위인데 그중에 은행업종이 속해 있다. 〈차트 70〉을 보면 실전매매에서는 우리금융지주, 하나금융지주를 이미 바닥에서 매수하여 보유하고 있으며, 이 종목은 120일선 위에서 매수하여 보유관점을 지속유지하고 있다. 이데일리TV와 이데일리ON을 통해 강력매수를 권한 업종이 은행주이다. 시간이 지나 돌이켜보면 보람이 많이 느껴진다.

〈차트 71〉 바이오톡스텍

〈차트 71〉을 보면 2008년 11월 1차 상승이 이루어지고 협띠를 형성하고 있다가 120일선 위로 상승이 이루어졌다. 이후 120일선 위에서의 지속적인 주가관리 속에 4월 9일부터 연속상한가가 시현되면서 강한 세력이 입성되었음을 입증하고 6월초에서 7월 중순까지 가격조정과 기간조정을 거쳐 상승이 일어나는 모습을 보여주고 있다.

통상적으로 쩜상한가가 시현된 종목들은 추격매수를 하기보다는 눌림목에서 기다렸다가 봉 길이가 짧아지고 거래량이 줄어드는 지역에서 물량을 모아가면 좋은 기회를 포착할 수 있다.

쩜상한가가 시현된 종목들은 추격매수를 하기보다는 눌림목에서 기다렸다가 봉 길이가 짧아지고 거래량이 줄어드는 지역에서 물량을 모아가면 좋은 기회를 포착할 수 있다.

〈차트 72〉 슈프리마

KEY POINT

2008년 11월부터 12월까지 1차 상승이 이루어진 후 120일선 위에서 매집 형태를 이루며 협띠를 형성하고 3월 이후부터 시세가 분출하는 모습을 보여주고 있다.

〈차트 72〉는 신규상장 주로서 지문인식 분야에서 세계적인 수준으로 성장하고 있으며 뛰어난 기술력과 마케팅을 가진 회사이다. 2008년 11월부터 12월까지 1차 상승이 이루어진 후 120일선 위에서 매집 형태를 이루며 협띠를 형성하고 3월 이후부터 시세가 분출하는 모습을 보여주고 있다.

〈차트 73〉 POSCO

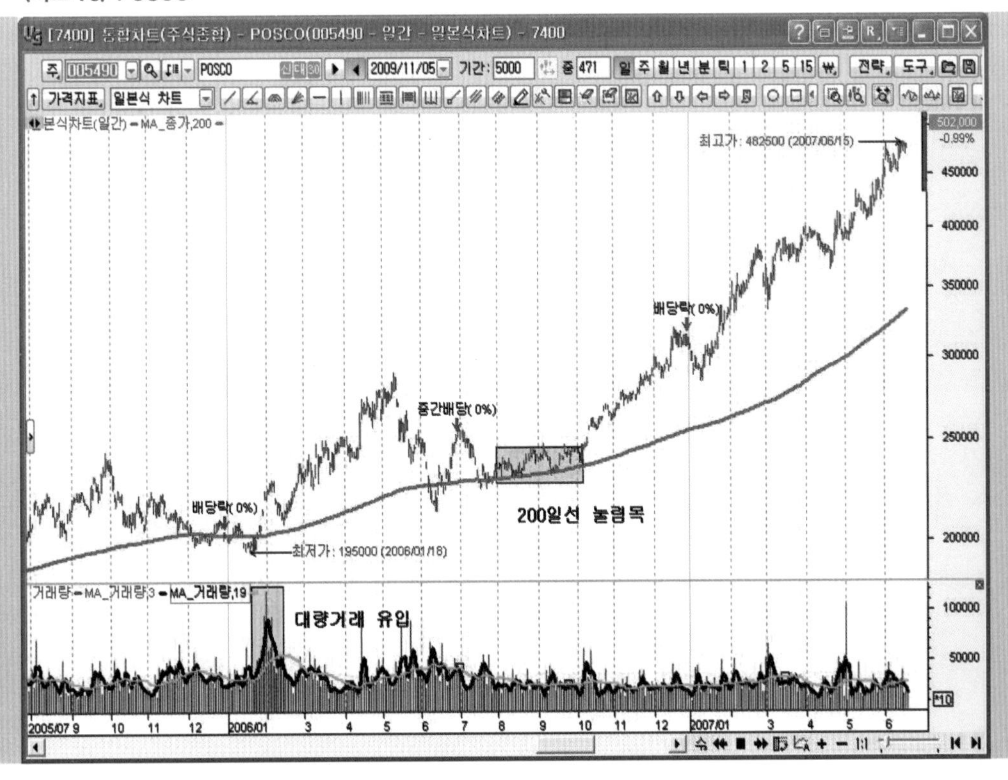

200일 이동평균선의 매집

KEY POINT

200일 이동평균선은 10개월간의 장기 이동평균선이다. 조셉 그린빌의 법칙으로 200일선 위에 주가가 위치하면 턴어라운드된 것으로 판단하며 향후 강세시장을 예고한다.

200일 이동평균선은 10개월간의 장기 이동평균선이다. 조셉 그린빌의 법칙으로 200일선 위에 주가가 위치하면 턴어라운드된 것으로 판단하며 향후 강세시장을 예고한다.

〈차트 73〉은 대형우량주임에도 불구하고 2006년 1월말 대량거래가 유입되며 초우량주임에도 불구하고 200일선 위에서 갭 상승이 이루어지며 매집된 형태를 보여준다. 절호의 200일 매수맥점을 보여주는 사례이며 23만원대 지속적인 추천을 하여 큰 시세를 분출했다.

시간이 지나고 보니 대량거래가 실린 지점으로부터 23만원 근처까지 워렌 버핏의 매집이 이루어진 사실이 뒤늦게 밝혀졌다. 차트를 연구해보면 실적이 호전되고 내부 정보를 미리 접한 선도세력에 의한 매집이 이루어지는 형태를 보여주고 있다. 대형우량주도 거의 작전이 이루어지는 것처럼 보인다.

〈차트 74〉는 2009년 4월 27~28일 이틀에 걸친 대량거래 유입과 함께 상한가 시현을 하고 2개월에 걸친 저가 물량 매집이 이루어진 후 신종플루 테마를 붙이면서 급등한 종목이다. 고가주임에도 불구하고 신고가를 내면서 매집을 한 후 매물대가 없어서 탄력 있게 상승을 했다.

매집 당시의 뉴스에서는 국내에서도 추정 환자가 확인되자 백신을 국내에서 생산하는 방안이 추진된다고 했다. 또한 녹십자가 세계보건기구의 협력기관인 영국 국립생물기준통제연구소에 백신제조용 균주를 요청하자 연구소는 이를 3주 안에 공급해주겠다고 통보한 상태라고 했다.

200일 이평선에서 이격이 벌어질 때는 거래량이 늘어나고 200일선으로 가까워질 때는 거래가 감소한다. 주로 봉 길이가 짧아지고 거래가 줄어드는 시점에서 매수하여 장기 보유하는 전략으로 대응하면 매집 후 급등되는 시세를 즐길 수 있다.

200일 이평선에서 이격이 벌어질 때는 거래량이 늘어나고 200일선으로 가까워질 때는 거래가 감소한다(〈차트 75〉 참조). 주로 봉 길이가 짧아지고 거래가 줄어드는 시점에서 매수하여 장기 보유하는 전략으로 대응하면 매집 후 급등되는 시세를 즐길 수 있다.

중앙백신 및 산성피앤씨 두 종목은 나의 인생을 바꿔놓은 종목이다. 2000년 이후에 상당히 힘들었던 시절에 중앙백신을 발굴함으로써 재기할 수 있었다. 〈차트 75〉의 중앙백신을 살펴보면 2004년 신규상장되면서 바람구멍을 내며 매집이 이루어진 것을 확인하고 12월부터 200일선 근처에서 매수를 하였고 2005년 5월과 9월에도 추가매수를 하여 14,000원 언저리에서 매도했던 종목이다.

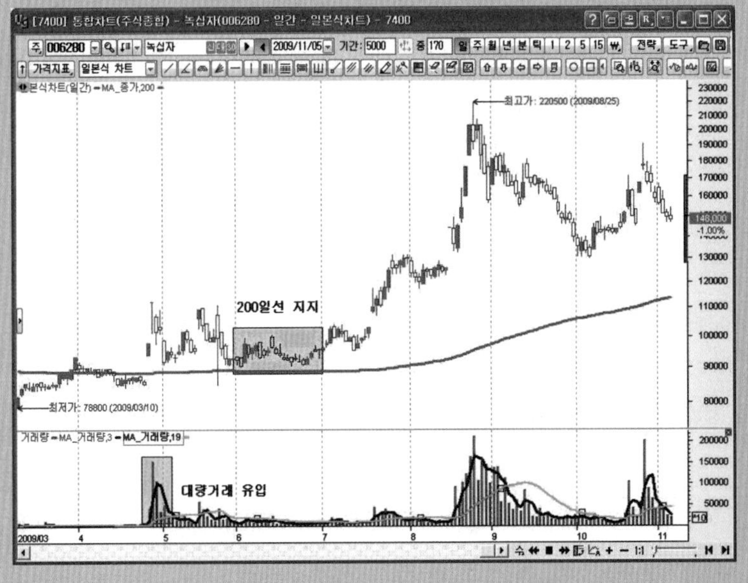

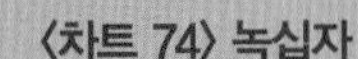
〈차트 74〉 녹십자

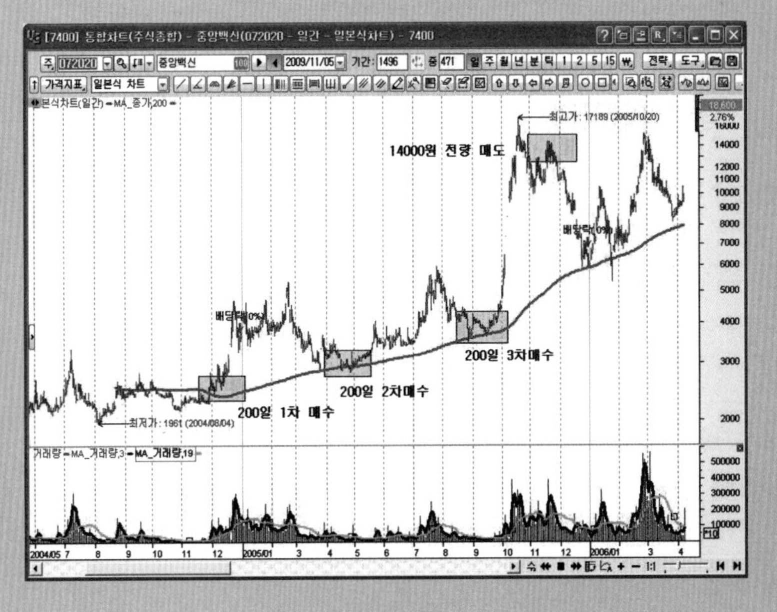

〈차트 75〉 중앙백신

〈차트 76〉 종근당바이오

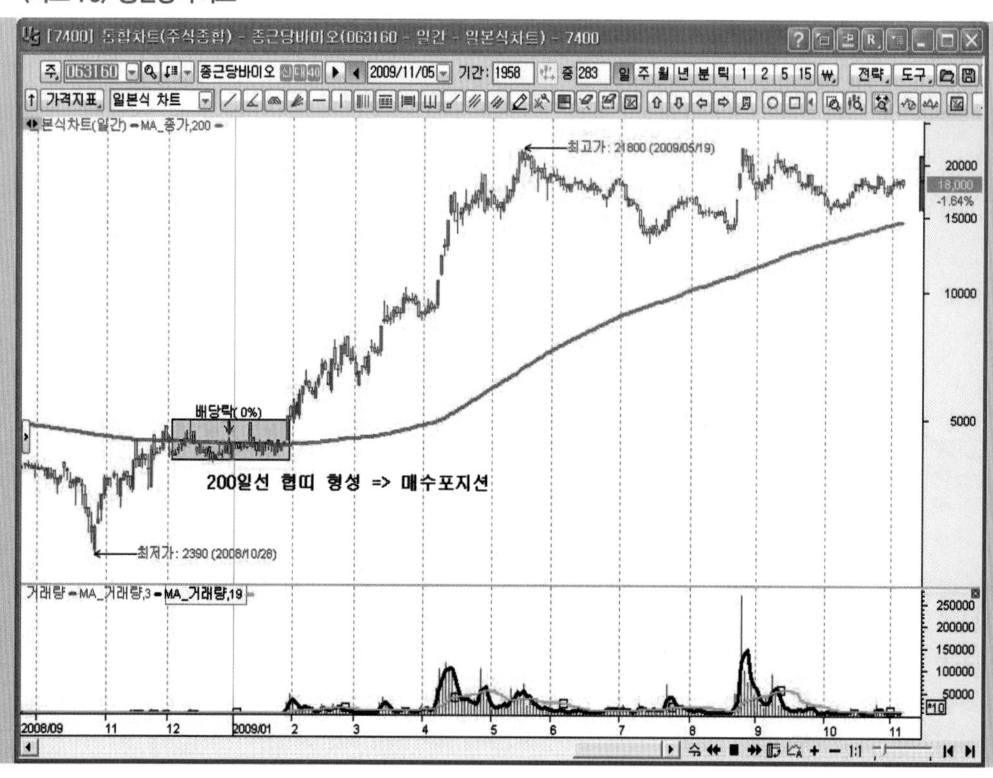

상승하던 종목이 200일선 근처까지 조정을 보이면서 200일 상승각도가 우상향으로 전화되고 있을 때, 200일선 근처에서 분할매수하는 것이 좋다.

조셉 그린빌의 200일 이평선의 법칙에 해당된다. 상승하던 종목이 200일선 근처까지 조정을 보이면서 200일 상승각도가 우상향으로 전화되고 있을 때, 200일선 근처에서 분할매수하는 것이 좋다. 실전매매에서 자주 사용하는 기법 중의 하나이다.

〈차트 76〉은 200일선에서 협띠를 형성하면서 회사의 내부 정보를 미리 알고 매집한 종목이다. 이후 2009년 1월 29일 흑자전환 공시를 내며 급등한 사례이다.

2009년 1월 29일 뉴스

종근당바이오는 29일 2008년 영업이익이 76억 7200만원을 기록해 전년 대비 1,890.9% 증가했다고 공시했다. 매출액은 833억9300만원을 기록해 전년대비 25.6% 증가했다. 순이익은 85억5400만원으로 전년에 비해 흑자전환되었다.

주당가치지표

[단위 : 원]

구분	2006.12	2007.12	2008.12	2009.06
주당순이익(EPS)	91	-626	1,671	3,434
주당매출액(SPS)	15,263	12,699	15,947	21,096
주당순자산(BPS)	8,413	7,723	9,298	10,780
주당현금흐름 (CFPS)	510	78	2,044	2,409

2008년 주당순이익이 1,671원에서 2009년 대폭 호전된 회사임을 알 수 있다. 또한 주당 매출액, 주당 순자산가치가 증가하고 주당현금흐름이 양호한 상태임을 알 수 있다. 대부분의 바이오기업이 실적이 없는 데 반해 이 기업은 매출액과 순이익이 증가되면서 상당히 우량한 재무구조를 가지고 있다.

가치를 아는 세력에 의해 협띠를 형성하면서 매집이 이루어지고 시장흐름에 맞추어 상승이 이루어진 종목이다.

〈차트 77〉 오리엔탈정공

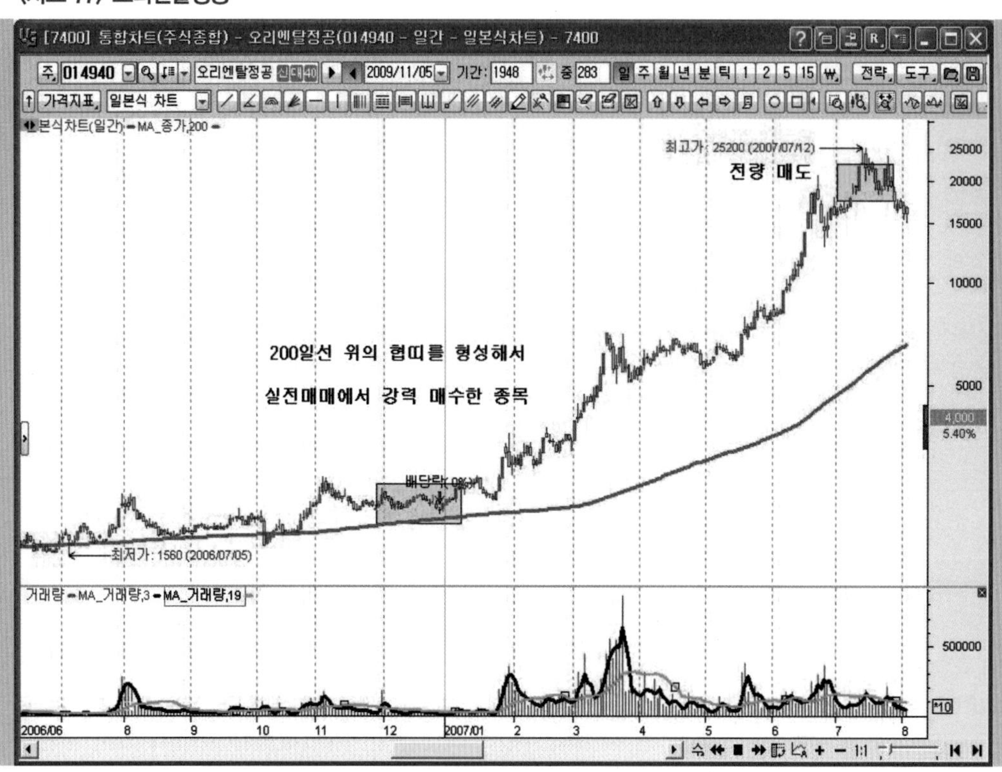

〈차트 77〉은 2006~2007년 사이에 조선주들의 두드러진 시세가 일어난 후 중소형주를 찾다가 선택한 종목이다. 차트가 이평 정배열 상태를 유지하고 있으면서 당시 시장의 주도주였던 STX 및 조선주들의 시세가 확산되는 것을 보았다. 내가 주가가 2,500~3,000원에 이평결집된 상승 초기에 집중 추천을 했는데 이후 바로 급등하는 모습이다.

추천 당시의 재무구조를 보면 EPS가 2006년 79원이고 자산가치가 2,300원 전후였다. 그러나 회사 직원을 통해 잠을 못자면서 일을 하는 상태라는 이야기를 듣고(이것이 일종의 '내부 정보'이다) 확신을 가지고 추천한 종목이다.

주당가치지표

구분	2006.12	2007.12
주당순이익(EPS)	79	228
주당매출액(SPS)	15,374	14,881
주당순자산(BPS)	2,328	2,595
주당현금흐름(CFPS)	-136	1,332

▲ 오리엔탈정공 기업분석

KEY POINT

주식 급등은 매집에 있다

❶ 매집을 알면 돈이 보인다.

매집은 주도세력이 기업의 내재가치나 호재성 재료를 미리 알고 차트를 만들어가는 과정이다.

❷ 이동평균선은 주가흐름을 파악할 수 있는 지표다.

주식 시세의 예측 지표, 주가나 매매 대금, 매매량 따위의 과거 평균 수준과 현재를 비교하여 장래의 움직임을 미리 알아보는 데에 쓴다.

❸ 20일 이동평균선의 매집

20일 이평선은 1개월간의 중기 이동평균선으로 흔히 추세선, 세력선이라 부른다.

❹ 60일 이동평균선의 매집

60일 이동평균선은 3개월간의 중기 이동평균선으로 중기적 추세선, 수급선이라 부른다.

❺ 120일 이동평균선의 매집

120일 이동평균선은 6개월간의 중 · 장기 이동평균선으로 중 · 장기적 추세선, 경기선이라 부른다.

❻ 200일 이동평균선의 매집

200일 이동평균선은 10개월간의 장기 이동평균선이다.

제4부

주식 부자, 마음 부자

Chapter
8

부자가 되는 길

"부자가 되려면 성공한 사람을 연구하고, 준비하고 노력해야만 한다.
또한 책을 가까이 하고 꿈을 계획하여야 한다."

성공한 사람을 연구하라

"성공한 인물 한 사람을 철저히 연구하라. 한 사람을 정해 철저히 연구하라. 그 사람이 생각하는 방법에 너무 익숙해져 마치 그 사람과 마주 앉아 상상력을 불 지필 수 있도록 대화를 나누고 솔직한 충고와 지도를 해달라고 요청할 수 있도록 말이다."

언젠가 읽었던 책 〈맥스웰 몰츠의 성공법칙〉에 나온 말이다. 그가 책에서 말하는 것은 역할 모델을 만들어 그의 성공요인을 자신에게 접목하라는 것이다. 그는 어느 한 분야에서 성공하려면 그 분야에서 성공한 사람을 연구해서 그들이 하라는 대로 하라고 한다.

우리 투자자가 연구할 인물은 누구일까? 많은 투자자들처럼 나 역시 두 사람을 권한다. 가치투자의 대가인 워렌 버핏, 존 템플턴이다. 이들은 주식투자로 큰 부와 명성을 얻는 대가들이다. 이들의 투자 원칙을 소개하니, 잘 연구하여 성공투자의 길로 나아가길 바란다.

워렌 버핏의 투자 원칙

❶ 주가 예측을 믿지 마라. 시장을 보지 말고 기업을 보라.

❷ 내재가치에 투자하라. 내재가치보다 주가가 낮으면 사고 그렇지 않으면 주가가 오르더라도 추격 매수하지 마라.

❸ 주주가치의 극대화에 노력하는 기업에 투자하라. 기업의 경영자를 매우 중요시하고 경영자가 합리적이고 정직하며, 투자자 입장에서 경영하는 기업에 투자하라.

❹ 경쟁자에 비해 탁월한 경쟁력이 있는 기업에 투자하라. 프랜차이즈기업을 선호하고 프랜차이즈가 없다면 경쟁력이 탁월한 기업에 투자하라.

❺ 잘 아는 기업에 투자하라. 벤처기업은 성공할 확률이 매우 낮으며, 하이테크기업은 예측이 어려워 위험하다.

존 템플턴의 투자 원칙

❶ 항상 마음을 열어두어라. 특정 종목 또는 특정 투자방식만을 고집해서는 안 된다. 항상 열린 마음을 가지고 현재의 방식에 대해 유연하면서도 회의적인 자세를 유지하라.

❷ 군중을 따르지 마라. 다른 사람들과 같은 종목을 같은 시기에 투자하면 그 사람들과 똑같은 결과밖에 얻지 못한다. 남들과 다르게 투자해야만 더 나은 성과를 얻을 수 있다.

❸ 모든 것은 변한다. 강세장과 약세장은 일시적이기 마련이다. 인기를 쫓아 투자를 하다 손해를 보면 이를 만회하는데 몇년 걸릴 수 있다.

❹ 실패를 통해 배워라. 투자에는 실수가 따르기 마련이다. 그러나 실수를 피하기 위해 투자를 하지 않으면 그 자체가 큰 실수이다. 중요한 것은 과거의 실수를 통해 배우고 같은 실수를 반복하지 않는 것이다.

❺ 비관론이 팽배해 있을 때 투자하라. 강세장은 비관 속에서 싹이 트고 회의론 속에서 자라나 낙관론과 함께 성숙하여 행복감이 최고조에 달했을 때 사라진다. 비관론이 최고조에 달했을 때가 주식매수의 적기이며 반대로 낙관론이 최고조에 달했을 때가 주식매도 적기이다.

❻ 전세계를 대상으로 투자하라. 한 바구니에 모든 달걀을 담지 마라.

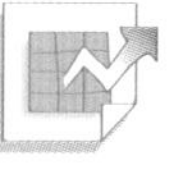

협력자를 두어라

성공한 사람치고 협력자가 없는 사람이 없다. 성공하는 데에는 협력자가 있는지 없는지에 따라 많이 달라질 수 있다. 나는 협력자라는 단어에 멘토의 뜻이 포함되어 있다고 본다.

협력자 하면, 내가 추구하는 가치투자의 세계적인 인물 워렌 버핏을 빼놓을 수 없다. 워렌 버핏에게도 귀중한 협력자이자 멘토가 있기 때문이다. 워렌 버핏은 소문대로 어릴 때부터 여러 아르바이트를 하면서 남다른 비즈니스 감각을 익혀왔다. 그런 가운데 최고 성적을 유지해 하버드 대학원에 진학하기로 마음 먹었다.

그런데 훗날 세계적인 투자자로 이름을 얻은 워렌 버핏이 그만 낙방하고 만다. 이때 만약 버핏이 낙방을 하지 않고 하버드 대학원에 진학했으면 어떻게 됐을까? 내가 보기엔 그건 워렌 버핏에게서 성공의 협력자와의 만남을 빼앗는 일이다.

버핏은 하버드 낙방을 계기로 〈현명한 투자자〉의 저자이자 가치투자자인 벤저민 그레이엄을 만나게 된다. 그러니까 그는 그레이엄이 있는 콜롬비아 대학원으로 진학을 한 것이다.

이렇게 해서 오늘날의 세계적인 가치투자자 워렌 버핏은 그의 스승이자 협력자인 그레이엄을 만나게 되고, 그를 통해 가치투자를 배울 수 있었다. 버핏은 종종 공개석상에서 자신의 협력자로 그레이엄을 내세우는 데 주저하지 않았다. 버핏에게 그레이엄의 영향은 실로 지대하다. 버핏은 '가치투자'와 더불어 협력자 그레이엄으로부터 또 하나의 귀중한 것을 얻었다. 주체적으로 판단하는 투자자의 마인드이다.

〈워렌 버핏 평전〉에서 버핏은 말한다.

"콜럼비아 경영대학원에서 벤저민 그레이엄으로부터 배운, 결코 잊을 수 없는 한 가지 조언은 바로 이것이다. 다른 사람들이 당신의 의견에 동의한다고 해서 당신이 옳은 것이 아닙니다. 당신이 옳은 것은 당신이 제시하는 사실이 옳고 당신의 추론이 타당하기 때문입니다. 이것이 당신을 올바르게 만드는 유일한 요소이지요."

우리 투자자도 자신에게 귀중한 조언을 해줄 협력자를 두어야 한다. 주식투자는 본래 외로운 투쟁이다. 또한 한번의 잘못된 결정으로 회복할 수 없는 리스크를 입기도 한다. 때문에 그 어느 분야보다 협력자를 필요로 한다.

주식은 혼자 하기에는 너무 큰 리스크가 따르기 때문에 검증된 주식 전문가를 협력자로 두어야 하며 또한 신중한 결정을 내리는 데 힘을 불어넣어줄 동업자도 필요하다. 협력자(멘토)는 성공한 투자자의 필수 조건이다.

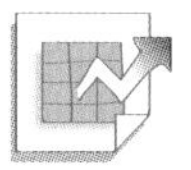

준비하고 노력해야 기회를 잡을 수 있다

"주식시장엔 프로 9단과 아마추어 18급이 함께 내기바둑을 두는 불합리한 사각링이다. 누가 승자일지 이미 답이 나와 있다. 그렇다면 개미투자자들은 시장에서 끊임없이 준비하고 노력해야 투자 성공을 할 수 있다."

내가 늘 강조하는 말이다. 누구나 주식은 쉽게 돈을 벌 수 있겠단 생각에 빠지기 쉽다. 물건 하나 만들지 않고, 사람 상대하는 장사를 하지도 않고 오로지 차트만 보면서 돈을 버는 게 주식이다. 이것은 외형적으로 보면 맞는 말이다. 하지만 속을 들여다보면 뭘 몰라도 대단히 모르는 소리다.

실제 '투자 고수'라고 불리는 사람들치고 남모르게 준비하고 노력하지 않는 사람은 없다. 고레가와 긴조의 경우 일본 증시에서 최대의 큰손으로 300만엔으로 1,000억엔의 수익을 거둔 투자의 신으로 불린다. 1982년에는 일본 소득세 납세순위에서 마쓰시타 고노스케를 제치고 1위에 올라 세상을 놀라게 했다.

그는 21세에 시작한 철판 사업으로 큰돈을 벌었지만 1927년 일본의

금융공황으로 파산을 했다. 이후 경제에 대한 공부의 필요성을 절실히 깨닫고 3년간 도서관에서 독학으로 세계경제 연구에만 몰두했다.

이 시기에는 한 푼의 수입도 없었기 때문에 생활고에 시달렸다. 점심 때면 우동 한 그릇 사먹을 돈이 없어서 물로 배를 채우고 전철표 살 돈이 없어서 먼 거리를 걸어다닐 정도로 힘들게 살았다. 그러는 동안 자본주의 시장경제는 일정한 간격을 두고 파도와 같이 끊임없는 파동을 일으킨다는 것과 영원한 폭락도 없고 폭등도 없다는 것을 3년간의 처절한 연구 끝에 깨달았다.

이후 주식투자로 돈을 벌고 한국에 와서 광산사업을 하기도 했으며 다시 63세부터 본격적인 주식투자에 나섰다. 1981년 9월 스미토모 금속광산이 금광을 발견한 사실을 접하고 주식 지분의 16%에 해당하는 5000만 주를 230~240엔에 매수하여 6개월 뒤 주가가 1,000엔을 돌파하자 과감하게 처분하여 200억엔을 벌었다. 그렇게 해서 그는 그해 일본에서 가장 큰 수익을 거둔 인물로 주목받았다. 이처럼 고레가와 긴조는 금융공황으로 파산한 이후 3년간 자본주의 경제를 연구했기 때문에 주식시장에서 성공할 수 있었다.

어떻게 보면 주식은 100m 단거리가 아니라 42.195km를 달리는 마라톤과 흡사하다. 남다른 체력으로 한순간에 반짝 승부를 내는 곳이 아니다. 평범한 사람들의 지구력을 요구하는 곳이다. 자, 투자자들이여! 10~20년을 내다보고 하루하루 최선을 다해 달린다는 자세로 주식에 임하자.

책을 가까이 하라

"오늘날의 나를 만들어준 것은 조국도 아니고 어머니도 아니다. 단지 내가 태어난 작은 마을의 초라한 도서관이었다."

IT의 황제 빌 게이츠가 한 말이다. 주식에서도 이에 뒤지지 않을 만큼 독서를 중요시하는 사람이 있으니 바로 워렌 버핏이다. 그는 말했다.

"나는 보통사람의 평균 5배 정도는 더 읽는 것 같습니다."

이 둘의 성공에 지대한 밑거름이 된 것은 뭐니뭐니해도 독서이다. 천재적인 두뇌도 아니고, 부모로부터 물려받은 막대한 재산도 아니고, 뛰어난 사교술도 아니다. 독서야말로 세계 최고의 갑부이자 성공한 두 인물의 성공 비결인 셈이다.

버핏의 이야기를 더 해보자. 그는 사춘기 시절에 이미 비즈니스 관련 서적 수백 권을 독파했다. 얼마나 독서를 많이 했으면 시험 시간에 따로 공부를 하지 않아도 최상위를 유지할 수 있을 정도였다.

현재 팔십을 앞둔 워렌 버핏. 현재도 독서는 계속되는 하루의 일과이다. 그는 아침에 일어나 사무실에 나가면 자리에 앉아 책부터 읽기 시작한다. 읽은 다음에는 투자 관련 전화 상담을 하고, 다시 읽을거리를 가지고 집으로 돌아와 또 읽는다. 그의 동료인 찰스 멍거 또한 독서광이다.

내 경우도 덧붙여보자. 솔직히 처음엔 난 책을 읽지 않았다. 그 결과가 조금의 과장도 하지 않고 '깡통' 이라고 말하고 싶다. 이런 일을 겪고난 후에야 독서의 중요성을 깨닫게 되었다. 주식 관련 서적에서부터 시작해 경제 · 경영 책들을 닥치는 대로 섭렵하기 시작했다.

워렌 버핏, 피터 린치, 앙드레 코스탈라니, 고레가와 긴조, 니콜라스 다비스 등 수많은 투자자들의 책들을 섭렵하면서 차차 주식을 이해할 수 있었다. 그와 함께 나만의 '신가치투자법' 이 정립되었다.

다방면의 많은 독서가 없이는 현재의 나는 상상도 할 수 없다. 독서가 '신가치투자법' 을 만들었고 이를 통해 지금 나, 김원기는 주식세계의 험난한 파도 속에서도 조금도 위축되지 않고 당당히 내 길을 걸어가고 있다. 현재도 나는 수시로 책을 읽고 또 부자클럽카페(http://cafe.daum.net/UPSTOCK)에 여러 권의 책을 회원들에게 추천하고 있다.

놀랍게도 현재 한국의 경우 주식계좌는 600만 개에 달한다. 하지만 그 가운데 안정적으로 수익을 내는 경우는 3% 남짓이다. 결국, 시장에서의 희박한 생존율을 높일 수 있는 비결은 뭘까? 그렇다, 오로지 읽고 읽는 수밖에 없다.

꿈을 계획하고 실천하라

"여러분 50, 60세에 무엇이 되어 있을 건가요?"

이렇게 회원들에게 질문하면 선뜻 "나는 무엇 무엇이 되어 있을 겁니다" 하고 술술 말하는 분들이 많지 않다. 그만큼 자신의 꿈이 몽롱하다는 뜻이다. 막연히 큰돈을 벌겠다는 생각만 있을 뿐 구체적인 꿈의 설계가 없다는 것은 모래성을 쌓는 것과 같다. 설계도면 없이 건물을 짓는 것과 같기 때문이다. 20층짜리 건물을 짓는다고 가정할 경우 설계도면 없이 건물을 세울 수 있겠는가?

하물며 우리의 인생이 80년 혹은 그 이상 이어질 텐데 아무런 계획 없이 살아간다면 실패를 계획했다는 말과 무슨 차이가 있겠는가!

세상에 빛과 소금으로 쓰이도록 자신의 인생을 설계해야 한다. 도전하는 삶이 아름답다. 하루를 살더라도 꿈과 목표가 있어야 한다. 그래야 주식투자에서도 열정과 투지를 발휘할 수 있다.

워렌 버핏은 고등학생 시절에 주변 사람들에게 말했다.

"내가 30살까지 백만장자가 되어 있지 않으면 오마하에서 가장 높은 빌딩 옥상에서 뛰어내리겠다."

이 얼마나 당돌한가? 내가 보기엔 그냥 당돌하다고만 여겨서는 안 된다. 왜냐? 워렌 버핏은 너무나 구체적이고 강렬한 꿈이 있었고, 그것을 선포했기 때문이다. 강렬한 꿈과 그에 맞물린 빈틈없는 실천이 머지않아 버핏의 말이 허풍이 아님을 증명한 것이다.

투자자 여러분은 어떤가? 버핏처럼 강렬한 꿈이 있는가? 여기서 한 가지 짚고 넘어갈 게 있다. 이젠 꿈에 관한 한 제발 겸손주의는 버렸으면 좋겠다.

"설마, 내가 그만한 꿈을 이룰 수 있을까?"

"설령 그 꿈을 가지더라도 주변에 떠벌려도 될까?"

이 두 가지는 내 경륜을 통해서 볼 때 절대 아니다라고 말하고 싶다. 성공하는 사람들은 그 반대이다.

"정말로, 나는 꿈을 이룰 수 있어!"

"내 꿈을 자신 있게 주변 사람들에게 말할 수 있어!"

이 두 가지가 성공하는 사람들의 마인드이다. 나의 경우도 마찬가지이다. 나는 특히 마인드 컨트롤을 습관화하고 있다. 투자를 비롯해 매사에 확실히 내 소망이 이루어진다는 이미지 트레이닝을 한다. 이렇게 강렬하게 내 꿈을 부화시킨다, 그와 함께 내 삶은 그 꿈의 실현에 집중된다. 하루하루 꿈의 실천이 지속된다는 말이다.

일본 IT의 황제 손정의, 그가 처음 비즈니스를 시작할 때였다. 그는 아르바이트하는 직원 몇 명을 세워놓고 과일상자 위로 올라갔다. 그리고 당당한 눈빛으로 호언장담했다.

"10년 뒤 우리 회사는 500억엔의 회사가 됩니다. 20년 뒤에는 수조 원의 회사가 됩니다."

얼마 뒤 그의 꿈은 실현되었다. 우리 투자자도 부자가 되고자 한다면 꿈의 스케줄을 가지고 꾸준히 실천해 나가도록 하자. 당장 노트를 꺼내 이루고 싶은 꿈을 날짜와 함께 적자. 구체적으로 계획을 세우고 그 계획에 따라 실행하자.

꿈이 현실이 되는 그날까지.

KEY POINT

부자가 되는 길

❶ 성공한 사람을 연구하라.

가치투자의 대가인 워렌 버핏, 존 템플턴의 투자 원칙을 벤치마킹하라.

❷ 협력자를 두어라.

주식은 혼자 하기에는 너무 큰 리스크가 따르기 때문에 검증된 주식 전문가를 협력자로 두어야 한다.

❸ 준비하고 노력해야 기회를 잡을 수 있다.

고레가와 긴조는 금융공황으로 파산한 이후 3년 동안 자본주의 경제를 연구했기 때문에 주식시장에서 성공할 수 있었다.

❹ 책을 가까이 하라.

워렌 버핏은 보통사람의 평균 5배 이상을 독서한다.

❺ 꿈을 계획하고 실천하라.

노트에 꿈을 적고 그에 따라 하루하루 실천해 나가자.

실전 수기

배워서 나만의 투자원칙을 사수하라!

"희망은 없어지는 게 아니라 우리가 잠시 잊고 살 뿐이라는 것을.
내가 찾으려고 하는 순간 어김없이 나에게 다가오는 한줄기 빛임을 기억하라."

"사람은 아픈만큼 성장하는 나무이다"

행복여행

김원기 대표님과 함께한 지도 수년이 흘렀군요. 항상 변함없이 예전처럼 많은 수익을 주셨는데 무엇으로 보답해야 할지 모르겠습니다. 그저 감사한 마음뿐입니다.

인간은 때때로 불가항력의 일에 직면하면 고통과 좌절을 겪게 됩니다. 목숨마저 하찮게 여겨질 정도로 희망이 없다고 생각하기도 하지요. 그러다 오랜 방황 끝에 희망이란 것을 찾아내면 세상이 환해보입니다. 그때서야 알게 됩니다. 희망은 없어지는 게 아니라 우리가 잠시 잊고 살 뿐이라는 것을. 내가 찾으려고 하는 순간 어김없이 나에게 다가오는 한줄기 빛 같은 것임을.

사람은 아픈 만큼 성장하는 생각의 나무이며, 인생에서 행복과 불행은 늘 함께 다니는 쌍둥이이기도 합니다. 어찌 보면 사람 사는 인생은 거기가 다 거기인 듯하지만 우리가 마음속에 무엇을 품고 사느냐에 따라 삶의 질 또한 달라집니다.

부와 명예, 건강을 다 가지고도 불행한 삶을 살아가는 이들이 있는가 하면 가난하지만, 배운 것이 없지만, 장애인이지만 스스로 행복감을 느끼면서 밝고 아름답게 삶을 살아가는 사람들이 있지요. 우리네 인생길과 주식은 아주 비슷합니다. 우리의 인생을 보면 성공하는 투자가 무엇인지를 잘 알 수 있습니다.

저는 주식이란 것을 알게 되면서 힘들고 어려운 여정을 지나왔습니

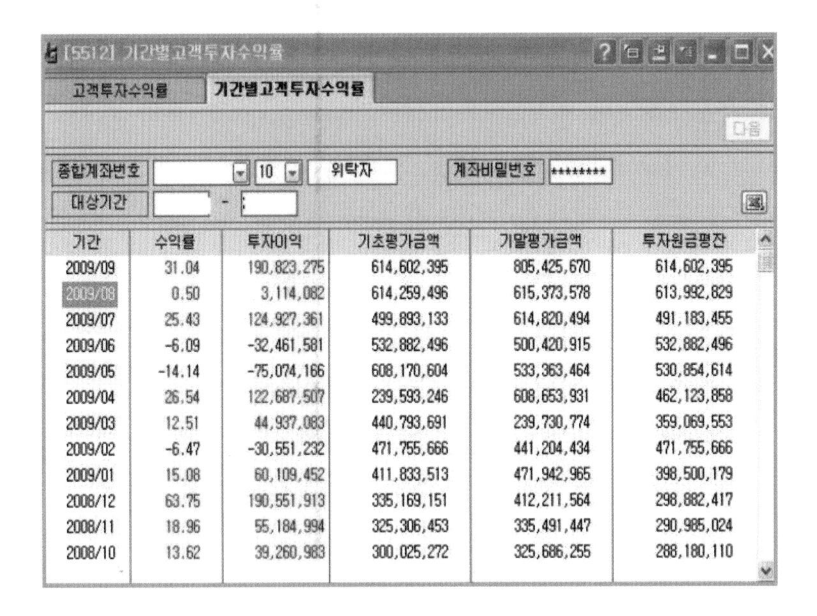
[5512] 기간별고객투자수익률

고객투자수익률 | 기간별고객투자수익률

다음

종합계좌번호 10 위탁자 계좌비밀번호 ********

대상기간 -

기간	수익률	투자이익	기초평가금액	기말평가금액	투자원금평잔
2009/09	31.04	190,823,275	614,602,395	805,425,670	614,602,395
2009/08	0.50	3,114,082	614,259,496	615,373,578	613,992,829
2009/07	25.43	124,927,361	499,893,133	614,820,494	491,183,455
2009/06	-6.09	-32,461,581	532,882,496	500,420,915	532,882,496
2009/05	-14.14	-75,074,166	608,170,604	533,363,464	530,854,614
2009/04	26.54	122,687,507	239,593,246	608,653,931	462,123,858
2009/03	12.51	44,937,083	440,793,691	239,730,774	359,069,553
2009/02	-6.47	-30,551,232	471,755,666	441,204,434	471,755,666
2009/01	15.08	60,109,452	411,833,513	471,942,965	398,500,179
2008/12	63.75	190,551,913	335,169,151	412,211,564	298,882,417
2008/11	18.96	55,184,994	325,306,453	335,491,447	290,985,024
2008/10	13.62	39,260,983	300,025,272	325,686,255	288,180,110

다. 그러다가 여기서 많은 것을 얻게 되었습니다. 가장 감사한 것은 사람에 대한 믿음입니다. 기업이나 차트보다, 수급보다 사람에 대한 믿음을 얻었다는 사실이 제일 큰 수확입니다. 참으로 나는 삭막한 주식시장에서 믿을 만한 사람을 얻었습니다.

저를 비롯해 많은 회원들이 한 종목을 몇 개월 아니, 1년여 흔들리지 않고 묵묵히 가지고 갈 수 있는 것은 대표님이 여기에 계시기 때문에 가능한 일입니다. 대표님에 대한 인간으로서의 믿음이 있기에 가능한 것입니다.

저는 그동안 많은 것을 받아왔습니다. 이제 내 가슴에 행복이 싹트는 것이 생생하게 느껴집니다. 대표님은 제가 보답해드리고 싶어도 마음만 받아들이십니다. 대표님은 한 그루 희망의 나무이십니다. 늘 한결같이 소신대로 임하는 그 모습이 너무나 보기 좋습니다.

항상 감사드립니다.

"주식의 입문은 쩜하한가였다"

이데일리 봄이

나는 액세서리 가게를 5년간 운영하면서 약간의 돈을 모았다. 가게를 운영하던 중에 언니로부터 주식을 처음 접하게 되었다. 당시 나는 "이 종목을 사면 큰돈을 벌 수 있어"라는 말에 홀려 구 삼원정밀금속이라는 종목에 일명 몰빵으로 그동안 내가 벌어들인 돈의 절반을 투입했다.

처음에는 긴가민가 하는 마음에 조금만 사놓았다. 과연 언니의 말대로 매일매일 상승을 하자 정말 이 주식을 사면 금방이라도 부자가 될 것 같았다. 그래서 나는 매일매일 추격매수를 하며 고점에서 물량을 계속 늘려나갔다.

그러던 중 2007년 3월 21일 운명의 날이 오고야 말았다. 전날은 쩜상한가여서 잠도 한숨 못자면서 다음날 상한가 가면 얼마의 돈이 생긴다는 계산을 하면서 뜬눈으로 밤을 새웠다. 그러나 행복의 순간도 잠시뿐이었다. 10연속 상한가를 끝으로 팔 수도 없는 쩜하한가 8번이 이어졌다. 이렇게 해서 나는 주식의 입문은 쩜하한가로 막을 내리며 첫 투자의 실패치고는 큰돈을 날렸다.

큰돈을 잃어버리자 조급한 마음이 들었다. 빨리 만회해보겠다는 생각이 들어 여기저기 급등주를 쫓아다니며 단기매매를 하게 되었다. 그 결과는 계속되는 마이너스로 점점 자신감도 상실되고 생활도 무기력해졌다.

[5512] 기간별 고객 투자 수익률

종합계좌 상품 10 위탁자상품 비밀번호 ******** 대상기간 2009/04 - 2009/09

♣투자수익률평가 기준 조회 다음

합계	10.87	123,158,612	1,519,155,690	1,836,324,595	1,574,940,618	200,010,293	6,000,000
기간	수익률	투자손익	기초평가금액	기말평가금액	투자원금평잔	입금(고)액	출금(고)액
2009/09	2.84	11,133,298	391,003,439	402,136,737	391,003,439	0	0
2009/08	5.90	20,620,258	345,383,181	391,003,439	349,286,407	25,000,000	0
2009/07	7.62	22,407,755	282,970,083	345,383,181	293,941,100	40,005,343	0
2009/06	4.67	11,293,529	230,671,604	282,970,083	241,607,577	41,004,950	0
2009/05	10.99	20,600,899	186,070,705	230,671,604	187,312,084	30,000,000	6,000,000
2009/04	33.18	37,102,873	83,056,678	184,159,551	111,790,011	64,000,000	0

결국 눈물을 삼키며 주식을 접어야겠다고 마음을 가지게 되었다. 바로 그때 친구의 소개로 김원기 대표님을 알게 되어 대표님의 무료방송을 여러 번 들었다.

대표님은 주식의 원칙과 기준을 강조하셨다. 그러면서 시장을 보는 탁월한 능력을 보여주시는 것은 물론 자신감 넘치면서도 편안하게 방송을 진행하면서 무모하게 투기를 하지 말라고 말씀하셨다. 나는 이 말씀에 공감이 되어 전화상담을 해 투자실패담을 말씀드렸다. 그러자 대표님은 심리의 안정이 제일 중요하다면서 당분간 매매를 중지하고 주식의 기초부터 배운 후에 투자하라는 조언을 주셨다.

나는 가게를 정리하고 남은 자금으로 다시 대표님과 함께 주식을 하기로 마음먹었다. 그 후 대표님과 함께한 지 2년여의 시간이 흘렀다. 1년 반 동안은 적은 돈으로 주식을 배워나가면서 오프라인에서 실시하는 기법강의를 들었고, 주식의 기본가치와 성장성, 세력 매집에 의해 접근하는 방법과 주식을 대하는 투자마인드를 차례대로 배웠다. 그렇게 차츰 자신감이 생겨났다.

그러던 중에 미국 모기지론 사태로 인해 장이 폭락하여 저평가 국면을 지속했다. 이때 대표님이 말씀하셨다. "주식 사서 2세에게 물려주자", "지금이 절호의 매수기회이다"라는 말씀에 그동안 가게를 정리하고 가지고 있던 돈을 투입하여 점차 투자자금을 늘려가면서 현재에 이르고 있다.

이렇게 하여 지난날 무모하게 배팅해 잃어버린 돈은 다 복구되었다. 지금은 미래를 설계하며 자금을 관리하는 방법을 배우고 있다. 사실, 계좌와 투자수기를 공개하는 게 부끄럽기만 하지만 혹시라도 손실로 힘드신 분들에게 "할 수 있다!"는 희망을 드리고 싶어 이렇게 용감하게 펜을 들었다.

마지막으로 저를 이끌어주신 대표님에게 진심으로 감사드리며, 늘 투자자들을 위해 연구하시는 열정과 진취적인 모습에 존경을 표합니다.

"가슴이 뻥 터지는 행복"

레드뽕 망치

안녕하세요? 전 마포구 망원동에 사는 붉은망치입니다. 경력 11년 차의 미용인입니다. 다른 직업도 그렇지만 미용 또한 힘든 업종 중의 하나인 것 같아요. 하지만 내가 너무 좋아하는 일이라 지금까지 즐겁게 해오고 있어요.

열심히 배워 28살에 처음 가게를 오픈하고 30살에 미용실 두 군데를 오픈하게 되었어요. 그때는 돈버는 재미로 살았습니다. 그러던 중

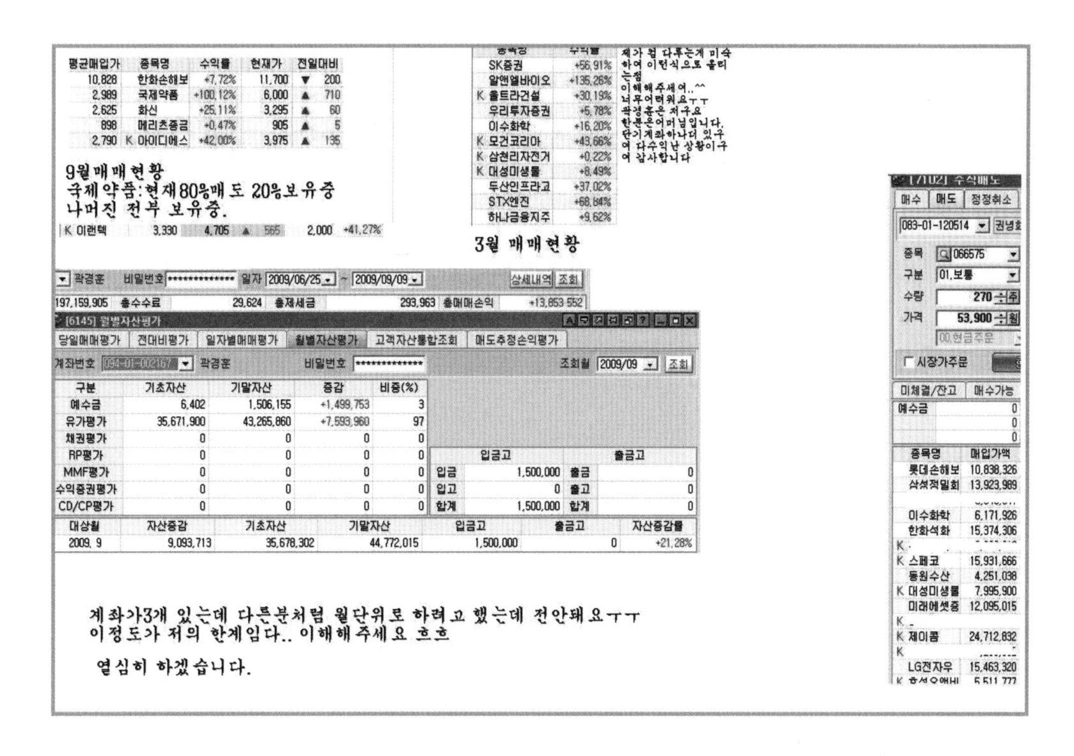

평균매입가	종목명	수익률	현재가	전일대비
10,828	한화손해보	+7.72%	11,700	▼ 200
2,989	국제약품	+100.12%	6,000	▲ 710
2,625	화신	+25.11%	3,295	▲ 60
898	메리츠종금	+0.47%	905	▲ 5
2,790	K 아이디에스	+42.00%	3,975	▲ 135

9월매매현황
국제약품: 현재80%매도 20%보유중
나머진 전부 보유중.

K 이랜텍	3,330	4,705	▲ 565	2,000	+41.27%

종목명	수익률
SK증권	+56.91%
알앤엘바이오	+135.26%
K 울트라건설	+30.19%
우리투자증권	+5.78%
이수화학	+16.20%
K 모건코리아	+43.66%
K 삼천리자전거	+0.22%
K 대성미생물	+8.49%
두산인프라코	+37.02%
STX엔진	+68.84%
하나금융지주	+9.62%

3월 매매현황

제가 컴 다루는게 미숙하여 이런식으로 올리는점
이해해주세여..^^
너무어려워요ㅜㅜ
곽경훈은 저구요
한분은어머님입니다.
단기계좌하나더 있구여 다수익난 상황이구여 감사합니다

곽경훈 비밀번호 ************** 일자 2009/06/25 ~ 2009/09/09 상세내역 조회

197,159,905	총수수료	29,624	총제세금	293,963	총매매손익	+13,853,552

[6145] 월별자산평가

당일매매평가 | 전대비평가 | 일자별매매평가 | 월별자산평가 | 고객자산통합조회 | 매도추정손익평가

계좌번호 094-01-002167 곽경훈 비밀번호 ************** 조회월 2009/09 조회

구분	기초자산	기말자산	증감	비중(%)
예수금	6,402	1,506,155	+1,499,753	3
유가평가	35,671,900	43,265,860	+7,593,960	97
채권평가	0	0	0	0
RP평가	0	0	0	0
MMF평가	0	0	0	0
수익증권평가	0	0	0	0
CD/CP평가	0	0	0	0

입금고		출금고	
입금	1,500,000	출금	0
입고	0	출고	0
합계	1,500,000	합계	0

대상월	자산증감	기초자산	기말자산	입금고	출금고	자산증감률
2009. 9	9,093,713	35,678,302	44,772,015	1,500,000	0	+21.28%

계좌가3개 있는데 다른분처럼 월단위로 하려고 했는데 전안돼요ㅜㅜ
이정도가 저의 한계입다.. 이해해주세요 흐흐
열심히 하겠습니다.

매수 | 매도 | 정정취소

083-01-120514

종목	066575
구분	01.보통
수량	270 주
가격	53,900 원

00.현금주문

시장가주문

미체결/잔고 | 매수가능

예수금	0
	0
	0

종목명	매입가액
롯데손해보	10,838,326
삼성정밀화	13,923,989
이수화학	6,171,926
한화석화	15,374,306
K 스페코	15,931,666
동원수산	4,251,038
K 대성미생물	7,995,900
미래에셋증	12,095,015
K 제이콤	24,712,832
LG전자우	15,463,320

에 교통사고로 허리수술을 하게 되어 가게를 접고 잠시 쉬게 되었어요. 그때 친구의 "이 종목 조만간에 치고 올라간다"는 말에 산양전기, 온누리에어, H1바이로 주식을 샀는데 다 상폐였어요. 정말 죽고 싶었지만 우리 아들 생각에 차마 실행에 옮길 수 없었지요.

그렇게 힘들게 보내던 중에 선생님을 만나 정말 가슴이 뻥하고 터지는 것만 같았어요. 2달만에 원금을 다 찾아주셔서 너무나 행복합니다. 이제는 차곡차곡 불어나는 재미가 있어서 좋습니다. 무엇보다 마음이 편해져서 너무 감사할 따름입니다.

전 앞으로 계속 대표님과 함께 하고 싶습니다. 책임을 지세요.^^ 차분히 열심히 하겠습니다. 거듭 감사드립니다.

"작은 수익에도 감사하고 행복해지는 성공투자를 바라며"

초대박 부자

안녕하세요

저는 이제 일주일 지나면 대표님과 같이 한 지 두 달이 되는 회원입니다.

솔직히 전 다른 분들에 비해 자본도 작고, 아직 여기에 매매일지를 올리는 분들만큼 수익도 크지 못합니다. 내가 매매일지를 올리면 대표님에게 폐를 끼치는 게 아닌가 생각이 들었습니다. 밖에 계신 분들이 대표님을 평가하는 기준은 수익률일 테니까요. 그래서 여기에 올리기 꺼려졌습니다. 그리고 사실 매도 사인 없을 때 겁이 나서 팔아버린 게 많아 수익이 다른 분들보다 적습니다.

그럼에도 불구하고 이 글을 올리게 된 이유는 밖에서 긴가민가하는 분들이 계실 게 뻔하기 때문입니다. 저도 대표님과 함께하기 전에는 그랬으니까요. 또한 무방에 와서 행패부리고 말씀 함부로 하는 분들이 있어서 저처럼 작은 이익이 나는 사람도 있다는 걸 보여드리고 싶었습니다. 또 이 글을 읽고 알바다, 사기다 하는 분들에게까지 믿음을 강요하고 싶지 않습니다. 어차피 본인이 강의료 내고 가입하는 것이니까요. 판단은 본인이 하는 거지요.

대표님과 두 달을 함께한 저는 대표님이 씨앗이라는 생각이 들더군요. 우선 받아서 심어만 놓습니다. 저도 처음에 한 달이 넘도록 싹이 나지 않아 조마조마했습니다. 워낙 씨앗비가 비싸니까요. 그런데 어느

날짜	종목명	매수수량	매수단가	매수총금	금일매도수량	금일매도실현가	금일매도총수익	금일잔고수량	수익률	비고
09.05.08	인성정보	-	₩2,230	#REF!		₩2,711	#REF!	-	18.78%	
09.05.15	필코전자	-	₩1,600	#REF!		₩1,900	#REF!	-	19.85%	1600이하 20%
09.05.22	현대오토넷	-	₩4,120	#REF!		₩4,820	#REF!	-	16.61%	
09.06.09	필코전자	-	₩1,600	#REF!		₩2,160	#REF!	-	36.45%	
09.06.10	젠트로	-	₩3,650	#REF!		₩4,730	#REF!	-	28.63%	
09.06.16	내쇼날푸라스	0	₩1,330	#REF!		₩1,607	#REF!	0	20.47%	
09.06.19	화xxx		₩8,630			₩11,300	#REF!		30.93%	

1. 제 자산관련된 금액(매수금, 매도이익)등은 삭제하였습니다.
2. 19일날 매도한 종목은 아직 쩜상님이 문자등으로 언급안하신거 같아서 우선 종목명은 가려두었습니다.
3. 상기 외에도 매매한 종목이 다수 있으나, 매도 사인 없이 혼자 팔았거나 하는 이유로 이익이 부끄러워 빼두었습니다.
(현대오토, 젠트로, 필코전자, 내쇼날푸라스 모두 매도사인대로 따라갔다면 더 났을종목들인데…혼자 분할매도 해보겠다고 하다가…)
4. 상기 외에도 현재 이익이 나는 종목들이 다수 있습니다.

덧 싹이 피고 과실이 달리기 시작하더군요. 처음엔 조바심도 나고 의구심도 들었습니다만 결국 그리 늦지 않은 시기에 열매가 열린다는 걸 알게 되었습니다. 씨앗(종목)마다 열매가 맺히는 시기가 다르기에 누군 좀더 기다리고 누군 좀 덜 기다리곤 할 뿐이지요.

전 총알도, 배포도, 간도 작습니다. 그래서 대표님을 믿고 의지하기로 했는데 매우 성공적이라고 말할 수 있습니다.

이런 말도 드리고 싶습니다. 내 아내가 병약해서 내 혼자만의 수입으론 생활비에다 약값을 대기가 벅찹니다. 많은 분들은 커다란 대박전에서 많는 수익률을 노리십니다. 하지만 이제 저는 월급 이외의 수입으로 처에게 보약 한 첩에다 싸구려 옷 한 벌을 해줄 수 있는 여유가 생겨서 너무 좋습니다.

정말, 이렇게 할 수 있는 여유를 주신 대표님에게 감사드릴 뿐입니다. 여러분도 작은 수익에 감사하고 행복해질 수 있는 성공투자를 하길 바랍니다.

* 전 직장인이고 HTS에 문외한입니다, 그래서 퇴근한 후에 집에서 혼자 매매일지를 작성합니다. 내가 올리는 파일은 내 액셀 매매일지입니다.

** 누군가 "힘들다면서 고가의 수업료를 지불하고 주식하느냐?" 고 물어오겠지요. 사실 나는 통장에 얼마 안 되는 돈 넣어두고 떨어져가는 것 보면서 결정하기까지 많은 고민을 했습니다. 고민 끝에 결국은 가입을 했는데 잘했다는 생각이 듭니다. 한 달만 지나면 그 다음달 수업료는 물론 운 좋으면 수업료 몇 배가 나오니까요.

“주식시장이라는 망망대해에서 만난 등대지기”

에프디

저는 경기도 화성에서 중소기업에 종사하는 에프디입니다. 저는 신문 방송 등으로 주식에 대한 정보를 늘 접하게 되어 관심을 가지고 있었습니다. 그러던 중에 별다른 사전준비 없이 2007년 1월에 A 증권사 안산지점에서 1억원으로 계좌 개설을 하고 차이나펀드 가입을 시작으로 주식을 하게 되었습니다.

완전 초보인지라 지점 관리자의 추천종목 위주로 단기매매를 하게 되었지요. 다행히 연말까지 50%의 수익이 났습니다. 쉽게 수익이 나니까 별로 어렵지 않구나라는 생각으로 전재산을 투자하게 되었습니다.

하지만 다음해 2008년이 문제였습니다. 하락에 대한 방비를 하지 못해 손실폭은 점점 커져만 갔습니다. 차이나펀드는 80% 수익에서 50% 수익으로 줄어들었습니다. 지점 관리자에게 매도 의견을 물어보니 중국시장이 더이상 내려가지 않을 테니 기다려보라는 답변이 돌아왔습니다. 그해 10월말경에는 원금이 반토막이 났습니다. 심리적으로 많이 힘들고 후회스럽기만 했습니다. 주식을 하기 전에 그것에 대한 공부를 왜 하지 않았나? 하는 자책감이 들고 반성하며 하루하루를 보냈습니다.

그러던 중 B 증권사 투자정보 뉴스에서 쩜상10방(대표님)을 알게 되었습니다. 저는 바로 대표님에게 전화를 걸었고 그간의 일을 말씀드렸

(5603)계좌별 투자수익률

계좌별 투자수익률

계좌번호 비밀번호 **** 조회 출력

⊙ 월별 ○ 기간별 기준월 /

월별	시작시점자산	평가시점자산	입금고액	출금고액	투자손익	수익률(%)
2009/08	91,257,932	104,012,110	8,000,000	0	4,754,178	5.14%
2009/07	63,879,776	91,257,932	25,594,576	5,000,000	6,783,580	8.95%
2009/06	63,230,259	63,879,776	0	0	649,517	1.03%
2009/05	59,129,368	63,230,259	0	0	4,100,891	6.94%
2009/04	37,384,323	59,129,368	0	0	21,745,045	58.17%
2009/03	34,083,832	37,384,323	0	0	3,300,491	9.68%
2009/02	39,715,526	34,083,832	0	0	-5,631,694	-14.18%
2009/01	35,619,076	39,715,526	4,000,000	0	96,450	0.26%
2008/12	24,443,523	35,619,076	10,000,000	0	1,175,553	3.93%
2008/11	21,955,035	24,443,523	3,000,000	0	-511,512	-2.21%

습니다. 그러자 대표님이 말씀하셨습니다.

"주식투자자에게 제일 중요한 것은 자신을 다스리는 것입니다. 마음을 편하고 느긋하게 가지고 내가 추천하는 종목을 매매하면 손실 회복은 물론 크게 성공할 수 있으니 용기를 가지세요."

저에게 대표님의 자신감 넘치는 말씀은 오랜 가뭄 끝에 단비와 같았습니다. 비로소 재도전하면 될 수 있다는 자신감과 의욕이 들었습니다. 그래서 다음날인 2008년 11월 4일 회원에 가입했고 기법강의를 2회 수강했습니다. 대표님은 가입 첫날 보유종목 진단을 명쾌히 해주셨습니다. 특히 차이나펀드에 대해서는 '엘리어트파동 원리'에 의해 중국지수가 3,000포인트를 반드시 회복한다며 그때 매도하라고 하셨습니다. 물론 저는 지도해주신 대로 매도해 손실은 없었습니다. 가입전 보유 종목 때문에 시간이 좀 걸렸지만 2009년 9월 7일 기준 100% 수익으로 원금이 회복되었습니다.

이제 1단계 목표를 달성했으니 앞으로는 2단계 목표를 세워 공부하는 학생의 자세로 열심히 할 생각입니다. 가입 후 항상 느끼는 것이지만, 대표님이 강조하신 투자원칙과 기준은 주식투자자에게 꼭 필요한 중요한 양식입니다. 또한 대표님이 보석과 같은 저평가, 가치주를 엄선 발굴해 추천해주셔서 편한 마음으로 매수, 매도를 해도 높은 수익이 난다는 사실을 알게 되었습니다. 주식시장에서 고통스러워하는 모든 분들 함께하시어 가을녘에 풍요로운 투자수익을 거두어 가시길 바랍니다. 주식시장이라는 '망망대해에서 만난 등대지기' 처럼 안정감 있게 이끌어주시는 김원기 대표님께 감사드립니다.

"꿈은 꿈을 가지려고 최선의 노력을 한 자만이 가질 수 있는 권리다"

진검승부

1999년 2월 대우증권 동마산점에 계좌를 열었다. 첫째 아기를 낳기 불과 11일 전이었다.

나는 직장생활을 하면서 진급을 하자 군인들을 관리하는 곳으로 발령을 받았다. 근무 중에 대우증권이 옆에 있어 소대장이 주식이나 해 볼까하며 함께 가자고 한 것이 주식에 발을 들여놓은 계기였다. 소대장은 한국통신을 36,400원에 3백만원 정도 매수했다. 아내가 웨딩숍과 레스토랑을 운영하여 조금은 여유가 있던 나는 한국통신 주식을 36,000원에 7백만원 정도를 매수했다.

그 당시 코스피 지수는 500여 포인트였다. 당시에는 딱지로 적어 창구에 제출해 체결하는 시대였다. 같은 시간에 넣었는데 왜 나는 싸게 샀는지 이유도 모른 채로 주식에 발을 들여놓게 되었다.

내가 주식을 한 지 1년 뒤 코스피는 500 부근에서 1,000포인트를 갔고, 코스닥은 730 부근에서 2,900포인트를 갔다. 특히 코스닥지수는 새롬기술, 한글과컴퓨터 등 상한가 아니면 하한가 묻지마 투자열풍으로 천지가 개벽을 하였다. 거래금액도 코스닥이 거래소 금액을 앞질렀다. 그 당시 닭이 소보다 낫다는 우스갯소리가 있었다.

그러나 나의 주식 성적은 초라하기 그지없었다. 본전 수준이었다. 이후 지수가 급락을 하면서 문제가 불거졌다. 적금과 아파트 청약통장 등을 해약하여 매수금액을 확대했다. 자그마치 5억여원 전재산을 주식에 올인을 했다. 나의 주변 지인들도 2억원 정도 주식을 매수했다.

매수 이유는 있었다. 바로 거래소 1,000포인트 때 바이코리아 신화의 열풍 주역인 현대증권 이익치 회장 때문이었다. 이 회장은 우리나라 지수가 3,000을 간다면서 신문 텔레비전 등 언론에서 연일 방송을 타고 있었다.

나의 결정적 실수는 여기에 있었다. 코스닥 종목에 거의 몰빵하다시피 했는데 지수가 1년 만에 2,900포인트에서 500포인트까지 수직하강했다. 말 그대로 종목은 쩜하한가를 가고 하루에 수천만 원씩 손해를 보았다. 아주 순식간에 일어난 그 일은 나에게는 상상하기도 싫은 공황 중의 대공황이었다. 손실을 만회하려고 빚까지 약 2억원을 빌려 한국디지털 주식을 매수하였다. 하지만 거래정지 후 휴지가 되었다.

사랑하는 아내와 아들을 힘들게 만들고, 주변 지인들에게도 힘들게 하자 나 자신이 너무 싫었다. 세상을 단절하고 싶은 마음도 가졌다. 그러나 사랑하는 아내와 아들에게 짐을 지울 수 없었다. P, B, E, S 사이트 등 수많은 곳을 기웃거리다 2004년에 김원기 대표님을 만나게 되면서 주식에 눈을 뜨게 되었다.

이후 나는 항상 벽에 붙여놓은 대표님의 기도문을 보면서 하루일과를 시작했다. 대표님과 생활한 지 1여년이 지난 후 누구보다도 자신이 있었다. 2005년경에는 4백만원으로 6개월 만에 1억원을 만들었다.

미체결 | 잔고 | 예수금 | 당일매매 | 주문가능 | 잔고확인 | 체결확인 | 차트 | 원장미체결

총매입	98,668,060	총손익	434,760	실현손익	3,384,660	일괄매도	
총평가	99,450,690	수익률	0.44%	추정자산		조회	S

위의 파일은 2005년경 1억원의 계좌에서 며칠만에 깡통난 계좌이다.

그러나 욕심이 화를 불렀다. 미수 몰빵으로 일주일도 안 되어 깡통을 찼다. 그러나 시련을 고민하기에는 너무나 여유가 없었다. 첫째와 둘째아이도 생겨나서 유치원에 입학하고, 아내는 아동도서회사와 보험회사를 다니며 정신이 없었기 때문이다. 또다시 나는 단기자금을 구해 급등주를 시작하게 되었다. 수익은 좋았다. 그러나 이번에도 또다시 깡통을 찼다.

이유는 있었다. 직장생활과 주 · 야간 교대근무, 교육 등으로 10번 중 1번만 실수를 해도 깡통을 찰 수밖에 없는 구조적 문제였다. 이 문제를 풀지 못하면 난 절대 시장에서 이길 수 없다는 결론을 내리고 직장생활을 그만두려고 대표님과 상의를 했다. 그러나 대표님에게서 돌아온 답은 절대 직장을 그만두면 안 된다는 소리뿐이었다. 직장을 다니면서 얼마든지 할 수 있다는 충고가 나의 뇌리에서 메아리쳤다.

그렇게 해서 나는 직장을 다니면서 시장에서 이길 수 있는 방법을 찾아내야만 했다. 빨리 먹으려다 체한다는 속담이 있듯이 천천히 가면서 오래 가자는 결론을 도출하여, 급등주보다 중기주를 선택했다.

대표님이 추천하는 종목이나, 내가 발굴한 종목으로 묻어 두었다. 예상은 적중했다. 단기간에 530%의 수익을 안겨주었다. 이제는 원금이 불어나 자그마한 사무실도 하나 차리고, 편의점도 하나 차리게 되었다.

미체결 | 잔고 | 예수금 | 당일매매 | 주문가능 | 잔고확인 | 체결확인 | 차트 | 원장미체결

총매입	116,769,464	총손익	39,072,809	실현손익	0	일괄매도
총평가	156,352,290	수익률	33.46%	추정자산	156,489,447	조회 합

종목명	평가손익	수익률	매입가	보유수량	가능수량	현재가
한양이엔지	39,072,815	33.46%	9,298	12,558	12,558	12,450
삼목정공	-6	-0.12%	5,180	1	1	5,190

위의 파일은 최근 수익종목이다.

지금은 '욕심을 버리고 지지 않는 게임을 하자, 즐기면서 하자, 여유를 갖고 하자' 등의 원칙을 세우고 또 따른 꿈을 이루기 위해 한 걸음 한 걸음 달려가고 있다.

그런 어느 날 김원기 대표님으로부터 부자클럽 애널리스트의 제안을 받게 되었다. 몇 번이고 망설이다 개미들에게 조그마한 힘이라도 보태드리고자 제안을 받아들여 여기까지 오게 되었다. 개미가 주인이 되고 부자클럽이 최고가 되는 그날까지 개미에게 희망을 주는 애널이 될 것을 약속드린다.

대표님께 감사의 인사를 전하며, 진검승부가 무슨 뜻인지 곰곰이 생각하며, 두서없이 몇 자 올렸습니다.

"원칙과 기준을 지켜야만 꿀맛을 볼 수 있다"

백만장자

회원 여러분! 안녕하십니까?

먼저 김원기 대표님과 만나게 된 인연을 큰 영광으로 여기며 다시 한 번 감사의 인사를 올립니다.

저는 울산의 대기업인 H그룹에 다니는 20년차 직장인입니다. 저는 현재 부자클럽에 가입한 지 10개월이 지났습니다. 이에 견주어보면 저의 투자 경력 15년은 화려해 보일지 모르나 부족하기 짝이 없습니다. 한마디로 무지와 무모함의 연속이었습니다.

물론 전문가의 조언이 계셨지만 쪽박의 투자경력뿐이었습니다. 많은 개인투자자들이 수익을 창출하기 위해 이곳저곳 전문가를 찾아다니기에 부단하십니다. 그러다가 부자클럽 카페를 방문하시는 심정을, 천번만번 헤아릴 수 있습니다.

저는 그 많은 투자자들에게 조금이라도 도움이 되고자 한 점 가식 없이 저의 지난 경험담을 올려봅니다. 이 글은 내 과거의 투자와 현재 투자의 차이를 비교할 뿐, 일부 주식 전문가를 무시, 폄하하는 글이 아님을 밝힙니다. 그러나 지금도 실력과 실전 경력이 부족한 전문가 탓에 많은 개인투자자들이 깡통 난 원금에 대한 미련으로 비관하다가 최악의 미수, 신용으로 전전하고 있는 것이 사실입니다.

저는 86년부터 9년간 증권저축, 재형저축과 아내의 미용실 운영으로 모은 현금 7,400만원으로 증권계좌를 개설하였습니다. A 증권사

전문가의 도움을 받아 94~96년까지 주식투자를 했지만 잦은 매매와 무원칙 때문에 원금의 90%를 손실 보게 되었습니다.

그 후 미련을 버리지 못하고 돈만 생기면 증권계좌에 입금하여 거래했습니다. 99년에는 퇴직금을 중도정산하고 아파트를 팔고 전세로 옮긴 자금으로 비상장주식 한국통신프리텔을 주당 8,200원과 유상증자를 주당 5,000원에 받았습니다. 그해 12월 16일 한국통신프리텔이 상장되자 15일간 상한가를 기록하여 3,400% 즉 30여억원의 수익을 올렸습니다.

저는 지인으로부터 소개받은 전문가의 도움을 받으며 다시 개미투자자로 나섰습니다. 나름대로 미국시장을 지켜보고, 대박서적을 뒤적이며 거래소 60%, 코스닥 40% 우량주, 급등주, 통신, IT, LED, 낙폭과대 종목에 열심히 투자하였고 비상장도 여전히 매입했지만 휴지 조각이었습니다. 2000년부터 무너진 코스닥의 폭락으로 큰 손실을 입었습니다. 그나마 상승으로 유지해오던 거래소마저 2008년 10월 폭락하여 종합주가지수 900을 등락했지요. 그때 애널리스트가 추가 하락할 경우 700까지 밀릴 가능성을 제기하기에 눈물을 머금고 전 종목을 거의 매도했습니다. 결국 2008년 10월 계좌에 남은 잔고는 1억 5천 정도였습니다.

이후 나는 실의에 빠져 무기력하게 지내고 있었습니다. 그런 어느 날 우연히 TV 리모컨을 이리저리 누르다 이데일리 방송을 보았고 대표님을 만나게 되었습니다. 저의 첫 느낌은 대표님께 정말 죄송하지만 한마디로 "저런 미친~"이었습니다. 그래서 채널을 넘겼는데 호기심으로 다시 방송을 돌려보게 되었습니다.

모든 전문가가 고평가, 추가 하락, 700을 외칠 때 대표님은 반대로 주장했습니다. "1450은 자율 반등으로 상승합니다", "100년에 한 번 올까말까한 장입니다."

나는 그 말에 이끌려 늦은 밤 인터넷 이데일리 회원 가입 후 대표님의 강의를 다음날 8시까지 전체 재방송을 시청했습니다. 대표님은 단 하루도 상승장을 강한 어조로 주장하지 않는 날이 없기에 나는 10월 31일에 대표님께 전화하게 되었습니다. 그리고 상담 후 즉시 정회원 등록 가입을 결정하게 되었습니다. 당시, 두 사람 중에 한 사람은 추가 하락과 5일선 매매를 주장했습니다. 하지만 지금은 모두 상승으로 주장을 바꾸었습니다.

나는 1억 4천여만원으로 실시간 주식거래 방송을 보며 새로운 출발을 시작했습니다. 그러길 4개월째 접어들자 눈에 띄게 수익이 실현되기에 가족과 의논하여 부동산을 처분하고 1억을 더 투자하게 되었습니다. 또한 일부 이익 금액은 대표님의 말씀대로 처음으로 집사람의 승용차(TG 그랜저)를 사는 데 지출했지요. 물론 다른 가족을 위해서도 지출했습니다.

현재 해외출장 기간 포함하여 10개월째 보유하고 있는 종목은 이렇습니다. 두산인프라코어, 대우조선해양, 우리금융, 한화석화, 탑엔지니어링, SNH, 알앤엘바이오, 한미반도체, 디오스텍, 대림산업, 코리아에스이, 두산중공업, 금호산업, 금호석유 등입니다. 최고 146%로 수익 실현 후 현재 일부 종목은 교체했으며, 매수 종목 16개 외에 대표님의 전략 종목 4개 보유 중입니다. 결론은 김원기 대표님의 추천종목을 원칙을 지키며 매매한 결과가 200% 이상의 이익을 실현했다는 것입니다.

지금 저는 깡통이 될 수밖에 없었던 지난 15년의 가슴 아픈 세월을 거울삼아 다시는 실패하지 않기 위해 하루하루를 신중한 투자를 하고 있지요. 이제는 날로 불어나는 계좌를 지켜보게 되었습니다. 더 이상 일희일비하지 않는 안정된 투자심리로 칼날보다 무서운 이 시장에서 투자를 즐기고 있습니다. 여러분이 어떻게 보실지 모르겠지만 저는 진정 즐기고 있습니다.

요즘 저를 만나는 사람들은 "좋은 일이 있는 것처럼 편안해 보인다"고 말합니다. 대표님도 저에게 그렇게 말씀하셨죠.

이 글을 올리는 이 순간에도 대표님의 투자 원칙을 지킨 결과 보유 종목 중 상한가 3종목이 나왔기에 대표님께 감사의 인사를 문자로 전송하였죠. 저는 매수 후 매도 사인을 받기 전에는 지수 등락에 절대 개의치 않습니다. 2/3에서 절반 매도 수익 실현 후 3일간은 대표님의 원칙에 따라 절대 매수하지 않고 대표님의 매수 타이밍 사인을 기다립니다. 또한 투자 비중을 철저하게 지킵니다.

현재 저는 대표님의 제6기 강의를 지난 5월에 수료했고, 다시 좀더 깊이 있게 배우기 위해 제7기 기법 강의를 매주 울산-서울을 왕복하며 배우고 있습니다. 물론 저보다 더 열성적이고 더 많은 수익을 창출하는 회원님도 계십니다.

저의 심중을 백번 표현하진 못했지만 여러분의 귀중한 자산을 지켜 성공하는 개미가 되시길 빕니다. 시장에서 살아남는 자! 원칙과 기준을 지킨 사람만이 고통의 산물을 꿀맛처럼 음미할 수 있다는 것을 저는 깨달았습니다.

투자자 여러분! 저는 지금 대표님의 추천도서 존 템플텐의 〈가치투자 전략〉과 쑹훙빙의 〈화폐전쟁〉을 읽고 있습니다. 감히 말씀 올립니다. 원칙과 기준이 검증, 정립된 훌륭한 투자 전문가의 조언과 기법을

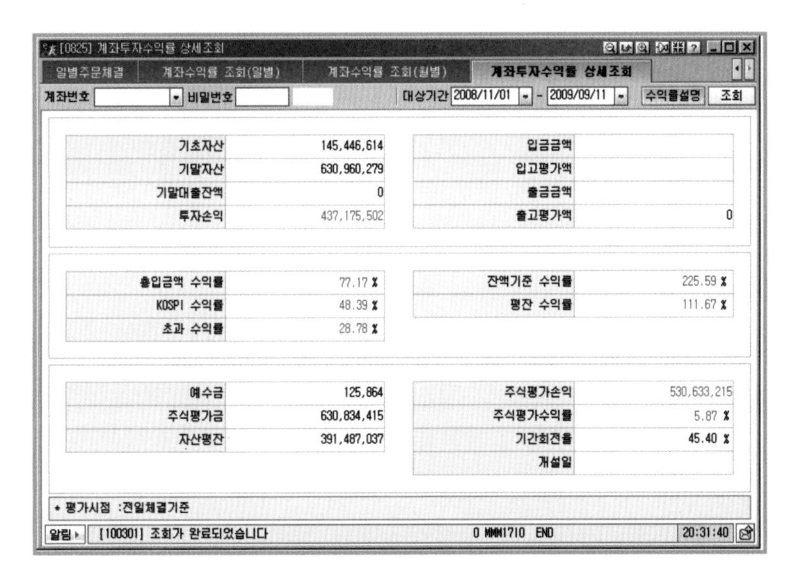

배워 자신의 소중한 자산의 씨앗을 기름진 밭에 심어 풍성한 수확을 거두시길 빕니다. 이 글을 읽는 모든 분이 성공투자 하시길 진심으로 기원합니다. 다시 한 번 대표님께 깊은 감사를 올리며 더 높은 수익으로 보답하겠습니다.

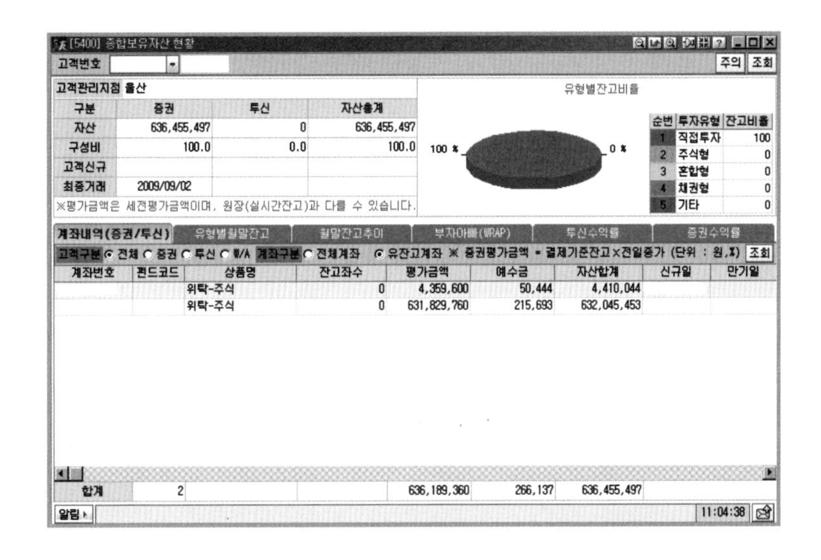

"주식은 어렵더라"

소쿠리

나는 1999년 미국 보스턴에 위치한 매사추세츠주립대에서 경영정보처리학을 전공하여 석사학위를 취득했다. 재학 중에는 학과 프로젝트를 진행하는 것과 함께 개인적 관심 사항인 주식투자를 했다. 귀국하여 개인사업을 하면서도 틈틈이 미국에서 배웠던 방식으로 주식 매매를 해봤는데 별 성과가 없었다. 그래서 개인적으로 공부도 하고 여러 군데 강의도 들어가면서 투자를 했으나 번번이 늘 손실 아니면 본전에서 맴도는 상태였다.

주식투자의 성과가 나지 않자 매일 고민에 휩싸이게 되었는데, 우연찮게 방송을 통해 대표님을 알게 되었다. 대표님은 국내 투자 수익률 상위에 위치하고 있기에 여러 번 무료 방송을 청취해 보았다. 또한 다른 애널들의 방송도 청취하면서 비교 분석했다. 그 결과 김원기 대표님의 저평가 가치주식에 대한 투자원칙은 매우 합리적이며 이상적인 투자원칙이라고 확신하였다. 이렇게 해서 나는 2009년 4월에 회원가입을 결정하였다. 첫달에 44.36%의 놀라운 수익을 창출하게 되자 공부해야겠다는 욕심이 나 6기 강의를 신청하여 들었다.

이후 김원기 대표님의 저평가 가치주 투자법을 열심히 공부하여 그 투자법을 적용하느라 항상 고군분투 중이다. 항상 원칙을 정해 투자한 후에는 기다릴 줄 아는 자만이 과실을 거둘 수 있구나를 깨닫고 있다. 지난 몇 개월간 개인적으로 벌어들인 돈보다 더 값진 결실은 대표님으로부터 배운 '저평가 가치주에 대한 투자원칙' 과 '나 자신에 대한 100% 신뢰' 가 아닐까 한다.

대표님의 방식대로 투자한다면 여러 회원 동지님들 또한 많은 이익을 얻을 수 있을 것이라 믿는다.

"무모함이 풍성한 열매로 변하기까지"

gazago

저는 전업주부입니다. 제가 주식을 하게 된 계기는 2008년 10월말 주식시장 폭락 후 조금 상승할 때였습니다. 이대로 주저앉진 않을 것이라는 단순한 생각으로 주식의 ABC도 모른 채 주식을 매입했지요. 단지 싸다는 이유밖에 없었습니다. 종목은 신문 경제면을 보며 외국인이 많이 사는 풍력과 태양열 3~4 종목으로 천만원으로 시작했습니다. 한달 만에 3백만원의 수익을 내더군요. 그리하여 정기예금을 해약해서 마련한 천만원을 포스코 주식에 몰빵했습니다.

그런데 이게 웬일인가요! 한 달이 되어도 주가는 제자리걸음인 거예요. 그래서 반을 매도하고 반은 50만원이 될 때까지 묻어두기로 하고 나머지 반으로 대한전선을 매입하자 얼마 지나지 않아 5백만원의 수익이 났습니다. 그런데 조금 더 수익이 날 거라 생각하고 매도하지 않아 도로 매입가까지 내려오니 답답하고 초조해졌습니다.

여기저기 정보를 얻으려고 기웃거리게 되었어요. 그때 우연히 대표님의 월요강의를 시청하게 되었지요. 시청할 때마다 조금씩 답답함이 해소되었어요.

특히 "이미 봄이 왔는데 꽃샘추위를 탄다고 도로 겨울로 가지 않는다"는 말씀이 가슴에 와 닿았습니다. 확신과 신념에 찬 대표님은 전체적인 세계시장의 흐름에 따라 주가가 얼마까지 간다고 근거를 제시해 주었습니다. 그 말씀을 듣고 저는 비싼 가입비에 망설이다가 주말에

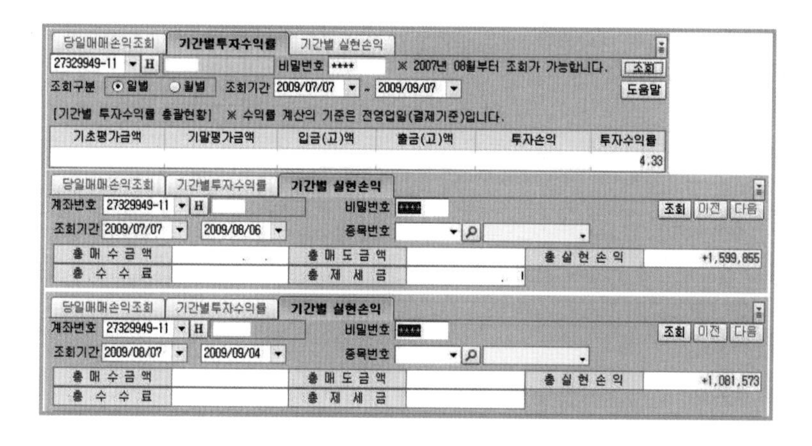

알바해서 보충하기로 마음먹고 곧바로 가입했지요.

오늘이 벌써 두 달째네요. 이제는 밤새 마음 졸이며 미국시장 보지 않아도 되고, 지수가 많이 빠진 날에도 걱정이 안 되네요. 장중 방송 중에서 많은 주식 공부와 확실한 투자원칙을 배우면서 그동안 제가 얼마나 무모하게 주식을 한 것인지를 알게 되었습니다. 공부도 하지 않고, 확신도 없이 다른 사람의 추천만으로 매입해서는 안 된다는 것을 알게 되었습니다.

저는 생각합니다. 만약 내가 대표님과 함께하지 않았다면 저와 가족들이 곤경에 빠질 수밖에 없었다고요. 정말 아찔합니다. 하지만 지금은 씨를 뿌린 지 얼마 되지 않아 작은 수익률이지만 시간이 지나면 반드시 풍성한 열매를 맺을 거라고 확신합니다. 아이들과 희망을 꿈꾸게 되었습니다.

저는 생활비를 보태야 하기에 매도 사인이 없어도 조금씩 매도했기에 전체적인 수익률이 조금 줄었습니다. 주식시장은 프로 9단과 아마 18급이 함께 내기바둑을 두는 곳이라고 하지요. 누가 승자일지 이미 답이 나와 있다는 거죠. 그렇다면 개미투자자들은 시장에서 검증된 유능한 전문가와 함께 실전매매하면서 열심히 공부하는 방법밖에 없다고 봅니다. 그래야 시장에서 손실없이 자신의 자금을 지켜나갈 수 있다고 생각합니다.

현재 손실보고 속상하신 분들! 유능한 전문가와 함께 하시어 수익률 올리는 행복감을 누리시기 바랍니다. 초보자도 수익내는 우리 방으로 오세요~!

"그 말씀은 '무조건' 이 되었습니다"

눈부신 그녀

안녕하세요. 눈부신 그녀입니다.

대표님과 함께한 지 10개월로 접어드네요. 저는 출산으로 육아휴직을 하던 중, 남편이 마이너스로 묻어둔 주식을 제가 이어받아 지금껏 하고 있네요. 첨엔 저도 잘 몰라서 뉴스며, 인터넷 기사며, 증권사 브리핑을 위주로 하였지만 수익이 나지 않았습니다. 마이너스를 지속했을 때 우연히 대표님의 무료강의를 남편과 함께 듣게 되었는데, 남편이 3개월 기한을 주더라구요. 그렇게 대표님과 인연이 시작되었습니다.ㅎㅎ.

첫 달엔 너무 무서워서 대표님 말씀해주신 비중의 반절만 투자를 하면서 점점 마이너스 수익률을 줄여갔습니다. 그러다 시간이 지나면서 대표님의 말씀이라면 '무조건' 이 되어버렸네요. 그래서 이렇게 종목이 많아졌구요.ㅎㅎ.

서울제약 밑으로도 종목이 더 있지만, 대표님한테 한소리 들을까봐 여기까지 올립니다. 종목이 너무 많아도 안 된다고 하시지만, 분산투자자 되니 한 종목에 목숨 걸지 않아도 돼 부담이 덜 돼니 맘이 한결 편해요.

아직도 부족하고 배울 점이 많다고 생각합니다. 앞으로도 죽 대표님과 함께하는 눈부신 그녀가 되겠습니다. 다시 한번 대표님께 감사드립니다.

"젊은 주식 부자를 꿈꾸며"

buy & holding

선생님과 함께한 지 9개월 정도 되어가네요. 저는 선생님 말씀대로 씨앗을 뿌리고 때가 되면 거둬들였을 뿐입니다.

올해 초반에 비해 원금의 330% 정도가 되었네요. 저는 다른 애널 분들에 대한 경험이 없어 잘 모르지만 선생님과 함께하는 순간부터 잠도 잘 자고, 마음이 굉장히 편했습니다. 급락을 하더라도 더 이상 짜증나지 않고 오히려 기회로 여겨 씨앗을 뿌릴 곳을 찾아보는 여유까지 가지게 되었습니다.

선생님의 말씀처럼 모든 투자자가 아픔을 겪지 않고 수익을 거두는 날이 왔으면 좋겠습니다.

부자클럽의

100억짜리 주식 레슨

지은이 | 김원기
펴낸이 | 김경태
펴낸곳 | 한국경제신문 한경BP
등록 | 제 2-315(1967. 5. 15)

제1판 1쇄 발행 | 2009년 11월 25일
제1판 7쇄 발행 | 2010년 6월 15일

주소 | 서울특별시 중구 중림동 441
홈페이지 | http://www.hankyungbp.com
전자우편 | bp@hankyung.com
기획출판팀 | 3604-553~6
영업마케팅팀 | 3604-595, 555 FAX | 3604-599

ISBN 978-89-475-2736-1 (03320)
값 15,000원